Wolfgang Heitzmann

Salzkammergut

mit Totem Gebirge und Dachstein

W0356471

Wolfgang Heitzmann

Salzkammergut

mit Totem Gebirge und Dachstein

Höhenwege • Gipfeltouren • Klettersteige

Tourenführer

J. BERG bei Bruckmann

Einband-Titel:
Die Stuhlalm vor der Bischofsmütze im Gosaukamm (Tour 27 und Tour 28).

Seite 2/3:
Ein Höhepunkt in jeder Hinsicht: Der Hohe Dachstein, der »Südpol« des Salzkammerguts (Tour 37).

Eine Produktion des
Bruckmann-Teams, München

Umschlaggestaltung: Uwe Richter
Lektorat: Dr. Gerhard Hirtlreiter
Layout und Herstellung: Ina Hesse

Bildnachweis:
S. 19: Heli Putz, Bad Goisern; S. 238: Eugen E. Hüsler, Holzkirchen; alle anderen Fotos stammen von Wolfgang Heitzmann, Linz.

Die Kartenskizzen zu den Touren und die Übersichtskarte wurden von Anneli Nau, München, erstellt.

Alle Angaben dieses Werkes wurden vom Autor sorgfältig recherchiert und auf den aktuellen Stand gebracht sowie vom Verlag auf Stimmigkeit geprüft. Für die Richtigkeit der Angaben kann jedoch keine Haftung übernommen werden. Für Hinweise und Anregungen sind wir jederzeit dankbar. Bitte richten Sie diese an den Bruckmann Verlag, Lektorat, Nymphenburger Straße 86, 80636 München.

Gedruckt auf chlorfrei gebleichtem Papier

Die Deutsche Bibliothek – CIP-Einheitsaufnahme

Heitzmann, Wolfgang:

Salzkammergut mit Totem Gebirge und Dachstein – Höhenwege, Gipfeltouren, Klettersteige ; Tourenführer / Wolfgang Heitzmann. – München : Berg bei Bruckmann, 1998 (Erlebnis Berg)
ISBN 3-7654-3336-5

© 1998 J. Berg in der F. Bruckmann KG, München
Alle Rechte vorbehalten
Gesamtherstellung: Bruckmann, München
Printed in Germany
ISBN 3-7654-3336-5

Inhalt

Bad Ischl

Bad Goisern

Gosau

Hallstatt

Inhalt

Grundlsee

Pichl-Kainisch

Bad Mitterndorf

Tauplitz

Almtal

Hinterstoder

Vorwort

422 Meter über dem Meer glitzert der Traunsee in der Sonne, und das Gipfelkreuz auf dem Hohen Dachstein ragt gerade drei Zentimeter über die 3000-m-Marke hinaus. Über die 2578 Höhenmeter dazwischen verteilt sich eine Landschaft, die, wie Alfred Komarek so treffend feststellt, »nicht weit und breit, sondern hoch und tief ist«: Das Salzkammergut – eines der schönsten Gebirgs- und Seengebiete der Alpen.

Dieser Tourenführer präsentiert erstmals alle alpinen Gipfelziele dieser Region, die auf markierten Routen erreichbar sind. 60 Tourenvorschläge und zahlreiche Routenvarianten führen – geordnet nach den Ausgangspunkten – durch die Voralpen zwischen Mondsee, Wolfgangsee und Attersee, durch die Osterhorn- und die Gamsfeldgruppe, durch das Höllengebirge, auf den Traunstein, durch das westliche und zentrale Tote Gebirge, durch die Nordseite des Dachsteingebirges und auf den Grimming. Damit ergibt sich ein breit gefächertes Tourenspektrum, das von gemütlichen Almwanderungen und einfachen Gipfelsteigen über gesicherte Gebirgsüberschreitungen bis zu hochalpinen Zielen oder zu exponierten Klettersteigen reicht.

Für die Unterstützung bei den Recherchen danke ich den Tourismusverbänden im Salzkammergut, insbesondere der Kurverwaltung Bad Ischl und dem Tourismusverband Ausseer Land, Karl Antensteiner (Hinterstoder), Gerhard Freiberger (Vermessungsamt Linz), Siegfried Gamsjäger (Dachsteinhöhlen Obertraun), Hans Pilz (Linz), Toni Rosifka (Simonyhütte) und Heli Putz (Bergsteigerschule Outdoor Leadership, Bad Goisern). Großen Anteil am Entstehen dieses Buches hatte Renate Gabriel, die mich auch auf fast allen Salzkammergut-Touren begleitet hat.

Ich wünsche Ihnen viel Freude auf den hier vorgestellten Routen, schöne Erlebnisse auf den Bergen des Salzkammerguts und eine gesunde Rückkehr!

Wolfgang Heitzmann

Frühling in der Gosau – unter den teilweise noch schneebedeckten Kalkzinnen des Gosaukamms.

Unterwegs im Salzkammergut

Sie werden Ihren Augen kaum trauen! Gewiß läßt diese kleine Alpenexpedition ewig unauslöschliche Bilder in Ihrer Seele zurück, und herzlich soll es mich noch im Grabe freuen, wenn ich Ihnen, Ihren Freunden und den Freunden des Großen und Erhabenen in der Natur, die sich durch mich zu einer Exkursion auf den Hallstätter Schneeberg verführen ließen, nur den zehnten Teil des Vergnügens verschaffen kann, den mir diese Expedition gewährte. Ich umarme Sie, und alle, die nach mir den Dachstein bestiegen, im Geiste!

Mit diesen euphorischen Worten beginnt die erste Schilderung einer »Excursion auf den Glätscher am Dachsteine«, zu finden in einem Buch mit dem etwas umständlichen Titel »Reisen durch Ober-Oesterreich in den Jahren 1794, 1795, 1802, 1803, 1804 und 1808«. Acht Jahre nach der ersten Ersteigung des Montblancs war sein Verfasser, der Wiener Joseph August Schultes (1773–1831), als Student ins Salzkammergut gekommen – als er die damals noch kaum bekannte Landschaft durch seine Buchveröffentlichung im Jahre 1809 ins Interesse der Bildungsbürger rückte, wirkte er bereits als Königlich Bayerischer Universitätsprofessor, hatte sogar den Großglockner bezwungen und galt als arrivierter Reiseschriftsteller.
Auch in der Folge waren es vor allem Intellektuelle, Künstler und Adelige, die das Salzkammergut als beschauliche Wanderer und manchmal sogar als Bergsteiger »entdeckten«: Hohe Herren wie Erzherzog Johann leiteten seine alpine Erschließung ein, Wissenschaftler wie Friedrich Simony erforschten es, Literaten wie Adalbert Stifter verwoben es in ihre Werke, Maler wie Ferdinand Georg Waldmüller bannten es auf Leinwand, Komponisten wie Franz Schubert empfanden es als Inspiration. Und es klingt für heutige Bergsteiger durchaus nachvollziehbar, was der Dichter Nikolaus Lenau 1831 über eine Tour auf den Traunstein festhielt:

Welche Aussicht! Ungeheure Abgründe in der Nähe, eine Riesenkette von Bergen in der Ferne und endlose Flächen. Das war einer der schönsten Tage meines Lebens; mit jedem Schritte bergan wuchs mir Freude und Mut. Ich war begeistert. Wenn mir mein Führer sagte: »Jetzt kommt eine gefährliche Stelle!«, so lachte ich, und hinüber ging es mit einer Leichtigkeit, die ich bei kaltem Blute nimmermehr zusammenbrächte und die mir jetzt am Schreibtisch unbegreiflich vorkommt. Meine Zu-

versicht stieg mit jedem Schritte; ganz oben trat ich hinaus auf den äußersten Rand eines senkrechten Abgrundes, daß die Nani aufschrie, mein Jäger aber frohlockte: »Das ist Kuraschi, da ist noch keiner von den Stadtherren außitreten.«

Nicht alle Bewohner des Salzkammerguts brachten Verständnis für derlei Verrücktheiten auf: Wenn man von Montag früh bis Samstag abend im Salzbergwerk oder an der Sudpfanne schuftete, in entlegenen Wäldern Holz hackte, die Stämme auf unberechenbaren Bächen triftete oder im Winter mit halsbrecherischen Schlittenfuhren zu Tal brachte, wenn man dem kargen Boden ein kleines Zubrot zum kargen Lohn entlocken oder tagelang nach verstiegenem Almvieh suchen mußte – dann war man froh, das verdammte Geschröf einmal ein paar Stunden lang nicht mehr zu sehen. Freiwillig ging man höchstens zum Jagen in die Berge oder zum nächtlichen »Angasseln« bei seinem Dirndl, zum Musizieren und Tanzen auf die Alm und in späteren Zeiten sogar ein paarmal auf den Dachsteingletscher, um dort die Ramsauer beim Eisstockschießen zu besiegen.
Selbst der Tourismus, der sich im 19. Jahrhundert zu einem zusätzlichen wirtschaftlichen Standbein entwickelte, begann mit einer Schinderei: Als es noch keine Seilbahnen gab, ließen sich betuchte Damen und Herren von Sesselträgern auf die Berge schleppen. Im-

Hallstatt – nicht aus der Luft, sondern vom Rudolfsturm aus fotografiert.

merhin brachte schon ein Tragsessel-Ausflug von Altaussee zur Ruine Pflindsberg den durchschnittlichen Wochenlohn eines Salinenarbeiters ein. Wer des Zufußgehens mächtig war, konnte natürlich auch die Dienste eines Bergführers in Anspruch nehmen. Zehn Gulden kostete eine geführte Zweieinhalbtagestour von Aussee über den Großen Priel nach Hinterstoder anno 1878 – das war etwa der Gegenwert für einen Tag Vollpension im Hotel.
Die neue Zeit brachte neue Verkehrsmittel: 1834 erreichte die Pferdeeisenbahn Gmunden, 1839 lief der Raddampfer »Sophie« am Traunsee vom Stapel, 1861 war die Straße von Traunkirchen nach Ebensee fertig, und ab 1877 zogen Dampflokomotiven Steinkohle, Salz und Sommerfrischler durch das Salzkammergut. In St. Wolfgang, das auf die längste touristische Tradition zurückblickt (es zählte im Mittelalter zu den drei wichtigsten Wallfahrtsorten Europas), schnauft seit 1893 eine Zahnradbahn Richtung Schafberggipfel, und damit verfügte die »Österreichische Schweiz« endlich auch über einen »Österreichischen Rigi«. Die erste Seilbahngondel schwebte 1927 auf den Feuerkogel, und im Jahr darauf erstrahlte die Dachstein-Eishöhle zum ersten Mal im Glanz elektrischer Glühbirnen. In den folgenden Jahren entstanden weitere »Aufstiegshilfen«, die das Salzkammergut jedoch auch mit so mancher Sünde wider den Naturschutz befleckten.

Holz vor der Hütt'n: Die Niedergadenalm zwischen Bleckwand und Postalm (Tour 3).

Aus der Frühzeit des Tourismus stammt auch jene Infrastruktur, ohne die das Bergwandern im heutigen Sinn nicht denkbar wäre: Die Finanzierung mancher Steige und »Reitwege« verdanken wir blaublütigen Waidmännern – allen voran dem äußerst jagdlustigen Kaiser Franz Josef (1830–1916), der beinahe jeden Sommer seines Lebens in Ischl verbrachte und in den umliegenden Revieren mehr als 50 000 Gemsen, Hirsche, Rehböcke, Wildschweine, Auer- und Birkhähne nebst einem Adler und einem Bären erlegt haben soll. Seine Gemahlin Elisabeth, genannt Sisi, wanderte oft und recht ausgiebig durch das Salzkammergut: Den Loser z. B. erstieg sie gleich ein paar Mal, und 1888 marschierte sie einmal geschlagene zehn Stunden lang über das Tote Gebirge – mit Bergführer, Jägern, Hofdame und Leiblakai. Der Bruder des Kaisers, Erzherzog Karl Ludwig, betätigte sich wiederum als Protektor des Schutzhüttenbaus: Auf dem Schafberg hatte man bereits im Jahre 1839 eine kleine Schutzhütte errichtet; 1878/79 entstand die Simonyhütte am Dachstein, 1882 die Loserhütte über dem Altausseer See und 1884 das nach einem Wiener Hofwappenmaler benannte Karl von Krahl-Haus, das heutige Prielschutzhaus. Zwischen den zahlreichen Hütten und Berghäusern, die seither dazugekommen sind, pflegen Alpenverein und Naturfeunde ein engmaschiges Netz markierter Pfaden. Sogar drei überregionale Weitwanderwege ziehen durch das Salzkammergut – der Nordalpenweg 01, der Voralpenweg 04 und der Salzsteigweg 09. Und weil man hierzulande schon auf die ältesten gesicherten Klettersteige der Alpen stolz ist, entstanden am Dachstein und im Prielgebiet auch noch ein paar neue »Eisenwege«, darunter der längste und schwierigste in ganz Österreich.
Nur die Empfindungen über die Schönheit der Landschaft drücken sich, wie der Seitensprung des in Bad Aussee geborenen Schriftstellers Alfred Komarek als Trendsport-Texter zeigt, heutzutage ein wenig anders aus als anno Biedermeier:

He, Landschaft, ich will dich. Und zwar ganz. So gefällst du mir: sanft und wild, kühl und heiß, geschaffen für Abenteurer und Träumer. Ich mag es, wenn du mich forderst, bis hart an meine Grenzen, und mich dann beschenkst: mit Bildern, die nur mir gehören, mit Lust, die aus gelöster Spannung kommt. Stark, wie sich deine Stille in meine Atemlosigkeit mischt, aufregend, wie du aus Erschöpfung neuen Ehrgeiz erwachsen läßt. Du bist schön: Das sagen alle. Du bist kein Fall für Anfänger: das weiß ich. Darum will ich dich ja auch. Immer wieder, immer wieder anders, und immer noch intensiver.

Praktische Hinweise

Der jeweilige **Ausgangsort** zu den beschriebenen Touren ist in der Kopfzeile einer jeden Seite genannt. Die **Höhenangaben** entsprechen der amtlichen Österreichischen Karte. Die **Höhendifferenzen** sind gerundet, die **Gehzeiten** unverbindliche Durchschnittswerte. Die Begriffe »**rechts**« und »**links**« beziehen sich immer auf die angegebene **Routenrichtung**. Diese wurde meist so gewählt, daß die schwierigsten Passagen im Aufstieg zu bewältigen sind – aber natürlich können Sie die Touren auch umgekehrt gehen.
Immer wieder gibt es Änderungen bei den Betriebszeiten der Seilbahnen und Buslinien, aber auch bei den Öffnungszeiten der Schutzhütten – im Zweifelsfall empfiehlt es sich, dort oder bei den Tourismus-Informationsstellen nachzufragen.

Routen und Markierung, Anforderungen und Gefahren

Die meisten der hier vorgestellten Routen verlaufen auf gut instandgehaltenen Steigen, die jedoch stellenweise Trittsicherheit und Schwindelfreiheit erfordern. Im Hochgebirge führen die Markierungen manchmal auch durch wegloses Schutt- und Felsgelände, das besondere Vorsicht und absolute Trittsicherheit erfordert. Sollten Sie die Markierung einmal verlieren: Ruhig Blut bewahren und zum letzten bezeichneten Punkt zurückkehren. Auf die unübersichtlichen Karsthochflächen wandert man ohnehin nur mit Kompaß, Höhenmesser, einer guten Karte und der Fähigkeit, diese richtig zu interpretieren.
Beobachten Sie unterwegs immer das Wetter. Bei anrückenden Gewittern heißt es: Rechtzeitig weg von Gipfeln, Graten und Eisensicherungen. Ein Wettersturz ist auch im wärmsten Hochsommer möglich – wenn es im steilen Gelände rutschig wird, dann erhöhen sich Schwierigkeiten und Gefahren einer Tour enorm. Auf den Karstplateaus wird die Orientierung bei Nebel oder Schneefall (der die Farbmarkierungen am Boden schnell zudeckt) schwierig bis unmöglich.
Vereisung und steile, oft beinhart gefrorene Altschneefelder bedeuten Lebensgefahr. Im steilen Felsbereich ist immer Steinschlag möglich – vor allem, wenn vorausgehende Zeitgenossen nicht »sauber« gehen. Auch blindes Vertrauen in Klettersteig-Sicherungen kann fa-

Bade- oder Bergurlaub? Im Salzkammergut keine Frage: beides. Im Bild der Attersee, überragt vom Bergstock der Brennerin und der Mahdlschneid. Der Brennerriesensteig (Tour 11) verläuft durch den linken Teil der Felsflanken.

tal enden – prüfen Sie immer, ob Stahlseile und Trittstifte auch wirklich fest verankert sind.
Gehen Sie, wenn möglich, nicht allein ins Gebirge. Geben Sie Ihr Tourenziel Angehörigen oder Quartiergebern bekannt und tragen Sie sich in die Hüttenbücher ein. Leichtsinn und Selbstüberschätzung führen immer wieder zu Unfällen, die sich mit einer soliden Alpin-Ausbildung (wie sie Bergsteigerschulen vermitteln), einer eingehenden Tourenvorbereitung und – wenn's drauf ankommt – mit dem Mut zur Umkehr (oder zu einer einfacheren Wanderung) vermeiden lassen.
Schwierige Touren unternehmen Sie am besten mit einem geprüften **Bergführer.** Informationen über das Angebot der örtlichen Berg- und Skiführer erhalten Sie in den Tourismusbüros oder bei den Obmännern der Landes-Bergführerverbände: Karl Antensteiner, A-4573 Hinterstoder, Tel. 07564/5244 (Oberösterreich); Klaus Wagenbach, A-5760 Saalfelden, Tel. 06582/70542 (Salzburg); Klaus Hoi, A-8960 Öblarn, Tel. 03684/2221 (Steiermark).

Schwierigkeitsbewertung für Kletterpassagen (UIAA-Skala):

I = leicht: geringe Schwierigkeiten (nach den Maßstäben der Kletterer!). Die einfachste Form der Kletterei, wobei die Hände bereits zur Unterstützung des Gleichgewichts erforderlich sind; Trittsicherheit und Schwindelfreiheit sind notwendig. Einige Stellen können bereits ausgesetzt sein; für Kinder und Ungeübte ist ein kurzes Sicherungsseil empfehlenswert.
II = mäßig schwierig: Hier beginnt die eigentliche Form der Kletterei. Passagen dieses Schwierigkeitsgrades können schon sehr ausgesetzt sein; absolute Trittsicherheit und einige Klettergewandtheit sind also bereits erforderlich. Auch geübte Kletterer gehen hier oft schon im Seilschaftsverband, Zwischensicherungen sind vorteilhaft.
Die Zeichen »+« **und** »–« hinter dem Schwierigkeitsgrad geben die schwierigere (+) bzw. leichtere (–) Ausprägung der jeweiligen Schwierigkeitsstufe an.

Schwierigkeitsbewertung für Klettersteige (nach Kurt Schall):

A = leicht: Einfache gesicherte Steige. Stahlseile, kurze Leitern und Stahlklammern im zumeist nicht besonders steilen, aber z. T. bereits ausgesetzten Gelände.
B = mäßig schwierig: Steileres Felsgelände mit kleintrittigen, ausgesetzten Passagen, senkrechten Leitern, Stahlklammern oder Trittstiften. Manche Stellen sind bereits anstrengend und kraftraubend; auch routinierte Berggeher verwenden bereits ein Klettersteigset.
C = schwierig: Steiles bis sehr steiles Felsgelände mit großteils kleintrittigen und ausgesetzten Passagen. Senkrechte Stahlseil-Abschnitte bzw. überhängende Leitern, Stahlklammern und Trittstifte, die auch weiter auseinander liegen können; teilweise kraftraubende Stellen.
D = sehr schwierig: Längere Passagen im senkrechten bzw. überhängenden Gelände, die ein gehöriges Maß an Armkraft erfordern. Stahlklammern und Trittstifte liegen vielfach weit auseinander. Manche Routen weisen auch ungesicherte Kletterstellen bis zum Schwierigkeitsgrad II auf. Man geht üblicherweise im Seilschaftsverband bzw. mit Bergführer. Für Ungeübte ungeeignet!
E = extrem schwierig: Extreme Anforderungen an Kraft, Trittsicherheit und Schwindelfreiheit; nur im Seilschaftsverband bzw. mit Bergführer!

Ausrüstung

Für alle Bergwanderungen benötigt man feste, aber nicht zu schwere Wanderschuhe mit Gummiprofilsohle und hohem, stabilem Schaft (Knöchelschutz). Empfehlenswert ist die Kleidung nach dem Mehrschichten- oder »Zwiebel«-Prinzip: Berghose (dazu Shorts für heiße und Regen-Überhose für nasse Tage), Shirt/Hemd (am besten aus schweißableitendem Material wie z. B. Trans-Tex), Pullover (Fleece oder Wolle), regen- und winddichter Anorak (Gore-Tex oder ähnliches). Was noch in den Rucksack gehört: Ersatzwäsche, eine leichte Kopfbedeckung (Kappe oder Sonnenhut), Mütze und Handschuhe, Alu-Rettungsdecke, Biwaksack, Verbandszeug, Taschenmesser, Trillerpfeife fürs alpine Notsignal, Lippenschutz und Sonnencreme mit hohem Schutzfaktor, Proviant (nichts Fettes, das braucht viel Sauerstoff zum Verbrennen), etwas Obst, Müsliriegel und – im wasserarmen Kalkgebirge ganz wichtig! – eine wohlgefüllte Trinkflasche mit mindestens 1 l, besser 1½ l Inhalt (trinken Sie möglichst viel, am besten an jeder Quelle). Hilfreich sind eine Stirnlampe und ein Paar Teleskopstöcke.

Hochalpine Gletscher- und Felstouren erfordern steigeisenfeste Bergschuhe, dazu die Mitnahme – und die sichere Handhabung! – von Leichtsteigeisen, Pickel, Seil, einigen Reepschnüren und Sicherungsschlingen, Brust- und Sitzgurt bzw. Kombigurt.

Klettersteig-Set: Brust- und Sitzgurt bzw. Kombigurt, zwei je einen Meter lange Seilstücke, Sturzbremse, zwei Schnappkarabiner mit großen Öffnungen und Steinschlaghelm. Wichtig: Die

Sicherheit am Stahlseil: Hier am »Leadership-Klettersteig«, der im Angesicht des Dachsteins auf den Predigtstuhl führt (Tour 24). Winterliche Verhältnisse erfordern aber auch auf einfacheren Routen entsprechendes Können und besondere Vorsicht.

richtige Verwendung muß eingeübt sein! Auf sehr schwierigen Klettersteigen (Seewand, Dachstein-Überschreitung) bietet nur die konventionelle Partnersicherung im Seilschaftsverband Sicherheit.

Das alpine Notsignal

Innerhalb einer Minute sechsmal (also alle zehn Sekunden) ein sicht- oder hörbares Zeichen geben (Rufen, Pfeifen, Blinken mit Spiegel oder Taschenlampe usw.), eine Minute Pause und dann wiederholen. Die Antwort erfolgt mit dreimaliger Zeichengebung in der Minute.
Alpiner Notruf unter der Telefonnummer 140: Was ist geschehen (Art des Unfalls, Zahl der Verletzten)? Wann passierte das Unglück? Wo geschah der Unfall, wo sind die Verletzten? Wer ist verletzt, wer macht Meldung? Wetter im Unfallgebiet (Sichtweite)?

Karten

Österreichische Karte, Nr. 64, 65, 66, 67, 94, 95, 96, 97, 98, 126. 127 und 128 im Maßstab 1:25 000 oder 1:50 000.
AV-Karte, Nr. 14, 15/1 und 15/2 im Maßstab 1:25 000;
Nr. 14 a im Maßstab 1:10 000.
Kompass-Wanderkarte, Nr. 15, 17, 18, 19, 20 und 89 im Maßstab 1:50 000.
Freytag & Berndt-Wanderkarte, Nr. 391, 392, 281, 282 und 082 im Maßstab 1:50 000; Nr. 283 im Maßstab 1:30 000; Nr. 284 im Maßstab 1:40 000; Nr. 392-1 und 282-1 im Maßstab 1:25 000.

Abkürzungen der alpinen Vereine

ÖAV – Österreichischer Alpenverein
DAV – Deutscher Alpenverein
TVN – Touristenverein »Die Naturfreunde«
ÖTV – Österreichischer Touristenverein

Sagenhafte Drachentöter, ritterliche Frauenhelden und bischöfliche Pfleger haben die Burg Wartenfels bevölkert.

1 Schober, 1328 m

Felsen über dem Fuschlsee

Tourencharakter: Je nach Ausgangspunkt eine Tages- oder Halbtagestour auf einen schroffen Voralpengipfel, der markant über das Alpenvorland herausragt und eine dementsprechend weite Aussicht bietet.
Wegbeschaffenheit: Im unteren Bereich gemütlicher Wald- und Wiesenweg. Der Gipfelsteig führt durch steiles Wald- und Felsgelände; die ausgesetzten Passagen sind gesichert (A). Trittsicherheit und Schwindelfreiheit sind notwendig. Nicht bei Schneelage gehen!
Beste Jahreszeit: Frühjahr bis Spätherbst.
Gehzeit: Je nach Ausgangspunkt 3½ – 4 oder 2½ Std.

Altes Gemäuer beflügelt die Phantasie immer. So hat auch die verfallene Burg Wartenfels auf dem langgezogenen Höhenrücken zwischen dem Fuschlsee und dem Thalgauer Becken eine ganz eigenartige Vergangenheit: Sie entstand 1301 und diente den Salzburger Erzbischöfen 263 Jahre lang als Verwaltungssitz, aber auch als Bollwerk gegen das damals noch baierische Mondseeland. Dann übersie-

delten die Pfleger ins gemütlichere Thalgau und ließen das Gemäuer fortan verfallen. Nach einer fast übermäßig perfekten Restaurierung kann man es heute wieder auf einer eisernen »Hühnerleiter« erklimmen.
So absolviert man gleich eine Vorübung für den darüber aufragenden Schober: Sein hoch hinauf bewaldeter, aber steingespickter Gipfelaufbau, der tatsächlich an einen kantigen Heustadel erinnert, läßt sich nämlich auch mit »Eisenhilfe« überlisten. So genießen Sie schon im oberen Teil des Anstieges eine weite Fernsicht über das Flachland bis ins Innviertel und zu den Berchtesgadener Alpen. Sollte es der Wettergott einmal nicht so gut meinen, dann empfiehlt es sich, die Gipfelrast nicht unter dem kettenverankerten Metallkreuz, sondern in der knapp darunter gelegenen Unterstandshütte der ÖAV-Sektion Mondsee zu halten. Der Übergang auf den 1303 Meter hohen Frauenkopf, auf dem seit 1979 ebenfalls ein Gipfelkreuz steht, verspricht dann eine genußvolle Zugabe, die schließlich mit dem Studium zweier Speisekarten ausklingt: Die eine präsentiert die g'schmackigen Kletterrouten in der Frauenkopf-Wand, die andere das kulinarische Angebot der gemütlichen Jausenstation Wartenfels.

Der Wegverlauf

(Tourenskizze S. 26)

Zur Ruine Wartenfels: Vom Fuschler Ortszentrum (670 m) zum nahen See und auf der Straße rechts Richtung Winkl. Auf dem rechts abzweigenden Wanderweg 10 durch sanft ansteigende Wiesen und Wälder, vorbei an den Bauernhöfen Schober und Musch, zur Jausenstation unter der Ruine Wartenfels (924 m). Auf einem breiten Weg in 10 bis 15 Minuten zur Ruine.

VARIANTEN: Die Ruine Wartenfels ist auch von Thalgau, Mondsee oder St. Lorenz am Mondsee auf Straßen und Waldwegen erreichbar.

Die Schober-Überschreitung: Unterhalb der Ruine beginnt ein steiler Serpentinensteig, der sich geschickt zwischen einigen Felsgruppen zum Gipfelsockel hinaufschlängelt. Mit Hilfe von Stahlseilen, Eisenstiften und ausgesprengten Stufen wird der höchste Punkt (1328 m) schnell erklettert.
Die Unterstandshütte, zu der man auf Eisenklammern absteigt, weist den Weiterweg: Nach einer Leiter führt der schmale Steig durch die steile Waldflanke (und zuletzt über einen kurzen Gegenanstieg) zum 1303 m hohen Frauenkopf hinüber. Weiter über den

felsigen, aber unschwierigen Südgrat hinab, bis uns der Steig durch den Waldhang und neben einer Schutthalde am Fuß der Felswände zur Jausenstation zurückleitet.
Der weitere Abstieg nach Fuschl entspricht der Anstiegsroute.

Nützliche Informationen

Ausgangspunkt: Entweder Fuschl am See (670 m) oder die Jausenstation unterhalb der Ruine Wartenfels (924 m).
Anfahrt: Mit der Buslinie 3000 ab Salzburg oder Bad Ischl bis Fuschl. Mit dem Auto Zufahrtsmöglichkeit über Egg zur Jausenstation Wartenfels.
Höhendifferenz: 670 m.
Gehzeiten: Fuschl - Jausenstation 1 Std., auf den Schober 1 Std., Übergang zum Frauenkopf 15 Min., Abstieg zur Jausenstation 40 Min., Abstieg nach Fuschl 40 Min.
Einkehr: Jausenstation Wartenfels (geöffnet vom 1. 5. – 26. 10., keine Nächtigung); unbewirtschaftete, offene Unterstandshütte am Schober.
Karte: Freytag & Berndt WK 282 oder 391.
Tip: Baden im Strandbad Fuschl, an der Seepromenade oder beim Wesenauer.
Information: Fremdenverkehrsverband A-5330 Fuschl am See, Tel. 06226/8250 oder 8384.

»Flugzeugblick« über den Flachgau: Die luftigen Gipfelfelsen am Schober.

2 Drachenwand, 1060 m

Als der Teufel vom Kurs abkam

Tourencharakter: Kräftige Halbtagstour durch steiles Waldgelände auf einen beeindruckenden Felskamm.
Wegbeschaffenheit: Der steile Waldsteig ist stellenweise ausgesetzt und gesichert; er erfordert Trittsicherheit und Schwindelfreiheit. Die Drachenwand wird immer wieder unterschätzt – Nässe oder Schneelage bedeutet hier ein hohes Risiko!
Beste Jahreszeit: Frühjahr bis Spätherbst.
Gehzeit: 3½ – 4 Std.

Was selbst den flüchtigsten Reisenden durch das Mondseeland zumindest einen staunenden Blick abringt und die Einheimischen früher schaurige Geschichten über ein feuerspeiendes Untier erfinden ließ, das sehen die Geologen ganz nüchtern als die »Stirnfront der tirolischen Decke«: Tektonische Urkräfte haben die langgestreckte Drachenwand während der Alpenauffaltung von Süden her über die sanft gewellte Flyschzone geschoben. Heute bäumt sich die Felsmauer fast 700 Meter hoch über dem Mondsee auf. Übersehen hat sie jedenfalls noch keiner – mit einer Ausnahme: Einst holte sich der Teufel eine Pfarrersköchin, die heimlich Rahm abgeschöpft und die Milch ihres hochwürdigen Arbeitgebers gewässert hatte. Als die Unglückselige ob der doch recht harten Strafe lautstark zu zetern und schreien begann, kam der Höllenfürst vom Flugkurs ab und donnerte geradewegs durch den Berg. Das Loch existiert heute noch und umrahmt einen tatsächlich verteufelt schönen Tiefblick auf den Mondsee. Die Tour selbst endet übrigens nicht auf dem 1176 Meter hohen, aber verwachsenen Gipfel, sondern auf dem aussichtsreichen Drachenstein, seinem östlichsten Wandaufschwung. So liegt der Witz des Anstieges schon ganz unten in einem tief eingeschnittenen Graben, wo eine Wandpassage mit Leitern und Stahlseilen entschärft wurde; vor dem eigentlichen Gipfelanstieg muß man dann noch in die felsige Klausbachschlucht absteigen. Wahrscheinlich führt die vergleichsweise niedrige Gipfelhöhe dazu, daß die rutschigen Steilhänge bei Regen oder Schneelage oft unterschätzt werden. Es sind schon tragische Unfälle passiert, weil Wanderer versucht haben, sich den Gegenanstieg beim Rückweg durch eine Abkürzung im Felsabbruch der Klausbachschlucht zu ersparen.

Ein teuflischer Berg mit himmlischer Aussicht: Das Drachenwand-Panorama mit Mondsee, Höllengebirge und Schafberg.

Ganz ohne Gefahr gelangt man dagegen von der Fuschler Seite auf den steinernen First der Drachenwand, und der dicht bewaldete Almkogel, der erst ganz oben ein paar harmlose Felszähne zeigt, empfiehlt sich ebenfalls als einfachere Alternative. Schließlich läßt sich die relativ kurze Drachenwand-Tour über den im Süden gelegenen Eibensee zu einer ausgedehnten Rundwanderung ausweiten.

Der Wegverlauf

(Tourenskizze S. 26)

Auf die Drachenwand: Von Gries auf der Nebenstraße ca. 500 m Richtung St. Lorenz. Kurz vor dem Gasthaus Drachenwand zweigt links ein Karrenweg (Markierung 12) ab, der durch den Wald zur Theklakapelle führt. Über den Klausbach (12 a) zur Wegteilung.

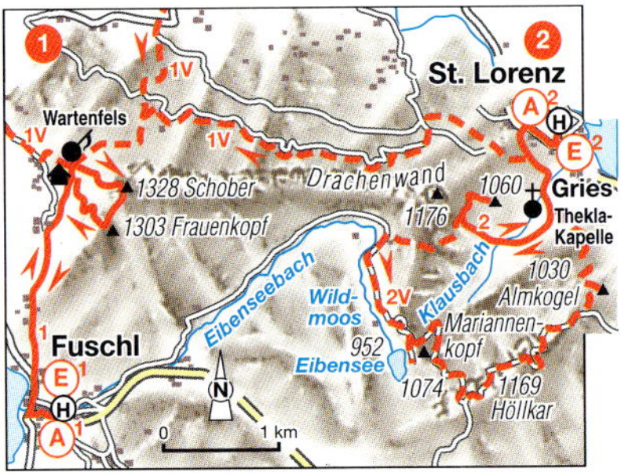

Der rechts abzweigende Drachenwand-Steig folgt einem Seitengraben, bis Stahlseile und drei Leitern die Überwindung einer Felsbarriere ermöglichen. In Serpentinen gelangt man durch den weiterhin sehr steilen Waldhang in einen Sattel, hinter dem es wieder 100 Höhenmeter hinabgeht. Aus der so erreichten Klausbachschlucht schlängelt sich der Steig durch lichten Buchenwald auf den felsigen, aber nicht schwer zu begehenden Gipfelgrat. Kurz vor dem Gipfelkreuz (1060 m) bietet das große Felsloch den Rahmen für einen tollen Tiefblick!
Der Abstieg erfolgt auf der gleichen Route.

Variante über Eibensee und Almkogel: Knapp unterhalb des Drachenwand-Felsgrates zweigt ein unmarkierter Steig ab (in Abstiegsrichtung nach rechts), der über einen Waldsattel zur Forststraße im Tal des Eibenseebaches herüberzieht (Zugang auch von Fuschl). Auf der Straße links nach der Markierung 13 ins Wildmoos (Abstecher zum Eibensee, 952 m) und unter dem felsigen Mariannenkopf (1074 m, kurzer Abstecher) vorbei ins Höllkar und zum Almkogel (1030 m), von dem man auf einem steilen Waldsteig (Nr. 12) nach Gries absteigt.

Nützliche Informationen

Ausgangspunkt: Gries bei St. Lorenz am Mondsee.
Anfahrt: Mit dem Bus (Linie 3012) von Mondsee oder St. Gilgen.
Höhendifferenz: 660 m.
Gehzeiten: 2 – 2½ Std., Abstieg 2 Std. (Rundtour über den Eibensee und Almkogel ca. 5 – 6 Std.).
Einkehrmöglichkeit: keine
Karte: Freytag & Berndt WK 282.
Tip: Viel Sehenswertes in Mondsee (Stiftskirche, drei Museen, »Mondseer Jedermann«), Baden in Scharfling-Aufsatz oder im Seebad Plomberg.
Information: Tourismusverband Mondseeland, A-5310 Mondsee, Tel. 06232/2270 oder 4270.

3 Bleckwand, 1541 m

Des Schafbergs stiller Nachbar

Tourencharakter: Beschauliche Tageswanderung auf einen aussichtsreichen Wald- und Almgipfel mit felsdurchsetzter Nordseite.
Wegbeschaffenheit: Unproblematische Wald- und Almsteige, die nur stellenweise etwas rutschig sind. Der direkte Abstieg über den Südostgrat zur Schartenalm erfordert allerdings Trittsicherheit.
Beste Jahreszeit: Frühsommer bis Spätherbst.
Gehzeit: 5 bzw. 6 Std.

Der Schafberg ist nicht alles am Wolfgangsee – auch die Landschaft im Süden dieser »Badewanne« hat ihren unverwechselbaren Charakter. Hier regiert die Vielfalt: Der felsig-fürwitzige Sparber reckt, flankiert vom Retten- und vom Rinnkogel, seine beiden Felsköpfe über Strobl in die Höhe, während das grüne Zwölferhorn von St. Gilgen aus alle Blicke auf sich zieht. Dazwischen wölbt sich ein eher unscheinbarer, ja fast plumper und hoch hinauf bewaldeter Hügel empor – die Bleckwand. Ihr Name und ein näheres Hinsehen decken bald die rauhen Seiten des sanften Berges auf: Einige Plaiken – Rutschungen in den schroffen Fels- und Lawinenflanken – durchfurchen ihn auf seiner Seeseite. Warum das so ist, beantworten die Geologen: Ihre steil nach Südwesten abdachenden Kalkschichten liegen auf der Nordostseite auf unruhigen, »rutschigen« Flysch- und Mergelschichten – 20 km vom Alpennordrand entfernt tut sich hier also ein geologisches »Fenster« auf, durch das man auf die Flyschschichten schauen kann, die ringsum von Kalkdecken »überfahren« worden sind.
Ansonsten breiten sich im Bereich der Bleckwand auch blumenbewachsene Weiden aus, die schon ein wenig an die benachbarte Postalm erinnern. Auch der Gipfel wird von einem ausgedehnten, mit Wetterfichten gesprenkelten Wiesenplateau gebildet. Knapp unterhalb des Gipfelkreuzes gähnt ein ovales Loch im Grat, das einen kuriosen Tiefblick zum Wolfgangsee freigibt. Wenn man die richtige Perspektive erwischt, dann ziehen die spielzeugkleinen Boote zwischen dem Fels dahin… Das Kreuz aus Lärchenholz, das zur besseren Sichtbarkeit nicht auf dem höchsten, aber baumbestandenen

Hügel steht, wurde 1947 von fünf Einheimischen zum Dank für die Heimkehr aus russischer Kriegsgefangenschaft aufgestellt – ein besinnlicher Fixpunkt also beim Hinüberträumen zum genau gegenüber aufragenden Schafberg oder in die weitgestreckte Bergwelt der Osterhorngruppe.

Der Wegverlauf

(Tourenskizze S. 35)

Auf die Bleckwand: Von Strobl auf der Sportplatzstraße und der Radwegmarkierung Richtung St. Gilgen folgend durch das Blinklingmoos, danach links auf dem Wanderweg Nr. 10 zum Bauernhof Breitenbacher und zur gleichnamigen Bushaltestelle an der Bundesstraße. Auf der Zufahrtsstraße bergwärts zum Gasthaus Mahdhäusl. Auf einem Schotterweg (Markierung 877) durch den Graben zu einer Forststraße. Auf dieser nach rechts und zur Abzweigung des Steiges Nr. 34, der links durch den aufsteilenden Waldhang und über eine harmlose Felsstufe zum Wanderweg Nr. 31/32 führt. Nun links zur Oberen Bleckwandalm und zur nahen Bleckwandhütte (1329 m) hinauf. Auf dem Gipfelsteig Nr. 876 über den bewaldeten Kamm zum Felsloch, zum Gipfelkreuz (1516 m) und auf den 10 Min. weiter östlich aufgewölbten höchsten Punkt der Bleckwand (1541 m).
Abstieg: Die gemütlichere von zwei Abstiegsrouten zieht rechts durch schütteren Wald und über einen steilen Weidehang (Steig Nr. 31) zur Niedergadenalm (1228 m) hinab und von dort nach links der Markierung 877 folgend rund um den Waldsockel der Bleckwand herum zur Schartenalm (1051 m).

ABSTIEGSVARIANTE: Zur Schartenalm gelangt man – schneller, aber anspruchsvoller – auch über den luftigen Südostgrat der Bleckwand.

Zuletzt marschieren wir auf dem Waldsteig Nr. 877 in den Sattel unter dem Sparber, kürzen die Forststraßenkehre rasant ab und wandern auf dem schon bekannten Schotterweg zum Mahdhäusl hinab. Vorbei am Breitenbacher und durch das Blinklingmoos geht es wieder nach Strobl zurück.
Verbindungsweg mit Tour 5: siehe dort.

Origineller Tiefblick: Der östliche Teil des Wolfgangsees im Felsrahmen des Bleckwandgipfels.

Nützliche Informationen

Ausgangspunkt: Bushaltestelle Breitenbacher bzw. Gasthaus Mahdhäusl zwischen Strobl und Zinkenbach.
Anfahrt: Per Bus (Linie 3000) von Salzburg oder Bad Ischl. Mit dem Auto Zufahrt bis zum Mahdhäusl bzw. vom Landauer bei Gschwendt bis zur Niedergadenalm (Maut).
Höhendifferenz: 1000 m.
Gehzeiten: Strobl – Bushaltestelle 30 Min., zum Mahdhäusl 15 Min., zur Bleckwandhütte 2 Std., auf die Bleckwand 30 Min., Abstieg zum Mahdhäusl 1½ – 2 Std., zur Bundesstraße 15 Min, nach Strobl 30 Min.
Einkehr- und Übernachtungsmöglichkeiten: Bleckwandhütte (TVN, 20 Betten, 10 Lager, von Juni bis Oktober bewirtschaftet, Tel. 06138/2736); Niedergaden- und Schartenalm (im Sommer bewirtschaftet).
Karte: Freytag & Berndt WK 282 oder 392.
Tip: Aberseer Heimatmuseum Lipphaus bei Strobl; Baden beim Parkplatz Gschwendt oder im Gemeindeseebad Strobl (am Radweg).
Information: Gemeindeamt A-5350 Strobl, Tel. 06137/255 oder 348.

4 Sparber 1502 m

Die Vorhut der Felsberge

Tourencharakter: Schnittige Tagestour auf einen jäh auffahrenden und felsigen Aussichtsgipfel über dem Wolfgangsee.
Wegbeschaffenheit: Der Steig durch den Wald ist stellenweise sehr steil und steinig, die Hangquerung unter dem Gipfel wird bei Schneelage gefährlich. Den felsigen Gipfelaufbau erklettert man mit Hilfe von Leitern und Stahlseilen (A) – Trittsicherheit und Schwindelfreiheit sind also notwendig (eventuell Klettersteig-Set).
Beste Jahreszeit: Spätes Frühjahr bis Spätherbst.
Gehzeit: 4 oder 5 Std.

Määhäähää!« Das ist eine Begrüßung! Mit Genuß läßt sich das Zicklein den kantigen Kopf kraulen, und seine Kollegen spitzen schon auf das Futter, das gegen Einwurf einer Münze aus dem Automaten kullert. Was für den Streichelzoo beim Gasthof Kleefelderhof recht ist, ist den Bergwanderern in der Gaststube oder auf der Terrasse nur billig: Die Radlerhalbe zischt, und die Teller halten, was die Speisekarte verspricht.
Damit hat die Gemütlichkeit aber auch schon ihr Ende: Mit Schwung ist ein Wildgatter zu überwinden, und dann zielt der Pfad pfeilgerade zum Sparber hinauf. Wenn ein Berg hier dem Schafberg die Schau stehlen kann, dann er! Von Osten und Westen gesehen, stechen seine beiden Gipfelzacken wie eine Bischofsmütze in die Luft; aber auch auf den beiden anderen Seiten zeigt er schroffe Felsen, einen steilen Waldmantel und einen nackten Schrofensockel.
Stellenweise geht es gleich im Geröll des Schäferbaches zur steil geneigten Wiese der Dürntalalm hinauf, darüber folgt dann ein urtümlicher Wald mit Riesenbäumen und kantigen Felsklötzen. Es ist aber keine Schande, die Querung des Grashanges unterhalb des Gipfelfelsens bei Nässe oder Schneelage bleiben zu lassen: Ein Ausrutschen wird hier leicht zum Himmelfahrtskommando. Ist es dagegen trocken, dann freuen sich schwindelfreie Bergwanderer über den kleinen, feinen Klettersteig Richtung Gipfelkreuz sicher genauso wie über den Blick zum Wolfgangsee, der wie mit einem Paukenschlag ins beste Licht gerückt wird.
Wer genau schaut, entdeckt auch am niedrigeren, aber weitaus schwierigeren Nebengipfel ein Stahlseil: Ein siebzigjähriger Sparber-

Verehrer hat es oberhalb der glatten und ungesicherten Einstiegsmauer montiert, »weil ihm das Wandl halt doch schon ein bisserl anstrengend worden ist«. Erfahren habe ich das von einem unwesentlich jüngeren Einheimischen, der den Zweieinhalbstunden-Zustieg locker in fünfviertel Stunden heraufgejoggt war. Also: So wie diese rüstigen Herren dreimal in der Woche auf den Sparber gehen – und Sie bleiben genauso fit!

Der Wegverlauf

(Tourenskizze S. 35)

Auf den Sparber: Von Weißenbach (550 m) ein kurzes Stück auf der Straße Richtung Strobl, dann bei zwei Häusern links zum Waldrand. Der nach links führende Wanderweg Nr. 7 zieht durch Wald- und Wiesengelände zum Kleefelderhof (690 m) hinauf.
Nun rechts zum Überstieg des Wildzaunes und danach auf einem steilen Karrenweg, später auf einem steinigen Waldsteig bergwärts. Wir überqueren eine Forststraße und weiter oben den Schärferbach (weiterer Zaun-Überstieg), dann geht es in steilen Serpentinen zur Dürntalalm (977 m, Brunnen) hinauf. Über den 500 m langen und steilen Weidehang halten wir auf den großen Pfeil zu, der am oberen Waldrand nach links weist. Der Steig schlängelt sich zwischen Felsbändern zum dicht bewaldeten Ostkamm empor, folgt diesem nach

Ferrata-Feeling am Sparber. In schwindelnder Tiefe die Schartenalm.

Der Wolfgangsee, vom Sparber aus gesehen. Dahinter – von links nach rechts – Schober, Schafberg und Breitenberg.

oben und quert dann am Fuß der Gipfelfelsen über eine sehr steile Wiesenflanke in die Scharte zwischen den beiden Gipfeln (Leiter). Nach einem kurzen Abstieg unter einer überhängenden Wand (Stahlseil) geht es rechts mittels Leitern und Seilen über eine 3 m hohe, senkrechte Felsstufe und durch die steilschrofige, aber latschengesäumte Westflanke auf den Gipfel.
Der Abstieg erfolgt auf der gleichen Route.

Nützliche Informationen

Ausgangspunkt: Weißenbach bei Strobl oder Gasthof Kleefelderhof.
Anfahrt: Mit der Buslinie 3000 (Salzburg – Bad Ischl). Mit dem Auto Zufahrtsmöglichkeit von Weißenbach bis zum Kleefelderhof.
Höhendifferenzen: Weißenbach – Kleefelderhof 150 m, auf den Sparber 820 m.
Gehzeiten: Weißenbach – Kleefelderhof 30 Min., bis zum Gipfel 2½ Std., Abstieg 1½ Std., nach Weißenbach 20 Min.
Einkehr- und Übernachtungsmöglichkeit: Gasthof Kleefelderhof.
Karte: Freytag & Berndt WK 282 oder 392.
Information: Siehe Tour 3.

5 Wieslerhorn, 1603 m und Labenberg, 1642 m

Die Postalm – ein Märchen von 1001 Alm

Tourencharakter: Zwei gemütliche Halbtagstouren auf unschwierige Almberge.
Wegbeschaffenheit: Im Bereich der Almen gefahrlose Wege und Forststraßen. Die Gipfelsteige sind stellenweise steil, aber bei trockenen Verhältnissen ebenfalls problemlos.
Beste Jahreszeit: Frühsommer bis Spätherbst – besonders schön Juni/Juli, wenn der Almrausch blüht.
Gehzeit: 3 Std. bzw. 5 Std.

Man schrieb das Jahr 1856, als die Bläß, die Glückin und der Muni das Salzkammergut auf der Pariser Weltausstellung repräsentierten. Die Träger dieser seltsamen Namen waren zwei Kühe und ein kraftstrotzender, aber lammfrommer Stier von der Postalm. Dieses 46 Quadratkilometer große Almplateau zwischen Wolfgangsee und Tennengau – es gilt nach der Seiser Alm als das zweitgrößte der Alpen – hat seinen Namen vom Ischler Postmeister und Hotelier Franz Koch, der das tierische Trio in Begleitung einer Sennerin in die Stadt an der Seine schickte. Dem französischen Kaiser Napoleon III. gefiel die sanftäugige Bläß jedenfalls so gut, daß er sie zu besitzen wünschte – ein unbezahlbarer Werbeerfolg für die Gegend, die sich touristisch auch weiterhin gut in Szene gesetzt hat: Eine Mautstraße – die »Alpenrosenstraße« – wurde von hüben und drüben heraufgebaut, etliche Almhütten mutierten zu Gaststätten und Herbergen, im Winter surren Schlepplifte und glänzen Langlaufloipen. Mit dem zusätzlichen wirtschaftlichen Standbein konnten die über 100 weideberechtigten Bauern ihre hochgelegenen »Filialen« auch in den Zeiten des Almsterbens erhalten. So freuen sich hier heroben immer noch mehr als 2000 Kälber und an die 100 Pferde – Noriker und Haflinger – jedes Jahr des Sommers. Der Käse, den Sie auf der Postalm zur Almjause serviert bekommen, ist meist ebenso bodenständig wie die Milch und die Butter: Jede Sennerin hält auch ein paar Milchkühe bei der Hütte.

Solcherart gestärkt kann man die Ersteigung der grünen »Almberge« über dem Plateau ins Auge fassen. Das Wieslerhorn erscheint vom Wolfgangsee aus als keckes Felsspitzl und bietet eine entsprechende Schau nach Norden, die erst der Schafberg begrenzt. Der Labenberg

Das Wieslerhorn – das sanftmütige »Wieselehörndele« über der Postalm. Der südseitige Anstiegspfad ist oft schon aper, wenn auf der Postalm noch die letzten Skifahrer unterwegs sind.

kostet trotz seines steilen Gipfelrückens auch nicht viel mehr Schweiß und entpuppt sich als edle Aussichtsloge vor den Bergen des Tennen- und des Dachsteingebirges. Erst auf dem Weg zu diesen beiden Gipfelzielen kommt uns zu Bewußtsein, daß es hier ja auch kühlen Waldschatten gibt. Tatsächlich hat der grüne Pelz früher fast die ganze Hochfläche bedeckt: Das freie Weidegelände ist nicht auf natürliche Weise entstanden, sondern wurde von Holzknechten gerodet. Die Salinen im Salzkammergut brauchten ständig Nachschub zur Befeuerung der Sudpfannen, und so gelangte auch diese Gegend schon früh in den Einflußbereich der Wirtschaftsregion Salzkammergut.

Der Wegverlauf

Wieslerhorn: Vom Lienbachhof (Parkplatz 1, 1160 m) auf der Straße kurz Richtung Strobl und links zum Gasthof Alpenrose und zur Welserhütte. Auf dem Almweg Nr. 154 a durch den Wald zur Strobler Hütte und nach der Markierung Nr. 154 d über den Wiesenhang zum Parkplatz 3 (1325 m; hier lohnt sich der kurze Abstecher nach rechts zur Postalmkapelle). Auf der Schotterstraße an der Jausenstation Wiesler vorbei zur Wiesleralm (1360 m; Schafbergblickhütte, Seeblickhütte, Erlbachhütte; beschilderter Abstecher zum »Wolfgangseeblick«). Nach links und auf dem markierten Weg durch eine Wiesensenke zum Wieslerhorn. Rechts durch die steile Wiesenflanke bzw. über den Gipfelkamm und zum Gipfelkreuz (1603 m). **Der Abstieg** erfolgt auf der gleichen Route.

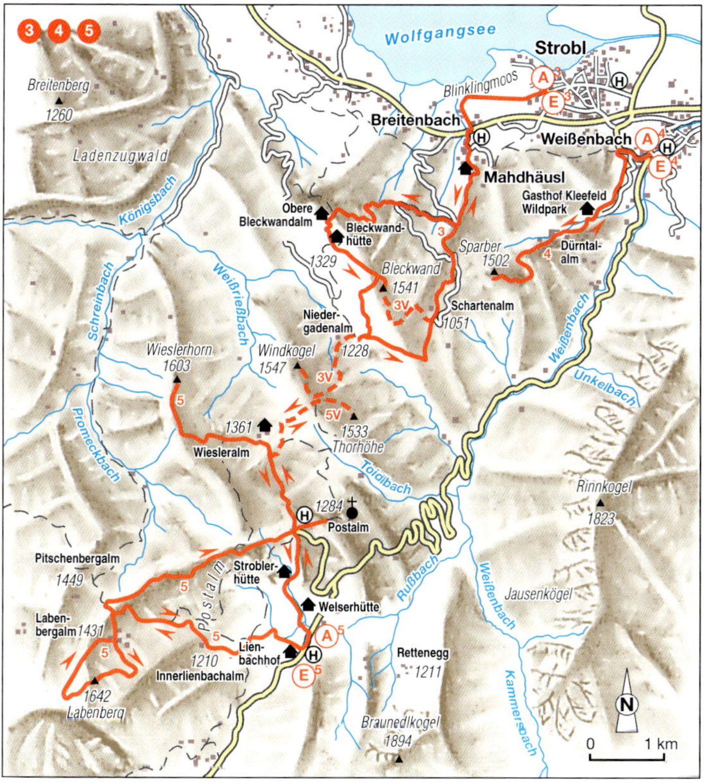

Labenberg: Vom Lienbachhof auf dem Weg Nr. 152 über die Almwiese zur Rosserhütte. Hier links auf der Forststraße durch den Wald bis zur Brücke vor der Innerlienbachalm. Hier rechts abzweigen und auf der Straße durch den Waldgraben zu einem Almsattel und links zur Labenbergalm (1431 m) hinauf. Zuletzt auf einem Steig quer durch die linke Flanke des Labenberges zum Ostrücken und auf diesem steil zum Gipfel (1642 m) hinauf.
Wer nicht auf dem gleichen Weg zur Alm zurückkehren will, kann auch auf dem Westrücken absteigen und rechts über die Weide zur Alm wandern. Vom Sattel nördlich der Alm wandert man über eine Wiesenkuppe Richtung Pitschenbergalm und biegt bei der folgenden Abzweigung rechts auf den Weg Nr. 840 ab. Er führt über einen teilweise Bewaldeten Hügel zur Huber-Hütte und zum Parkplatz 3 der Postalmstraße hinüber; von dort marschiert man rechts zur Strobler Hütte und zum Gasthof Alpenrose hinab.

Variante: Der Weg Nr. 877 zweigt vor der Wiesleralm rechts ab und führt über den Almsattel zwischen Windkogel (1547 m) und Thorhöhe (1533 m; beide Erhebungen sind von hier aus leicht zu erwandern) zur Hütte der Salzburger Stadtwerke und durch einen Waldhang zur Niedergadenalm (1228 m). So läßt sich eine Wanderung über die Bleckwand (Tour 3) mit der Postalm verbinden und umgekehrt.

Nützliche Informationen

Ausgangspunkt: Parkplatz 1 (Skizentrum) auf der Postalm.
Anfahrt: Mit dem Bus (Linie 2562) von Bad Ischl bzw. Strobl. Mit dem Auto auf der Postalm-Mautstraße ab Strobl.
Bus-Betriebszeit: Vom 22. 6 bis zum 22. 9. täglich ab Strobl um 9.30, 12.45, 15.45 Uhr, ab Postalmhöhe (Parkplatz 3) um 12.00, 14.45 und 16.45 Uhr, Tel. 0660/5188 (Bundesbus-Auskunft).
Höhendifferenzen: Wieslerhorn 450 m; Labenberg 490 m.
Gehzeiten: Lienbachhof – Wieslerhorn 1½ – 2 Std., Abstieg 1 Std.; Lienbachhof – Labenberg 2 Std., Abstieg 1½ Std.
Einkehr- und Übernachtungsmöglichkeiten: Zwischen Juni und Oktober sind das Restaurant Lienbachhof, die Blonde Hütte, die vier Hütten auf der Wiesleralm und die Huber-Hütte bewirtschaftet; im Gasthof Alpenrose, im Gasthaus Thoralm und in der Welser Hütte kann man auch übernachten.
Karte: Freytag & Berndt WK 392 oder WFK 392-1.
Information: Siehe Tour 3.

6 Durch die Osterhorngrupe

Über die quergestreiften Berge

Tourencharakter: Zwei- oder Dreitagestour durch Almgelände und über aussichtsreiche, stellenweise felsige Gras- und Latschengipfel.
Wegbeschaffenheit: Die Route verläuft auf problemlosen, aber stellenweise schmalen und steinigen Almwegen und Steigen; einige kurze Passagen erfordern Trittsicherheit. Vorsicht bei harten Altschneefeldern! Bei Nebel kann die Orientierung schwierig werden.
Beste Jahreszeit: Frühsommer bis Spätherbst.
Gehzeit: 9 – 10 Std.

Merkwürdige Berge wölben sich im Westen der Postalm auf: Gleichförmige Steinpyramiden und Felstrapeze, bis oben hin begrünt, aber quergestreift wie Zebras – ihre Gesteinsbänke könnten auf dem Reißbrett entstanden sein. Tatsächlich ist die Osterhorngruppe, wie das wald- und almreiche Berggebiet zwischen dem Lammertal, der Salzach und dem Wolfgangsee heißt, ein geologisches Unikum: Das hier vorherrschende und bis zu 600 Meter mächtige Gestein der Oberalmerschichten wurde während der Alpenauffaltung in zahlreiche Teile zerbrochen. So wurden die seltsamen Strukturen sichtbar, die von parallel verlaufenden, manchmal schrägen, oft aber auch waagrecht gelagerten Bändern aus »Barmsteinkalken« geprägt werden. Da und dort liegen bis zu fünf solcher Schichten übereinander; sie bauen so wilde Felsformationen wie am Holzeck, am Regenspitz oder am Hochwieskopf auf. Wo die Berge steil abbrechen, sind sie von Rinnen und Lawinenbahnen zerschrundet. Grobe Schutthalden säumen ihre Felsen, und im zeitigen Frühjahr zeigt sich so mancher Talschluß noch von meterhohem Lawinenschnee zugeschüttet. Es muß schon einiges Material fehlen, denn der Zinkenbach, der hier seine weitverzweigte Kinderstube hat, konnte in den letzten 20000 Jahren mehr als 164 Millionen Kubikmeter Sand und Schotter im Wolfgangsee ablagern. So entstand die riesige Halbinsel, die sich unaufhaltsam auf St. Wolfgang zuschiebt. Aber keine Angst: Das beliebte Badewasser hat immerhin noch 75000 bis 85000 Jahre »Lebenserwartung« – das erfrischende Bad am Ende unserer langen Wanderung ist also weiterhin gesichert!

Zuvor aber heißt es, ordentlich bergauf und bergab schnaufen, denn bei einer Durchquerung der Osterhorngruppe läppert sich doch einiges an Vertikaldistanz zusammen. 1764 Meter mißt ihr höchster Spitz, der Hohe Zinken, und damit steht sein Gipfelkreuz immerhin 1200 Meter über den Tälern.

Der Wegverlauf

Über Pitschenberg und Hohen Zinken zur Genneralm: Vom Parkplatz 3 auf der Postalm auf dem Almweg mit der Markierung Nr. 840 nach Westen, unter einem Skilift durch, über einen teilweise bewaldeten Hügel (1395 m). Durch eine Senke erreicht man eine Wiesenkuppe nahe der Labenbergalm, auf der sich der Weg teilt: Wir wandern rechts durch einen Waldhang zur Pitschenbergalm (1449 m) hinauf. Ab hier links um einen Vorbau des Pitschenberges herum, durch schütteren Wald auf den oberen Almboden und auf einem schmalen Steig über die steile Gipfelwiese aufwärts; ganz oben führt ein kurzer Stichweg auf den Pitschenberg (1720 m). In der steilen, aber bewaldeten Südwestseite zieht der Steig 840 in die stille Lammereinsenke hinab und steigt dann einmal kräftig an zum grasigen Verbindungskamm zwischen Zinken und Osterhorn (kurzer Abstecher nach rechts, 1746 m, Kreuz). Nach links gelangt man – vorbei am Goldenen Schüsserl (Quelle) – auf den langgezogenen Gipfelrücken des Hohen Zinkens (1764 m, Kreuz). Dann schlängelt sich der Steig nach Westen durch den Latschen- und Waldhang in die Senke vor dem Holzeck hinab. Links um den Berg herum erreicht man die Genneralm (1295 m).

ABSTECHER: Von hier aus lohnt sich die Ersteigung des Gennerhorns: Der Steig Nr. 840 zweigt im Sattel bei der Alm rechts von der Forststraße ab und steigt in der linken Flanke des Berges durch Wiesen, Wald und Schutt in den westlich dahinter gelegenen Sattel an. Hier rechts abzweigen und durch eine Latschengasse über viele natürliche Stufen zum Gipfelkreuz (1735 m) hinauf.

Von der Genneralm übers Zwölferhorn nach St. Gilgen: Von der Genneralm ganz kurz wieder zurück Richtung Postalm, dann jedoch links abzweigen und auf einem markierten Steig durch die steile, teilweise grobblockige Westflanke auf den First des Holzecks hinauf (1603 m, oben kurzer Gipfelabstecher nach rechts). Es folgt die Überschreitung des langen und großteils bewaldeten, stellenweise aber recht luftigen Kammes über den Hochthron (1574 m) und über einen letzten Anstieg auf das Königsberger Horn (1621 m). Auf

dem steilen Nordostkamm zur Königsberger Alm (1218 m) hinab. Nun führt die Route mit der Markierung 855 nach links in ein kleines Tal und dann teils auf Pfaden, teils auf der Forststraße links um den Illingerberg herum zur Pillsteinalm. Über einen Sattel steigen wir zur Pillsteinhöhe (1478 m) auf, dann wandern wir auf einem breiten Weg über den schütter bewachsenen Rücken zur Arnikahütte und rechts auf das nahe Zwölferhorn (1521 m). Ein Stück unterhalb des Gipfels steht die Bergstation der Seilbahn, die uns nach St. Gilgen hinunterbringt – es gibt aber auch Fußwege zum Wolfgangsee.

Varianten: Markierte Abstiegsmöglichkeiten ins Zinkenbachtal bestehen unterhalb der Pitschenbergalm, vom Osterhorn, östlich der Genneralm und ab der Königsbergalm.

Nützliche Informationen

Ausgangspunkt: Parkplatz 3 auf der Postalm.
Anfahrt und Bus-Betriebszeit: siehe Tour 5.
Seilbahn-Betriebszeit: Von Anfang Mai bis Ende Oktober täglich von 9 bis 17 Uhr (von Juni bis August bis 18 Uhr).
Höhendifferenzen: 1270 m im Anstieg und 1860 m Abstieg.
Gehzeiten: Postalm – Pitschenberg 2 Std., zum Hohen Zinken 1¼ Std., zur Genneralm 1¼ Std. (Genneralm – Gennerhorn 1¼ Std., Abstieg 45 Min.) Übergang Genneralm – Zwölferhorn 4 – 5 Std., Abstieg nach St. Gilgen 2 Std.
Einkehr- und Übernachtungsmöglichkeiten: Gasthöfe und Hütten auf der Postalm siehe Tour 5. Poschenhütte und Leitenalm auf der Genneralm (16 bzw. 6 Betten, von Juni bis September durchgehend und im Oktober an schönen Wochenenden bewirtschaftet); Arnikahütte auf dem Zwölferhorn; Berghaus Zwölferhorn (20 Betten, 20 Lager, von Ende Mai bis Ende Oktober bewirtschaftet).
Karte: Freytag & Berndt WK 392, WKF 392-1 oder WKF 282-1.
Information: Siehe Tour 3.

Das »quergestreifte« Osterhorn vom Pitschenberg aus gesehen. Rechts davon lugt das Königsberger Horn hervor.

7 Braunedlkogel, 1894 m

Wandern zwischen Himmel und Alm

Tourencharakter: Sehr lohnende und wegen des hohen Ausgangspunktes nicht besonders anstrengende Tagestour auf einen landschaftlich ausgesprochen reizvollen Aussichtsgipfel.
Wegbeschaffenheit: Der stellenweise felsige Anstiegweg von der Rettenegghütte und die Gratüberschreitung erfordern Trittsicherheit, ansonsten ist der Steig bei trockenen Verhältnissen unproblematisch.
Beste Jahreszeit: Frühsommer bis Herbst.
Gehzeit: Je nach Wegwahl 4 – 5 Std.

Östlich der Postalm verändert sich die Landschaft: Statt weitgezogener Almhügel und dünngebankter Gipfelpyramiden prägen plötzlich die Felsmauern der Gamsfeldgruppe das Bild. Die westlichste Warte dieses verwinkelten Massivs, das geologisch bereits zum Dachsteingebirge gehört, ist der Braunedlkogel, der die übrigen Postalm-Berge zwischen 100 und 300 Meter überragt: Eine wald- und latschengrün abdachende Zeltplane, vom Hauptgipfel bis zum Moosbergriedel aufgespannt, allseits mit etlichen Felsplatten verankert – und eine unübersehbare Begrenzung der Almlandschaft. Während der nordwestliche Auslauf des Berges noch Platz für zwei Almen bietet, befindet man sich im Kar zwischen dem Braunedl und dem felsigen Scharfen plötzlich in einer alpinen Wildnis. Hier müssen ein paar ausgesetzte, aber letztlich harmlose Felsbänder und Schrofenrinnen überwunden werden, ansonsten aber schlängelt sich der Steig recht artig zwischen windzerzausten Wetterbäumen, Latschenteppichen und blühenden Graspolstern durch.
Besonders schön ist die anschließende Überquerung des Kammes zum Moosbergriedel: Man scheint dem Dachstein förmlich entgegenzueilen und freut sich zum Schluß über den überraschenden Blick nach Rußbach.
Wer's noch rauher liebt, kann ja auf den benachbarten Scharfen klettern: Der exponierte und gezackte Grat macht seinem Namen alle Ehre und vermittelt eine instruktive Sicht in die »Wilde Kammer«, den wild zerrissenen Gamsfeld-Nordabsturz. Nicht-Kletterern wird das vordere der beiden Gipfelkreuze des Scharfen vollauf genugen.

Ein rauhes Lüfterl am Braunedl. Im Südwesten, jenseits des Abtenauer Beckens, erhebt sich das Tennengebirge.

Der Wegverlauf

Auf den Braunedl: Von der Bushaltestelle beim Parkplatz 1 (Skizentrum Postalm, 1160 m) zur nahen Brücke über den Rußbach (vor dem Jugendgästehaus). Davor nach rechts, auf der geschotterten Almstraße über einen Seitenbach zur Einbergalm und links zur Rettenegghütte (1211 m). Hier zweigt rechts ein markierter Steig ab, der über eine hölzerne »Europabrücke« ins zunächst noch bewaldete Kar zwischen dem Braunedl und dem Scharfen leitet. Aus dem Talgrund steigt man über Felsbänder und Schrofenrinnen (mit kurzer Seilsicherung versehen) zum obersten, kreisförmigen Latschenboden an.

ABSTECHER AUF DEN SCHARFEN: Das vordere Gipfelkreuz auf dem Scharfen (1780 m) erreicht man vom obersten Latschenboden unterhalb des Braunedls nach links auf einem unmarkierten Steig und weiter über erdige und ausgesetzte Felsstufen.

Auf den Braunedlkogel zieht der Pfad vom Latschenboden nach rechts, am Rand einer Schrofenflanke, zum grasigen Gipfel (1894 m) hinauf.

Beim Abstieg folgen wir ein kurzes Stück dem Südkamm Richtung Moosbergriedel, biegen aber bald scharf nach rechts auf einen schmalen Steig ab, der durch die Latschenflanke und über einen kleinen Kamm abwärts führt. Anschließend quert man durch den

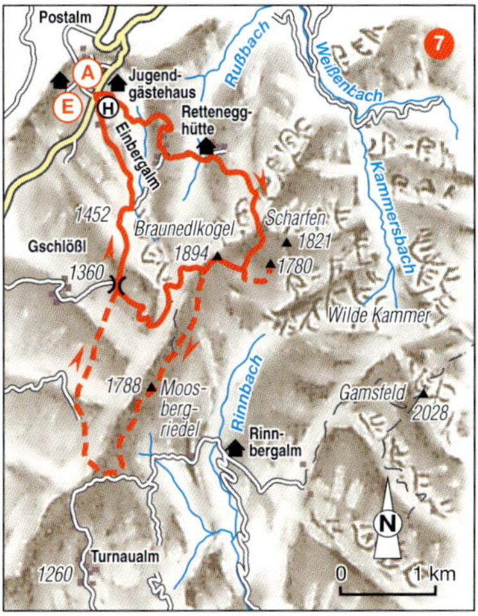

unterschiedlich dicht bewaldeten Westhang und steigt zuletzt steiler zu einer Schottergrube im Almsattel unterhalb des Gschlößls (Wegkreuz, 1360 m) ab. Hier nach rechts und auf der Almstraße zur Einbergalm. Wer zum Postalm-Parkplatz hinunterwandern will, zweigt schon vorher links auf den Steig Nr. 879 ab.

Abstiegsvariante:
Vom Braunedl auf dem leicht abfallenden Latschenkamm bis zum Moosbergriedel (blasse blau-weiße Markierung), zur obersten Weide der Turnauer Alm absteigen und rechts auf einem Karrenweg (Markierung 879) zur Einbergalm bzw. zum Skizentrum zurückkehren.

Nützliche Informationen

Ausgangspunkt: Parkplatz 1 (Skizentrum) auf der Postalm oder Einbergalm.

Anfahrt: Mit dem Bus (Linie 2562) ab Bad Ischl bzw. Strobl zur Haltestelle Skizentrum Postalm. Mit dem Auto von Strobl oder Abtenau auf der Postalm-Mautstraße bis zum Jugendgästehaus, bei der Rußbach-Brücke abbiegen und auf der Schotterstraße zur Einbergalm hinauf.
Bus-Betriebszeit: siehe Tour 5.

Höhendifferenzen: Je nach Ausgangspunkt 750 m oder 650 m.

Gehzeiten: Skizentrum Postalm – Einbergalm 30 Min., Einbergalm – Braunedl 2 Std., Abstieg 1½ – 2 Std., zum Skizentrum 20 Min. Die Kammüberschreitung dauert 1½ Std. länger; auf den Scharfen zusätzlich 30 Min.

Einkehr- und Übernachtungsmöglichkeiten: Gasthöfe und Hütten auf der Postalm siehe Tour 5; Retteneggütte (im Sommer Almprodukte erhältlich).

Karte: Freytag & Berndt WK 392 oder WFK 392-1.

Information: Siehe Tour 3.

8 Rinnkogel, 1823 m

Der einsame Riese

Tourencharakter: Anspruchsvolle Tagestour auf einen respektablen Felsgipfel.
Wegbeschaffenheit: Der Steig ist steil, teilweise felsig und im oberen Teil ausgesetzt; er weist gesicherte Passagen (A) und kurze ungesicherte Stellen im Schwierigkeitsgrad I auf. Trittsicherheit und Schwindelfreiheit sind Voraussetzung. Bei Nebel oder Schneelage ist es nicht ratsam, den Gipfel zu ersteigen.
Beste Jahreszeit: Frühsommer bis Herbst.
Gehzeit: 5 – 6 Std.

Nur wenige Kilometer liegen zwischen den Wiesen am Wolfgangsee und den dunklen Felsen, die das Strobler Weißenbachtal zusammendrücken. Die wildesten davon gehören zum Rinnkogel, einem alpinen Charakterkopf. Seltsam abgerundet und doch voller Kanten und Ecken – so beherrscht er sein verwinkeltes »Hinterstübchen« im Norden der Gamsfeldgruppe.
Der Rinnkogel trägt einen »sprechenden« Namen: Die Schluchten und Gräben, die seine Abhänge mit schrofigem Faltenwurf gliedern, lassen keinen Zweifel daran: Wenn hier Gewittergüsse niedergehen, dann verwandelt sich selbst die trockenste Runse binnen Minuten in einen rasenden Wildbach. In der nahen Schlucht des Kammersbaches gab es schon Todesopfer, als eine Jugendgruppe vom holz- und steingespickten Hochwasser überrascht wurde. Die gewaltigen Gesteinsmengen, die das kühle Naß von den Kalkgraten und aus dem brüchigen Dolomitsockel zu Tal schwemmt, lagern sich in ausgebleichten Schotterhalden ab und werden schließlich – nomen est omen – vom Weißenbach weiterverfrachtet. Und weil das drüben auf der Goiserer Seite genauso funktioniert, gibt es dort ebenfalls einen Weißenbach. Dazwischen schlängelt sich der Bärenpfad über einen Sattel: Wenn es die Wetterverhältnisse nicht ratsam erscheinen lassen, dem Rinnkogel aufs herausfordernde Haupt zu kraxeln, dann empfiehlt sich die Wanderung von Weißenbach zu Weißenbach als reizvolle Alternative.

»Die Drei« über dem Weißenbachtal: Der Rettenkogel (links) über der Laimeralm, der Rinnkogel und ganz hinten der Braunedlkogel.

Der Wegverlauf

(Tourenskizze S. 48)

Auf den Rinnkogel: Von der Simonhütte (715 m) auf der Forststraße 15 Min. taleinwärts, unter der Stromleitung durch und über den Weißenbach zur Sulzaustube (741 m; Jagdhütte und Brunnen). Gleich danach links abzweigen und auf dem Steig 889 durch den Buchenwald – eine Forststraße querend – zum Fuß der Wände hinauf. Rechts zu einer wilden Schlucht, die überquert wird, dann durch den steilen Wald und über eine seilgesicherte Stelle bis zu einem Sattel. Auf etwa 1330 m Höhe zweigt rechts ein Jagdsteig ab, der nach 50 m zu einer Quelle führt. Der Rinnkogel-Steig führt nun über eine Steilstufe zu einer Felsgruppe (zwei Höhlen) und durch ein lärchenbestocktes Kar (Sonntagtrieb) zu einer Schuttrinne. Über ihren linken Begrenzungsrücken steigt man auf einen Latschenrücken, dann geht es durch eine felsige Rinne (Eisenstifte, Stahlseile) zum Gipfelgrat hinauf. Links und rechts der Schneide – zwei Passagen sind ebenfalls seilgesichert und mit Trittstiften versehen – und zuletzt auf dem latschenbewachsenen Kamm zum Gipfelkreuz (1823 m).
Der Abstieg erfolgt auf der gleichen Route.

Tourenvariante Bärenpfad: Von Weißenbach bei Strobl (550 m) auf dem Wanderweg 879 zum Kleefelderhof und zum Gasthaus Bergheimat, weiter nach der Markierung 890 über die Unterberger Alm zur Simonhütte. Weiter zur Sulzaustube, in den Werkstattgraben und über den Bärenpfad-Sattel (1300 m) in die Traunbachau. Zuletzt auf der Forststraße – an der Chorinskyklause vorbei – nach Weißenbach bei Bad Goisern (490 m).

Nützliche Informationen

Ausgangspunkt: Simonhütte im Weißenbachtal bei Strobl.
Anfahrt: Mit dem Bus (Linie 2562) ab Bad Ischl oder Strobl Richtung Postalm bis zur Haltestelle Simonhütte. Mit dem Auto Zufahrt auf der Postalm-Mautstraße ab Strobl bis zur ersten scharfen Rechtskehre und dort links abzweigen. Wer nur bis zur Simonhütte fährt, zahlt ermäßigte Maut.
Bus-Betriebszeit: siehe Tour 5.
Höhendifferenzen: 1100 m. (Über den Bärensattel 780 m)
Gehzeiten: Aufstieg 3 – 3½ Std., Abstieg 2 – 2½ Std. (Weißenbach – Simonhütte 1½ Std., weiter über den Bärenpfad nach Bad Goisern 4 Std.)
Einkehr: Keine!
Karte: Freytag & Berndt WK 392 oder WFK 392-1.
Information: Siehe Tour 3.

Der Steig auf den Rinnkogel (rechts) zieht oberhalb der markanten Rinne nach links und dann etwa in Fallinie zum Gipfel. Über der Postalmkapelle Retten- und Bergwerkskogel.

9 Bergwerkskogel, 1781 m und Rettenkogel, 1780 m

Bergzwillinge mit Eisenverbindung

Tourencharakter: Anspruchsvolle Tagestour über zwei Felsgipfel, die inmitten der Voralpen unerwartet alpine Landschaftseindrücke vermitteln.
Wegbeschaffenheit: Im unteren Bereich gute Steige durch steiles, teilweise felsdurchsetztes Waldgelände. Die Überschreitung der beiden Gipfel weist einige ungesicherte Kletterstellen bis zum Schwierigkeitsgrad I+ und mehrere Klettersteig-Passagen (A/B, eine Stelle C) auf – die schwierigste davon ist eine 10 m hohe, senkrechte Wandstufe. Nicht bei Nebel oder Schneelage gehen!
Beste Jahreszeit: Sommer und Herbst.
Gehzeit: 7 Std.

Aufgefallen ist er jedem schon einmal in der Ischler Gegend: So groß, voller Falten und diese Hakennase – ein Zinken wie der Schnabel eines Adlers! Nein, die Rede ist nicht von einem Salzkammergut-Original mit Lederhose und Gamsbart, sondern vom Rettenkogel, der sein unverwechselbares Profil westlich über dem Kurstädtchen aufbaut. Ein Blick auf die Landkarte zeigt es: 1780 Meter ist er hoch, und wildes Gestrichel deutet rundum auf Felsen und wilde Schrofenabbrüche hin. Natürlich verheißt ein so freistehendes Hörndl eine hervorragende Aussicht, und dieses Versprechen löst es genauso ein wie der Bergwerkskogel, sein um genau einen Meter höherer Nachbar: Da plustert sich alles, was zwischen dem Hohen Dachstein und dem Höllengebirge Rang und Namen hat, zu steinerner Schönheit auf. Allerdings: Beim Gratübergang wartet der 30 Meter hohe Gipfelblock des Rettenkogels mit einer eisengesicherten, senkrechten Schlüsselstelle auf, und auch am Bergwerkskogel lauern ein paar Klettersteig-Passagen nebst zwei heiklen Scharten-Abstiegen. Und selbst dazwischen kommt man mit den Händen im Hosensack nicht weit: Fetzige Felsfiguren und glatte Grashalden, Felslabyrinthe wie das riesige Unkelkar und elend-steile Waldflanken sind allgegenwärtige Landschaftsingredienzen. Und immer wieder fragt man sich: Wie wird sie der Steig wohl hinter der nächsten Ecke überlisten?

Aber was sind das schon für Sorgen gegen die der Almleute, wenn wieder einmal ein Stück Vieh im Geschrof abgestürzt war? Gegen die Sorgen der Holzknechte, die wochenlang in ihren entlegenen »Stuben« (Hütten) hausten und die Stämme mit dem entfesselten Wasser der Chorinskyklause zur Traun schwemmten? Oder die Sorgen der Knappen, die einst auf der Goiserer Seite des Bergwerkskogels im Erzstollen schuften mußten?

Der Wegverlauf

Auf den Bergwerkskogel: Vom Gasthof zur Wacht (510 m) neben dem Schöffaubach in die nahe (Ischler) Ramsau, rechts übers Wasser und auf der Forststraße zu den Wiesen der Schöffau (760 m) hinein. Nach der Brücke über einen Seitenbach zweigt links der Steig Richtung Bergwerkskogel ab: Er führt durch einen steilen Waldgraben zur idyllisch gelegenen Laufenbergalm (1307 m) und rechts durch den Hang auf einen latschenbewachsenen Kamm. Auf knapp 1600 m Höhe erreichen wir ein Felsfenster. Der Grat wird luftig. Man steigt 5 m in eine felsige Scharte ab und quert ausgesetzte Plat-

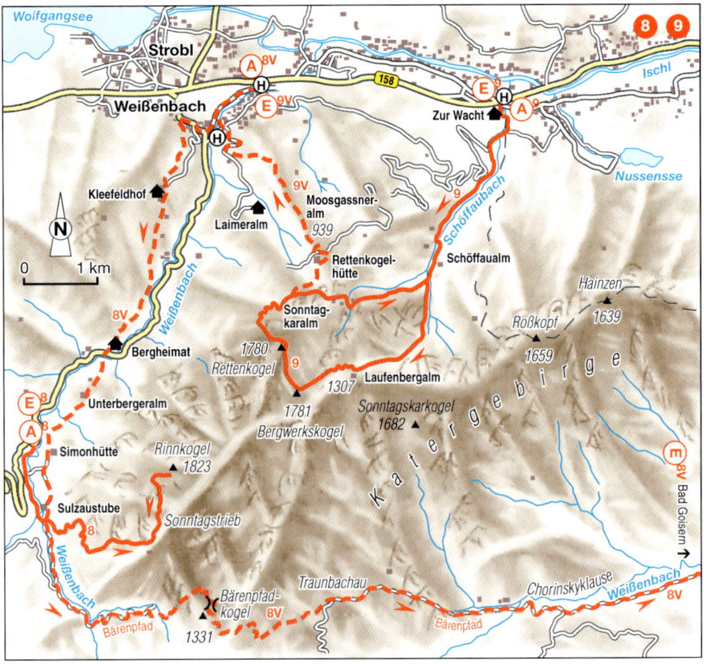

ten (Stahlseile). Auf Eisenklammern durch eine Latschengasse, die wieder auf den Grat (Stahlseile) und damit auf den Bergwerkskogel (1781 m) führt.

Übergang zum Rettenkogel: Kurz auf dem Gipfelgrat zurück und links auf dem Verbindungskamm Richtung Rettenkogel über die ersten Köpfe. Nun mit Stahlseil-Sicherung rechts unter einen Überhang durch und steil auf die nächste Erhebung. Von dort zwischen Latschen in die Senke vor dem senkrechten Rettenkogel-Gipfelaufbau (1780 m), der mit Hilfe von Stahlseilen über ein kleines Schartl erklettert wird.

Der Abstieg (Steig 891) führt zunächst durch eine grasige Rinne und dann links durch einen Felshang (Stahlseile) zu einer Latschenkuppe, unter der sich das letzte gesicherte Wandl befindet. Dann zieht der schmale Steig durch steilen Wald zur Sonntagkaralm, zur Ramsaualm und in die Schöffau hinab. Neben dem Bach zur Wacht hinaus.

Variante für den Abstieg: Man kann oberhalb der Sonntagkaralm auch links über einen Wiesenrücken zur Rettenkogelalm wandern und über die Moosgassneralm (Sender) nach Weißenbach absteigen. Zurück zum Ausgangspunkt kann man dann den Bus nehmen.

Frühling zwischen Bergwerks- und Rettenkogel. Hinter dem benachbarten Rinnkogel: Schmalztrager, Scharfen, Braunedl und Tennengebirge.

Die Schlüsselstelle der Gratüberschreitung: Der fast senkrechte Gipfelaufschwung des Rettenkogels.

Nützliche Informationen

Ausgangspunkt: Gasthof zur Wacht, 6 km westlich von Bad Ischl.
Anfahrt: Mit der Buslinie 3000 ab Salzburg oder Bad Ischl.
Höhendifferenz: 1350 m.
Gehzeiten: Wacht – Bergwerkskogel 3¾ Std., Übergang zum Rettenkogel 45 Min., Abstieg zur Wacht (oder nach Weißenbach) 2½ Std.
Einkehr: keine
Übernachtung: eventuell in der Rettenkogelhütte (TVN, Selbstversorgerhütte, 12 Betten, Tel. 06132/27830).
Karte: Freytag & Berndt WK 281 oder 392.
Information: Siehe Tour 3.

10 Schafberg, 1782 m

Mit Volldampf hinauf – und eine Drei-Seen-Tour hinunter

Tourencharakter: Durchaus tagfüllende Bergab-Tour in abwechslungsreicher Landschaft mit berühmter Panoramaaussicht.
Wegbeschaffenheit: Die Route weist zwei Klettersteig-Einlagen auf, die zwar einfach sind (A), jedoch Trittsicherheit und Schwindelfreiheit erfordern. Besonders der ausgesetzte Purtschellersteig ist bei Schneelage gefährlich. Die Steige im Wald- und Almbereich bieten bei trockenen Verhältnissen keine Probleme.
Beste Jahreszeit: Frühsommer bis Herbst.
Gehzeit: Ca. 4 Std.

Ihr ... wißt's ... ja ... net ... wia ... schwaa ... daß's ... is ... zum ... Schaf ... berg ... spitz ...« So ächzt die rauchprustende Schafberg-Zahnradbahn seit 1893 allsommerlich über die 5,85 km lange Strecke von St. Wolfgang bis knapp unter die Schafbergspitze hinauf – über zahlreiche Steinbrücken, einen Viadukt und durch zwei Tunnels. Immerhin liegen gezählte 1188 Höhenmeter zwischen der Tal- und der Bergstation. Bei einer durchschnittlichen Fahrgeschwindigkeit von sieben Stundenkilometern bleibt reichlich Zeit, die »schiefe Landschaft«, wie sie die steile Bahntrasse hinter die Fensterscheiben zaubert, und das immer prächtiger werdende Bergpanorama rund um den Wolfgangsee zu betrachten.
Aber erst ganz oben beim 1906 erbauten Gipfelhotel, direkt an der geländergesicherten Oberkante seiner Nordwand, wird man mit dem berühmten Blick über sieben Salzkammergutseen verwöhnt.
Mit dem Abstieg auf dem Westkamm, auf dem die schurwollenen Namensgeber des Berges oft grasen, beginnt das Abenteuer erst so richtig: Wenn Sie schon immer durch das Himmelstor treten wollten, dann können Sie es nun tun: Die »Himmelspforte«, ein origineller Felsspalt im Westkamm, weist die Abstiegsrichtung nach Norden, und solide Sicherungen entschärfen die Felsstufen in der Karflanke. Nach einer kurzen Höhenpromenade und einem Sattel steht man im schütter bewaldeten Kar mit dem winzigen Suissensee (der eigentlich aus zwei Wasseraugen besteht). Vorbei am versteckten Mittersee mit seiner Steininsel, durch urigen Almwald und über eine Rasenscharte erreicht man schließlich den Kessel, aus dem der Mittersee zwischen seinen Waldwimpern heraufleuchtet.

Nun folgt des Abenteuers zweiter Teil: Der Purtschellersteig – er erinnert an einen Salzburger Turnlehrer, der im 19. Jahrhundert als einer der ersten »führerlosen« Bergsteiger bis auf die Ostafrikanischen Fünftausender kam – zieht mit künstlichen Stufen und Seilhilfe durch die glatte Felsbarriere unterhalb der Spinnerin zur pultartigen Südabdachung des Schafberges. Hier tut sich auch das Wetterloch auf: Der Schafberg-Hotelier ließ diese Unterwelt dereinst im Überschwang der touristischen Erschließung mit »electrischen Sonnen« erleuchten. Der Übergang unterhalb der Zahnrad-Schienen zur freundlichen Schafbergalm und der Abstieg ins Tal halten dann keine Hindernisse mehr bereit.

Der Wegverlauf

Über den Himmelspfortsteig zum Mönichsee: Von der Endstation der Schafbergbahn (1730 m) in wenigen Minuten zum Gipfelhotel (1782 m) und zur Himmelspforthütte hinauf. Von dort auf dem Westkamm abwärts bis zur »Himmelspforte«, die den Weg nach Norden freigibt. Über gesicherte Felsstufen klettern wir in das Kar am Fuß der Schafberg-Nordabstürze und queren dann fast eben nach rechts in den Kessel mit dem winzigen Suissensee (Unterstandshütte). Ohne größere Höhenunterschiede geht es durch eine urwaldähnliche Wildnis zum kleinen Mittersee (1380 m) weiter und über einen Sattel zum waldgesäumten Mönichsee (1300 m).

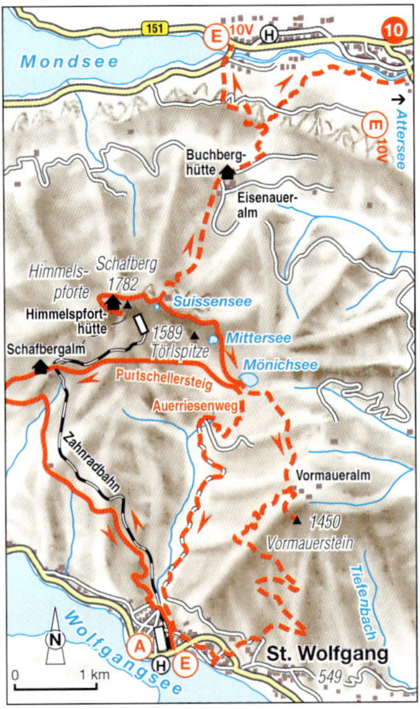

Über den Purtschellersteig ins Tal: Oberhalb des Wasserauges überquert man einen niedrigen Riedel und wandert nach rechts auf dem Purtschellersteig in den steilen, anfangs noch bewaldeten Törlspitz-Südabhang hin-

Reif für die Insel: Rast am Mittersee unterhalb der Schafberg-Nordabstürze.

auf. Die folgende Felsflanke wird über ausgeschlagene Stufen und mit Hilfe von Stahlseilen überwunden. Zuletzt wandern wir über eine Felsrinne und durch die sanfter geneigte Schafberg-Südabdachung zur Schafbergalm (1364 m) hinüber. Von dort geht's auf dem bequemen, aber stellenweise ausgewaschenen Schafbergweg (Nr. 23) über die einstige Dorneralm nach St. Wolfgang (549 m) hinunter.

Varianten: Wer den Purtschellersteig nicht begehen möchte, wandert vom Mönichsee am besten über einen breiten Wald- und Wiesenrücken (Weg Nr. 27) zur Vormaueralm hinüber, erweist dem aussichtsreichen Vormauerstein (1450 m, Kreuz) seine Reverenz und marschiert schlußendlich auf dem gut angelegten Vormauerweg talwärts. Der ebenfalls beim Münichsee abzweigende Auerriesenweg wäre eine noch schnellere Alternative.
Wer vom Auto unabhängig ist, faßt vielleicht den Steig Nr. 804 vom Suissensee über die Buchberghütte (1015 m, Eisenauer Alm) zum Atter- oder Mondsee (480 m) ins Auge.

Nützliche Informationen

Ausgangspunkt: St. Wolfgang, Schafbergbahnhof bzw. Bahnhof Schafbergspitze.
Anfahrt: Mit der Buslinie 2560 ab Bad Ischl. Mit dem Auto am besten von der B 158 (Salzburg – Bad Ischl) nach Gschwendt abbiegen, bei der dortigen Schiffsstation parken und per Linienschiff zum Schafberg-Bahnhof hinüber.
Betriebszeit der Schafbergbahn: Von Anfang Mai bis Mitte Oktober, Tel. 06138/2232-0.
Höhendifferenzen: Anstieg ca. 50 m, Abstieg 1230 m plus 300 m Gegenanstieg.
Gehzeiten: Bahnhof Schafbergspitze – Hotel Schafbergspitze 10 – 15 Min., Abstieg zum Münichsee 1½ Std., Übergang zur Schafbergalm 1 Std., Abstieg nach St. Wolfgang 1½ Std. Abstiegsvarianten: Über Vormaueralm 3½ Std., über Auerriesenweg 3 Std.
Einkehr- und Übernachtungsmöglichkeiten: Hotel Schafbergspitze (15 Betten) und Himmelspforthütte (15 Lager, beide während der Betriebszeit der Schafbergbahn bewirtschaftet); Schafbergalm (18 Betten, 30 Lager, von 1. 5. bis 31. 10. geöffnet).
Karte: Freytag & Berndt WK 282.
Tip: In St. Wolfgang gibt es viel zu sehen (Wallfahrtskirche mit Pacheraltar, Turmmuseum, »Weißes Rößl«). Baden bei der Bacherlwiese oder im Strandbad Ried.
Information: Kurdirektion A-5360 St. Wolfgang, Tel. 06138/2239.

Tief unter dem Himmelspforte-Schutzhaus blaut der Fuschlsee – einer der vielen »Seen-Blicke« vom Schafberg.

11 Brennerin, 1602 m

Im wilden Westen des Höllengebirges

Tourencharakter: Zwei-Tage-Tour bzw. stramme Tagestour über das Grünkarstplateau des Höllengebirges, seinen aussichtsreichen Gratabschluß oder die »Schwachstellen« seiner Wände.
Wegbeschaffenheit: Der Steig zum Hochleckenhaus ist steil und steinig, aber einfach. Die Überschreitung der Mahdlschneid erfordert Schwindelfreiheit und Trittsicherheit; gleiches gilt erst recht für die deutlich anspruchsvollere Klettersteig-Variante (A). Auf der Hochfläche kann die Orientierung bei Nebel oder Schneelage schwierig werden.
Beste Jahreszeit: Frühsommer bis Spätherbst.
Gehzeit: 5½ – 7½ Std.

Das Höllengebirge erstreckt sich 17 Kilometer weit vom Attersee bis zum Traunsee. Diese unübersehbare Gebirgshürde ist bis zu 1862 Meter hoch und zeigt respektable Wandabstürze aus hellen, oft fast senkrecht geschichtetem Wettersteinkalk. Ganz oben wölbt sich ein sieben Kilometer langes, recht hügeliges und von Latschen überwuchertes Hochplateau. Nur der westliche Eckpunkt des Höllengebirges fällt ein wenig aus diesem Rahmen: Da zieht die Mahdlschneid gegen Weißenbach am Attersee hinunter – ein felsiger Grat, auf der Südseite bewaldet, auf der Nordseite felsgepanzert. Das »Mahdl« ist übrigens nicht nach einem hübschen Mädchen benannt, sondern nach dem Mahdlbauern, der hüben und drüben Besitzungen hatte, und auch die 1602 Meter hohe Brennerin am Westrand der Höllengebirgs-Hochfläche erinnert noch an die Zeiten, in der die ersten Bauern ihre Almweiden durch Brandrodung gewannen. Die Launen der Tektonik und der Verwitterung haben einige unübersehbare Formationen ins Gewänd gezaubert: Den Großen und den Kleinen Schoberstein etwa, die ein aussichtsreiches Tourenfinale über dem schotterhellen Weißenbach und dem Attersee bilden. Oder die Adlerspitzen: Das Mini-Gebirge unterhalb des gastlichen Hochleckenhauses, das aus vier bizarren, fast zerbrechlich wirkenden Türmen aus steil aufgestellten Kalkplatten besteht, wird von den Attersee-Anrainern seit jeher als Klettergarten geschätzt. Dazwischen kommen sogar Freunde gesicherter Steige auf ihre Rechnung: Mitten durch die unnahbar wirkenden Felsabstürze schlängelt sich der

Brennerriesensteig nach oben – durch eine steile und von Felsen unterbrochene Rinne, in der die Holzknechte einst die geschlägerten Holzstämme nach unten gekippt haben. Heute bietet hier eine schnittig geneigte Leiter ein wenig Magenkribbeln, bevor es nach dem Bewundern der Aussicht vom »Dachsteinblick« über den ebenfalls gesicherten »Stieg« wieder zum Auboden hinuntergeht.

Der Wegverlauf

(Tourenskizze S. 60)

Zum Hochleckenhaus: Vom Gasthaus Kienklause an der Großalmstraße (621 m) über den Kienbach und auf der Forststraße (Markierung Nr. 824) durch den Zwieselgraben aufwärts. Nach einer Kehre auf einem Steig zu einer weiteren Forststraße, der man ins Aurachkar hinauf folgt. Auf dem Steig durch den Wald zum Scheringstein (Felsblock).

ANSTIEGSVARIANTEN: Hierher gelangt man auch von Steinbach auf der Route Nr. 823 bzw. von Seefeld und Oberfeichten über die Zwieselmahd.

In der Folge zieht der Steig in vielen Kehren durch den Bleggagraben – neben den Adlerspitzen – zum Gatterl, zum Antoniusbründl und zu einem Waldsattel aufwärts. Hier trifft man auf den Steig Nr. 820, der links über die noch beweideten Hänge der Griesalm zum Hochleckenhaus (1574 m) hinaufführt.

Hochleckenhaus – Brennerin – Dachsteinblick: Auf dem Steig Nr. 820 (gleichzeitig auch Weitwanderweg Nr. 804) wieder über die Griesalm in die Waldsenke hinab. Bei der Wegteilung links abbiegen und zu einem Sattel (1560 m) hinauf. Dahinter durch Latschengassen zur Geißalm (1504 m) und im steileren Abstieg, an einer Quelle vorbei, in die breite Mulde des Brunftbodens (1440 m) im Auslauf des Steinbacher Pfaffengrabens. Bei der Wegteilung geradeaus und durch den Latschenhang über einen weiteren Rücken (letzter Blick zum Hochleckenhaus). Gleich danach zweigt rechts ein Pfad ab, der durch eine kurze Latschengasse auf die Gipfelkuppe der Brennerin (1602 m) führt. Zurück am Steig Nr. 820, über das schütter bewaldete Almplateau weiter zur Einmündung des Brennerriesensteiges und zum Gipfelkreuz beim »Dachsteinblick« (1559 m).
Abstieg über die Mahdlschneid: Nun folgt der Abstieg auf der schmalen, stellenweise steil abfallenden und teilweise auch bewaldeten Mahdlschneid bzw. auf Kehren in ihrer Südflanke zum Mahdl-

Auf dem Weg zum Hochleckenhaus passiert man die schroffen Kalkzinnen der Adlerspitzen; im Hintergrund der Attersee.

kopf (1261 m) und zum Schoberstein (1037 m), der auf einem kurzen Stichweg zu erreichen ist. Der Steig nach Weißenbach quert unter der felsigen Südflanke (Sicherungen, Unterstandshöhle) zum steilen Waldabhang und führt in vielen Serpentinen – vorbei an einigen Picknickplätzen – zum Fuß des Berges hinab. Zuletzt wandern wir nach rechts und bald darauf links zum Hotel Post in Weißenbach (470 m).

Der Brennerriesen-Klettersteig: Von der Bushaltestelle bzw. Schiffsanlegestelle Forstamt (zwischen Weißenbach und Steinbach am Attersee, 470 m) kurz auf der Bundesstraße nach Süden, dann links zum Forstamt und zum etwas oberhalb gelegenen Forsthaus hinauf. Nach der Markierung Nr. 821 wandert man in den Wald, quert den Nikoloweg (Verbindung von Weißenbach) und steigt steiler zum oberhalb davon einmündenden Weg an. Auf diesem nach links, über ein Bachbett und zur Abzweigung des Brennerriesensteiges. Rechts abbiegen und in steilen Serpentinen zu einer markanten Felsrinne, die zweimal überquert wird. Weiter oben überwinden wir die Schlüsselstelle, eine grasige Wandstufe, auf einer 20 m langen Leiter

Nützliche Informationen

Ausgangspunkt: Gasthaus Kienklause bzw. Steinbach am Attersee oder Forstamt.
Anfahrt: Ab Attnang-Puchheim oder Vöcklabruck per Bahn (Linie 17 b) nach Schörfling, weiter per Schiff oder Bus (Linie 2520). Bus- oder Autozufahrt von Steinbach auf der Großalmstraße zum Gasthaus Kienklause; Rückkehr von Weißenbach per Schiff oder Bus.
Höhendifferenzen: 1350 m bzw. 1200 m (Brennerriesensteig 1130 m).
Gehzeiten: Kienklause – Hochleckenhaus 2½ Std. (von Steinbach 1 Std. länger). Hochleckenhaus – Brennerin – Mahdlschneid-Weißenbach 3 – 4 Std. (Forstamt – Brennerin 3 – 3½ Std., Abstieg über Mahdlschneid bzw. Stieg jeweils 2 – 2½ Std.).
Einkehr: Hochleckenhaus (ÖAV, 32 Betten, 62 Lager, vom Sonntag vor Ostern bis Ende Oktober bewirtschaftet, Tel. 07666/7588).
Karte: Freytag & Berndt WK 282.
Tip: Baden im Solarstrandbad Seefeld, am Badeplatz oder im Europabad in Weißenbach.
Information: Tourismusverband A-4853 Steinbach am Attersee, Tel. 07663/401.

(Stahlseil). In kurzen Kehren und über seilgesicherte Passagen geht es weiter bis zu einem Felssporn, danach führt der Steig zwischen Latschen auf den flachen Kamm und zum Kreuz beim »Dachsteinblick« (1559 m).

Abstieg über den »Stieg«: Vom Brennerriesensteig kommend nach links, Richtung Hochleckenhaus, über den Almrücken der Brennerin zur Mulde des Brunftbodens (1440 m) hinüber. Hier links abzweigen und auf dem Steig Nr. 822 durch Latschenfelder zum Rotwandbründl (links) hinab. Hier beginnt der »Stieg«, eine ausgesetzte und gesicherte Steigpassage, die schräg durch die Wand hinabzieht. Unten geht es in steilen Kehren durch den Wald abwärts, bis man auf einem Karrenweg zur Aubodenhütte (831 m, Brunnen) gelangt. Gleich darunter quert die Forststraße: Hier entweder links auf der Straße und einem Waldsteig zum Brennerriesen-Einstieg, zum Forstamt oder nach Weißenbach hinüber, oder geradeaus auf dem Karrenweg (Markierung 822) in die Ortschaft Kaisingen und auf der Straße nach Steinbach am Attersee (509 m) hinunter.

12 Brunnkogel, 1708 m

Nur für schwindelfreie Schafe!

Tourencharakter: Ausgefüllte Tagestour auf einen markanten Aussichtsgipfel im mittleren Höllengebirge, die man besser auf zwei Tage aufteilt.
Wegbeschaffenheit: Der landschaftlich besonders reizvolle Schafluckensteig ist stellenweise ausgesetzt, aber gut gesichert – nicht bei Schneelage gehen! Vom Hochleckenhaus her ist der Brunnkogel ganz einfach zu erreichen, allerdings wird die Orientierung auf der Hochfläche bei Nebel schwierig.
Beste Jahreszeit: Frühsommer bis Spätherbst.
Gehzeit: 6½ – 7½ Std.

Recht viel älter als das weit ins Flachland hinaus sichtbare Hochleckenhaus ist die ganze Bergsteigerei im Höllengebirge nicht: 1925 baute die Vöcklabrucker Alpenvereinssektion ihre Schutzhütte ins Fadenkreuz uralter Steige, von denen sie zuvor ein paar markieren durfte. Noch um 1914 brauchte man für die Überquerung des kuppigen Wiesen-, Latschen- und Felsplateaus nicht nur Nagelschuhe, Bergstock und Lodenumhang, sondern auch eine schriftliche Genehmigung der Forstverwaltung, die nur sehr selektiv erteilt worden ist. Seit 1656 war das Höllengebirge ein streng gehütetes Jagdrevier der Habsburger. Kaiser Franz Josef war mitunter mit 200 Treibern unterwegs, die dann jedesmal bis zu 40 Stück Hochwild und 20 Gemsen schußreif vor die allerdurchlauchtigste Büchse scheuchten. Kein Wunder, daß die blaublütigen Herrschaften bei diesen Vergnügungen unter sich sein wollten!
Die Holzknechte, die unten in den Wäldern werkten, lebten da schon wesentlich bescheidener. Was wir heute als wildromantischen Talkessel erleben, das war für sie die »Höll« ihres harten Arbeitsalltags. Schließlich gab es im Höllengebirge früher auch viele bewirtschaftete Almen, die schon bei ihrer Entstehung eine Mordsarbeit machten: Der Name »Brunnkogel« kommt nicht vom kühlen Wasser, sondern von einem heißen Brand, der aus dem Wald eine Weide machte. Mit zwei Ausnahmen sind die hochgelegenen Sommerfilialen der Bauern heute allesamt verfallen, und auf den einstigen Hochweiden breiteten sich die Latschen aus – die »Löcken«, die sich im Namen »Hochlecken« wiederfinden. Geblieben sind aber ein paar

Wege zu diesen Almen. Der originellste davon verbindet das Langbathtal mit der einstigen Schafalm am Fuß des Brunnkogels. Um dorthin zu gelangen, mußten die Lamperln aber sehr schwindelfrei sein, denn die Wegserpentinen wurden direkt aus dem rund 400 Meter hohen Steinsockel des Höllengebirges herausgeschlagen. Das bald sichtbare Gipfelkreuz auf dem Brunnkogel täuscht übrigens eine trügerische Nähe vor: Es mißt in Wirklichkeit stolze 14 Meter, wird als das größte der Alpen bezeichnet und zeigt im edlen Stahlschnitt von Ludwig Klausecker die ehrbaren Professionen, die im Aurachtal ausgeübt werden: Bauer, Holzfäller, Zimmerer, Schlosser, Schmied, Tischler, Techniker und Arzt. Der Jäger, der unseren bergsteigenden Vorfahren das Wandervergnügen im Höllengebirge verwehrt hat, ist vielleicht verdrängt worden.

Der Wegverlauf

Über den Schafluckensteig auf den Brunnkogel: Von der Aurachbrücke bei der Großalm (640 m) auf dem stetig ansteigenden Waldweg Nr. 828 in einen Graben, über eine Forststraße und den Lueg-Sattel (830 m, Zaun-Durchstieg) und jenseits auf einem breiten

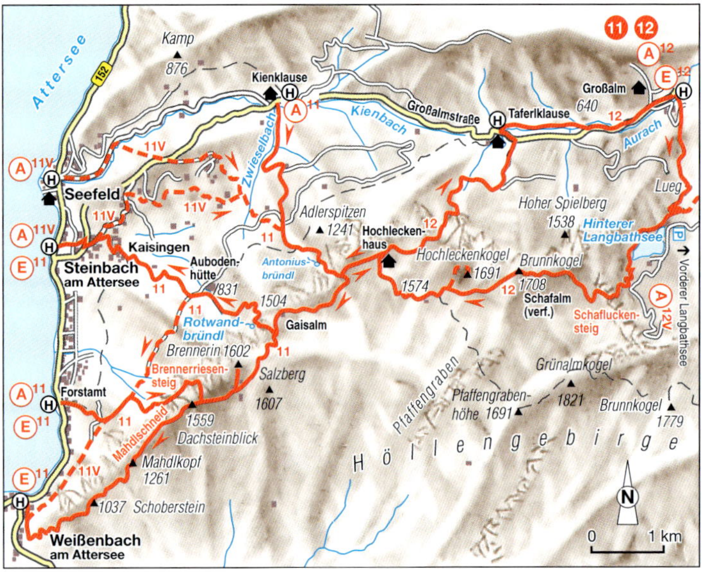

Ganz schön groß, das Gipfelkreuz! Wer den Blick vom Brunnkogel zum Traunstein genießen möchte, muß schwindelfrei wie ein Schaf sein oder den Wanderweg vom Hochleckenhaus herüber beschreiten.

Schotterweg ins Langbathtal hinab (hierher auch vom Parkplatz am Vorderen Langbathsee). Dort scharf nach links zum Hinteren Langbathsee (732 m). Südlich davon beginnt der Schafluckensteig (Nr. 828), der zwischen unwegsamem Baumbewuchs zum Wandfuß hinaufzieht. Oberhalb eines Holzgatters führt die Route über eine gesicherte Schrofenrampe nach rechts zu einem künstlich verbreiterten Felsband (Stahlseile), danach geht es entlang der Sicherungen in steilen Serpentinen und auf einem weiteren Band zu den Ostabstürzen des Spielberges hinauf. Links durch eine bewaldete Mulde und eine schutterfüllte Rinne zur oberen, etwas weniger exponierten Wandstufe (Sicherungen); oberhalb davon gelangt man durch den

Wald zur verfallenen Schafalm (1272 m, Jagdhütte). Wo der Baumbewuchs schütter wird, bei einem Steinmann rechts abzweigen und auf einem unmarkierten Pfad durch die breite Wiesenflanke auf den Grat (Steinmann) und zum Brunnkogel-Kreuz (1708 m) hinauf.
Abstieg: Auf dem Kammweg nach Westen in eine Latschensenke am Fuß des Hochleckenkogels.

ABSTECHER: Wer noch einen Gipfel »mitnehmen« will, kann von hier dem Hochleckenkogel (1691 m) aufs Haupt steigen.

Auf dem Weitwanderweg 04 gelangt man unter dem Jagerköpfl vorbei zum Hochleckenhaus (1574 m). Ins Tal kommt man auf dem breit ausgetretenen Hüttenweg Nr. 826 über das »Goldene Gatterl«, durch eine steile, felseingefaßte Karmulde bis zum Aurach-Ursprung und zuletzt auf einer Forststraße zum Taferlklaus-See (765 m) hinunter. Zur Brücke beim See-Abfluß, danach rechts auf einer Forststraße neben dem Bach und zum Schluß ein Stück der Straße zur Großalm zurück.

Nützliche Informationen

Ausgangspunkt: Großalm (645 m) zwischen Neukirchen und Attersee, eventuell auch Vorderer Langbathsee (erreichbar von Ebensee) bei Ebensee.
Anfahrt: Mit der Bahn (Linie 17) bis Altmünster, weiter per Bus (Linie 2548).
Höhendifferenzen: Zum Lueg 190 m, Abstieg zum Hinteren Langbathsee 100 m, auf den Brunnkogel 1000 m, Abstieg zum Hochleckenhaus 200 m (plus einige Gegensteigungen), Abstieg zum Taferlklaus-See 800 m.
Gehzeiten: Großalm – Hinterer Langbathsee 1½ Std., auf den Brunnkogel 3 Std., zum Hochleckenhaus 50 Min., Abstieg zum Taferlklaus-See 1½ Std., zur Großalm 40 Min. Vom Vorderen zum Hinteren Langbathsee 1 Std.
Einkehr- und Übernachtungsmöglichkeit: Hochleckenhaus (siehe Tour 11).
Karte: Freytag & Berndt WK 282.
Tip: Heimathaus in Neukirchen im Aurachtal, Wildpark Hochkreut oberhalb des Ortes.
Information: Fremdenverkehrsverband A-4813 Altmünster, Tel. 07612/87181.

13 Traunstein, 1691 m

»Grün und gelb vor den Augen«

Tourencharakter: Sehr anspruchsvolle Tagestour auf einen schroffen und zu Recht berühmten Aussichtsgipfel – besser in einer der beiden Gipfelhütten übernachten.
Wegbeschaffenheit: Der landschaftlich großartige und gut gesicherte Naturfreundesteig ist von den technischen Anforderungen her nur mittelschwer (A/B, auch viel Gehgelände), aber sehr lang (1000 Höhenmeter!) und teilweise ziemlich ausgesetzt. Der ebenfalls gesicherte Hernlersteig ist etwas weniger exponiert, weist aber stellenweise »abgespecktes« Gestein auf und ist stärker durch Steinschlag gefährdet. Am besten mit Klettersteig-Set sichern! Der (im Verhältnis) leichte Abstieg zur Mairalm hat nur eine gesicherte Passage. Bei Nässe und vor allem bei Schneelage sind alle Traunstein-Anstiege gefährlich, was immer wieder unterschätzt wird.
Beste Jahreszeit: Frühsommer bis Spätherbst.
Gehzeit: 6 – 7 Std.

Er ist der Größte, auch wenn er, nach Metern gemessen, gar nicht der Größte ist: Seit ihn tektonische Urkräfte während der Alpenauffaltung so weit nach Norden vorgeschoben haben, prägt der Traunstein die nördliche Salzkammergut-Skyline auch mit vergleichsweise bescheidenen 1691 Metern Seehöhe schon von weitem. So ein – tatsächlich – hervorragender Klotz verspricht natürlich ein uneingeschränktes Schauvergnügen, und die Tatsache, daß er sich allseits mit einem kantigen Kalkpanzer umgibt, reizt die Bergsteiger nur noch mehr. Daher entwickelte sich der Traunstein zu einem der beliebtesten Tourenziele Oberösterreichs.
Schon im Jahre 1506 jagte Kaiser Maximilian auf dem Traunstein, und Kaiser Franz Joseph ließ in den Felsflanken sogar Drähte spannen, um die Gemsen schneller vor die Flinte zu bekommen. Die ersten unbewaffneten Bergsteiger – darunter so honorige wie der Dichter Nikolaus Lenau – wagten sich im 19. Jahrhundert in Begleitung kundiger Einheimischer von Süden auf den Gipfel. Dem glocknergeeichten Reiseschriftsteller Joseph August Schultes wurde es bei einer Ersteigung allerdings »grün und gelb vor den Augen. Der Traunstein fing an sich zu drehen mit mir…« Wie hätte er sich da erst auf dem 1905 gesicherten Hans-Hernler-Steig gefühlt oder gar

auf dem 1929 erbauten Naturfreundesteig, der gleich mit 165 Leitersprossen beginnt? Gefreut hätte er sich dagegen, wäre die Alpenvereinshütte schon zu seiner Zeit auf dem kuppigen Gipfeldach gestanden: Sie wurde 1907 erbaut; 20 Jahre später folgte die nahe Herberge der Naturfreundehütte. In diesen beiden Schutzhütten ist ein besonderes Erlebnis direkt am Jausentisch zu haben: Der Sonnenunter- oder -aufgang, womöglich verfeinert durch ein herbstliches Wolkenwatte-Meer, aus dem der Dachstein herausragt. Allerdings vergeht seither auch fast kein Jahr ohne schwere Unfälle, und so gut wie immer ist Leichtsinn im Spiel.
Wer den Anforderungen, die der Traunstein stellt, nicht vollauf gewachsen ist, freue sich lieber an der Umrundung via Laudachsee und Hoher Scharte. Oder einfach am Miesweg: Auch der führt quer durch eine zerfurchte Felswand – allerdings bloß ein paar Handbreit über dem glasklaren Traunseewasser.

Der Wegverlauf

Hans-Hernler-Steig: Vom Parkplatz am Ende der Traunseestraße (420 m) kurz auf der Asphaltstraße Richtung Naturfreundesteig, dann links auf einer Schotterstraße aufwärts. Nach 15 Min. erreicht man den Steig Nr. 416, der 500 m südlich vom Gasthof Hois'n

Der Traunstein, von Traunkirchen aus gesehen: Der Naturfreundesteig verläuft links der Bergesmitte, der leichtere Mairalm-Steig durch die rechte Flanke.

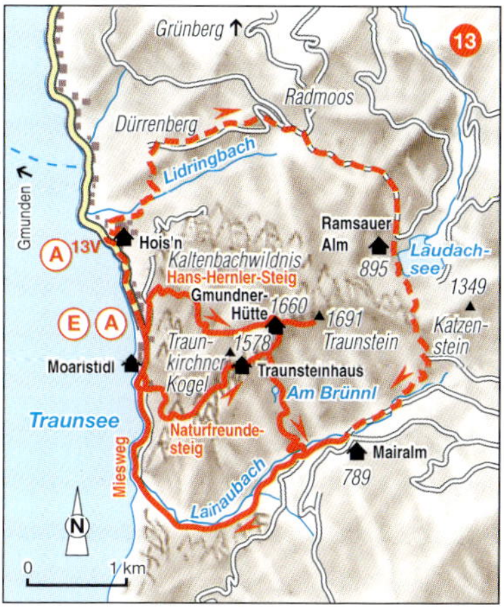

(424 m) beginnt. Auf diesem in Serpentinen durch den Waldhang zur Abzweigung Richtung Kaltenbachwildnis und am Zacken des Dreibrüderkogels vorbei. Über einen Kamm (Stahlseile) zu einem Felssockel, der auf drei Leitern bis zum »Dachsteinblick« durchstiegen wird. Über einen Absatz und mit Hilfe von Stahlseilen zur »Hohen Rast« (kleiner Sattel). Links über den Brandgraben, dann daneben durch Latschengassen (Stahlseile) aufwärts und links in ein Felsschartl. Links durch eine Schlucht auf einen Rücken (Stahlseile) und zu einer Eisenleiter, von der man links in die gesicherte Ausstiegsrinne quert. Vom Plateaurand rechts zur nahen Gmundner Hütte (1660 m) oder links in 10 Min. zum Gipfel mit seinem gewaltigen Kreuz (1691 m).

Naturfreundesteig: Vom Parkplatz am Ende der Traunsteinstraße geht man ca. 700 m auf der Forststraße weiter, zweigt dann links ab und gelangt auf dem steilen Steig Nr. 414 zum Fuß der Traunstein-Westwand. Gleich zu Beginn sind fast senkrechte Eisenleitern mit Stahlseilsicherung zu überwinden (Steinschlaggefahr!). Nach einem Kreuz folgen weitere Leitern, eine ausgesetzte, aber gut gesicherte Querung nach rechts und der Aufstieg über gestuftes Steilgelände (Stahlseile). Nach einer Schulter über einen Kamm (Stahlseile) in den Pechgraben. Über eine Leiter auf einen Absatz und rechts zu einer Schuttrampe. Immer entlang der Stahlseile hinauf, nach rechts (ausgesetzte Querung, Stahlseile) und durch eine Rinne zu einer Unterstandshöhle. Über die »Lenzinger Leiter« zum »Überstieg« auf den Südwestkamm des Traunsteins. Nun durch schütteren Baumbestand zur »Hohen Rast« (zwei kurze gesicherte Stellen), dann durch Latschen und Schutt zum »Bösen Eck«. Durch eine gesicherte Rinne in ein Schartl, links durch ein Felstor (Stahlseile) und zum nahen Traunsteinhaus (1578 m) am Traunkirchner Kogel hinauf. Weiter über das ansteigende Latschenplateau zur Gmundner Hütte und zum Gipfelkreuz.

1260 Meter über Gmunden: Das 1950 errichtete Traunsteinkreuz.

Abstieg über die Mairalm: Zurück zur Gmundner Hütte und weiter Richtung Naturfreundehaus bis zur tiefsten Stelle der Hochfläche. Hier nach links und auf dem Steig 412 zur »Kette« (einfache, mit mehreren Stahlseilen gesicherte Felsstufe), zum »Bründl« (1300 m, einzige Quelle am Traunstein) und in vielen Serpentinen durch den Waldhang zum Kaisertisch ins Lainautal hinab. Ein kurzes Stück weiter taleinwärts liegt die Mairalm (798 m), von der wir zuletzt auf der Forststraße zum Traunsee hinabwandern. Bevor die Straße oberhalb des Sees rechts über eine Brücke zum ersten Tunnel führt, steigen wir links neben dem felsigen (und meist trockenen) Graben zum Ufer hinunter und wandern auf den originellen Stegen des Miesweges zur Forststraße, dann links zum See am besten direkt am Ufer zur Jausenstation Moaristidl. Auf einem Asphaltweg zum Parkplatz der Traunsteinstraße zurück.

Rund um den Traunstein: Vom Hois'n auf dem markierten Weg Richtung Kaltenbachwildnis (lohnender Abstecher). Links über den Lidringbach, auf einem steilen Karrenweg auf den bewaldeten Dürrenberg, rechts ein Stück auf der Forststraße und wieder auf dem Steig zum Sattel beim Radmoos (875 m). Rechts auf der Forststraße (Waldlehrpfad) zur Ramsauer Alm am Laudachsee (895 m). Nun auf dem Wanderweg Nr. 410 nach Süden und in steilen Serpentinen – die exponierten Passagen sind mit Stahlseilen entschärft – in die Hohe Scharte (1113 m). Jenseits in Kehren durch den Waldhang ins Lainautal und zur Mairalm (789 m) hinunter und wie oben beschrieben zum Ausgangspunkt zurück.

Nützliche Informationen

Ausgangspunkt: Gmunden, Ende der Traunsteinstraße vor der Jausenstation Moaristidl.
Anfahrt: Per Auto ab Gmunden (ca. 5 km) oder mit dem Schiff (Straßenbahn vom Bahnhof der Salzkammergutbahn, Linie 17) bis zum Gasthof Hois'n.
Höhendifferenzen: 1270 m (Traunstein-Umrundung 700 m).
Gehzeiten: Hernlersteig oder Naturfreundesteig jeweils 3½ – 4 Std., Abstieg über Lainautal 3 Std. (Traunstein-Umrundung über Laudachsee 3½ – 4 Std.).
Einkehr- und Übernachtungsmöglichkeiten: Gmundner Hütte (ÖAV, 2 Betten, 48 Lager, von Anfang Juli bis Ende September voll bewirtschaftet, im Mai, Juni und Oktober nur Sa./So./Fe. bewirtschaftet, Tel. 0663/917 61 68); Traunsteinhaus (TVN, 3 Betten, 50 Lager, von Ende Mai bis Ende Oktober an Wochenenden ab Freitag nachmittag, in den oberösterreichischen Schulferien voll bewirtschaftet, Tel. 076 12/50 10); eventuell Ramsauer Alm (vom 1. 5. bis 3. 10. geöffnet, keine Nächtigung).
Karte: Freytag & Berndt WK 282.
Tip: Gmunden ist ein hübsches Städtchen (Museum im Kammerhof, Schloß Ort, Gmundner Keramikfabrik, Volkskundeausstellung und Kleines Sanitärmuseum); Baden beim Seebahnhof Gmunden, bei Weyer, bei der Jausenstation Moaristidl oder (besonders schön) am Strand Richtung Miesweg.
Information: Kurverwaltung A-4810 Gmunden, 1 Tel. 076 12/43 05.

14 Traunkirchner Sonnstein, 923 m, und Ebenseer Sonnstein, 1037 m

Göttersitz und gefesselter Fels

Tourencharakter: Gemütliche Tagestour über zwei kleine, aber feine Felsgipfel mit schwindelerregendem Tiefblick.
Wegbeschaffenheit: Die Waldsteige sind solide, aber bei Nässe stellenweise recht rutschig. Im Gipfelbereich erwarten Sie ein paar einfache Felsstufen und eine kurze Stahlseil-Passage.
Beste Jahreszeit: Frühjahr bis Spätherbst.
Gehzeit: 3½ Std.

Es sind nicht immer die höchsten Gipfel die lohnendsten und spannendsten, sondern manchmal auch unscheinbare »Bergzwerge« – eine Binsenweisheit, die sich auf den beiden Sonnsteinen über dem Traunsee wieder einmal bestätigt. Zu übersehen wäre sie ja eigentlich nicht, denn ihre Felsen tauchen ganz ohne Umständ' direkt aus dem Wasser auf und zwingen Bahn wie Straße in lange Tunnels. Zur Erinnerung an die erste, kunstvoll angelegte Landwegverbindung von Traunkirchen nach Ebensee – zu Kaisers Zeiten mußte man hier noch ins schwankende Schiff umsteigen – hat man einen steinernen Löwen aufgestellt. Er wacht heute hinter dem modernen Straßentunnel über den Radweg und eignet sich gut als Suchobjekt: Dem König der Tiere fehlt nämlich die Zunge, was seinen Hersteller seinerzeit so in Scham versetzte, daß er den Tod im See suchte.
Erfreulicheres gibt es weiter oben zu entdecken – etwa den uralten Einschichthof in der Axelau, die gastliche Terrasse vor der Hütte des Traunkirchner Bergrettungsdienstes, die wie ein Schwalbennest im Abhang des Traunkirchner Sonnsteins klebt, oder das kunstvoll geschnitzte Gipfelkreuz, an dessen Stelle schon unsere heidnischen Vorfahren ihren Göttern gehuldigt haben sollen. Der Tiefblick auf die spielzeugkleinen Autos ist allererste Güte, und darüber hinaus reicht der Blick weit übers Wasser, das die Römer den »lacus felix«, den »glücklichen See« genannt haben, bis zum beherrschenden Traunstein. Drüben, am etwas höheren Ebenseer Sonnstein, wurde nicht nur ein steiler Steinaufschwung für die Wanderer gesichert, sondern auch ein freistehendes Felstürmchen vor dem Absturz: 600 Meter tiefer verlaufen Bahn und Straße, und es wäre eine böse Überraschung, würde sich das Ding eines Tages heimlich nach unten verabschieden!

Abendlicher Abstieg vom Kleinen Sonnstein. Unten, in Ebensee, mündet die Traun in den Traunsee.

Der Wegverlauf

(Tourenskizze S. 70)

Auf den Traunkirchner Sonnstein: Von Traunkirchen (433 m) auf der vielbefahrenen Seestraße etwa 1 ½ km nach Süden bis zur Brücke vor dem ersten Tunnel (beschränkte Parkmöglichkeit). Dort auf Stufen in den Wald (Markierung Nr. 1) und durch den Schindelgraben (kleine Wasserfalle, alte Holzriese) aufwarts. Über unzählige

Nützliche Informationen

Ausgangspunkt: Traunkirchen bzw. Traunsee-Westuferstraße.
Anfahrt: Mit der Bahn (Linie 17) bis Station Traunkirchen, eventuell ab Traunkirchen per Bus weiter bis zur Haltestelle Siegesbach. Rückkehr per Bahn ab Ebensee.
Höhendifferenz: 650 m.
Gehzeiten: Auf den Kleinen Sonnstein 1½ Std., Übergang zum Großen Sonnstein 1 Std., Abstieg 1 Std.
Einkehr- und Übernachtungsmöglichkeit: Sonnsteinhütte (5 Lager, vom 1. 5. bis 30. 9. geöffnet).
Karte: Freytag & Berndt WK 282.
Tip: Sehenswert ist die Klosterkirche Traunkirchen mit ihrer berühmten Fischerkanzel; Baden im Seebadebecken oder beim Erholungsgelände im Ort.
Information: Tourismusbüro A-4801 Traunkirchen, Tel. 07617/2234.

Stufen und eine harmlose gesicherte Stelle kommt man zur Ludleben (Sattel) hinauf. Links auf dem felsigen Gratweg zur nahen Sonnsteinhütte (920 m) und auf den Kleinen Sonnstein (923 m, Kreuz).

Über den Ebenseer Sonnstein: Zurück zur Ludleben und durch einen Waldhang zu einem Wildzaun (Überstieg). Bald darauf weisen Stahlseile nach links über eine 15 m hohe, aber gut gestufte Wandstufe auf den Felsgrat des Großen Sonnsteins (1037 m, Kreuz).

Der Abstiegspfad zieht von der Wegteilung knapp unterhalb des Gipfels nach links in einen steinigen Waldhang zu einer Quelle, dann – parallel zur Hochspannungsleitung – neben einem Graben und zuletzt links im Bogen zu den obersten Häusern von Ebensee hinab. Über Stiegen und Asphaltwege zur Kirche, links zum Heimathaus und schließlich zur darunter gelegenen Bahnstation Ebensee-Landungssteg (427 m).

15 Großer Höllkogel, 1862 m

Kaiserweg oder Königstour?

Tourencharakter: Auch mit Seilbahnhilfe eine ausgefüllte Zwei-Tage-Tour auf der hügeligen Hochfläche des östlichen Höllengebirges.
Wegbeschaffenheit: Die Route verläuft auf guten, aber steinigen Steigen; zwei kurze Stellen sind gesichert, aber nicht schwierig. Bei Nebel oder Schneetreiben wird die Tour gefährlich, da man sich im gleichförmigen Gelände leicht verirrt.
Beste Jahreszeit: Sommer bis Spätherbst.
Gehzeit: 7 – 10 Std.

Wären da nicht die Höhenangaben in der Landkarte, könnte man ein spannendes Quiz veranstalten: Welcher der unzähligen Latschenhügel rund um die Rieder Hütte im Höllengebirge ist der höchste? Mit freiem Auge ist die Höhen-Hitparade jedenfalls kaum zu entscheiden, denn das »Gemugle« schaut überall recht ähnlich aus: trocken, felsig und von verfilztem Latschendickicht überwuchert.

Charakter zeigen die Gipfel dagegen, wenn man sie vom Tal aus betrachtet: Da brechen sie mit schauerlichen Wänden oder zumindest mit steilen Hängen ab – sei es zu den beiden Langbathseen hin, ins Trauntal oder in den südlichen Kessel der Höll, aus dem der Gebirgsname über den Kleinen und den Großen Höllkogel »heraufgewandert« ist. Die Rieder Hütte mittendrin ist noch ganz vom alten Schlag – gemütlich, blitzsauber und nur am Wochenende oder an Feiertagen bewirtschaftet, dazwischen aber für romantisches Selbstversorgerdasein gedacht. Die sanft gewellte Umgebung soll nicht täuschen: Ich hatte schon öfter als einmal ordentlich zu tun, im plötzlich einsetzenden Schneesturm den mit Stangen markierten Hüttenweg vom Feuerkogel herüber zu halten. Bei Schönwetter gibt es hier aber allerhand zu erleben: Den erst vor kurzem ausgebauten und an einem Felshindernis gesicherten »Kaiserweg«, auf dem schon Franz Josef I. sein Jagdglück gesucht hatte, oder den Ausblick vom Höllkogel. Kleine Bergziele für sich bilden der Alberfeldkogel, auf dem eine Mauerbrüstung vor dem Hinunterfallen über die beliebte Kletterwand bewahrt, und der Helmesgupf, den die Manager der Feuerkogel-Seilbahn in einen »Helmeskogel« umgetauft haben. In den Nordabstürzen des Höllengebirges verbergen sich – kaum zu glauben – sogar zwei abenteuerlich exponierte und sehr steinschlaggefährdete »Jagd-Klettersteige«, auf denen sich auch Geübte unbedingt einem ortskundigen Begleiter anvertrauen sollten. Weitaus einfacher gestaltet sich dagegen die Königsetappe der Höllengebirgs-Überschreitung – mit einer Einschränkung: Suchen Sie sich dafür keinen heißen Hochsommertag aus. Das ausgiebige Auf und Ab kostet auch in klarer Herbstluft genug Schweiß, aber dann zahlt sich zumindest die Aussicht aus: Wenn das Flachland unter einer Nebeldecke steckt und ein kühlendes Lüfterl von den darüber aufragenden Bergen heranweht – ja, dann wird selbst das Höllengebirge zum Wanderhimmel.

Der Wegverlauf

Kaiserweg und Großer Höllkogel: Von der Bergstation der Feuerkogel-Seilbahn (1592 m) auf breitem Weg in den Kranabethsattel und zum Naturfreundehaus (1543 m). Ins Hochtal der Kranabethsattelalm und an den Skiliften vorbei in den Sattel der Gasslhöhe. Hier nach links und auf dem gut angelegten Weg Nr. 837 durch eine latschenbewachsene Mulde zur Wegteilung vor dem Helmeskogel (1633 m, kurzer und lohnender Abstecher). Der »Kaiserweg« zweigt hier rechts ab und führt erst etwas absteigend und dann fast eben über den felsigen Abhang zwischen Helmeskogel und Ofenhöhe – vorbei an seltsamen Dolinen und durch Latschengassen – zum schutterfüllten Ofental. Die Felsflanke unterhalb der Ofenhöhe wird mit Hilfe von Stahlseilen überwunden. Durch Latschenhänge und Wald gelangt man zur ehemaligen Vorderen Spitzalm (1381 m, Jagdhütte).

ANSTIEGSVARIANTE: Hierher gelangt man auch von Langwies oder Lahnstein bei Ebensee auf Forststraßen bzw. einem serpentinenreichen Steig (Nr. 830 bzw. 831).

Nun der Markierung Nr. 830 folgend rechts aufwärts und durch die stetig ansteigende Haselwaldgasse in einen Latschensattel (1700 m) und in die Höllkogelgrube. Bei der dortigen Wegteilung nach links in den Abhang des Großen Höllkogels und auf dem links abzweigenden Gipfelweg Nr. 833 zum Kreuz auf den höchsten Punkt (1862 m). Wieder hinunter, dann links weiter und zur nahen Rieder Hütte (1752 m) hinauf.

Rieder Hütte – Feuerkogel: Auf dem Weitwanderweg 804 oberhalb der Höllkogelgrube in den Sattel unter dem Totengrabengupf und auf der anderen Seite über die Abhänge ins Edltal (1521 m), in den Sattel am Steinkogel und zu den Feuerkogel-Berghäusern. Noch schöner ist es, vor dem Edltal links abzuzweigen und auf dem Steig 835 zum Alberfeldkogel (1707 m) hinaufzusteigen. Von dort kommt man auf einem breiten Weg rund um den Heumahdgupf zum Feuerkogel.

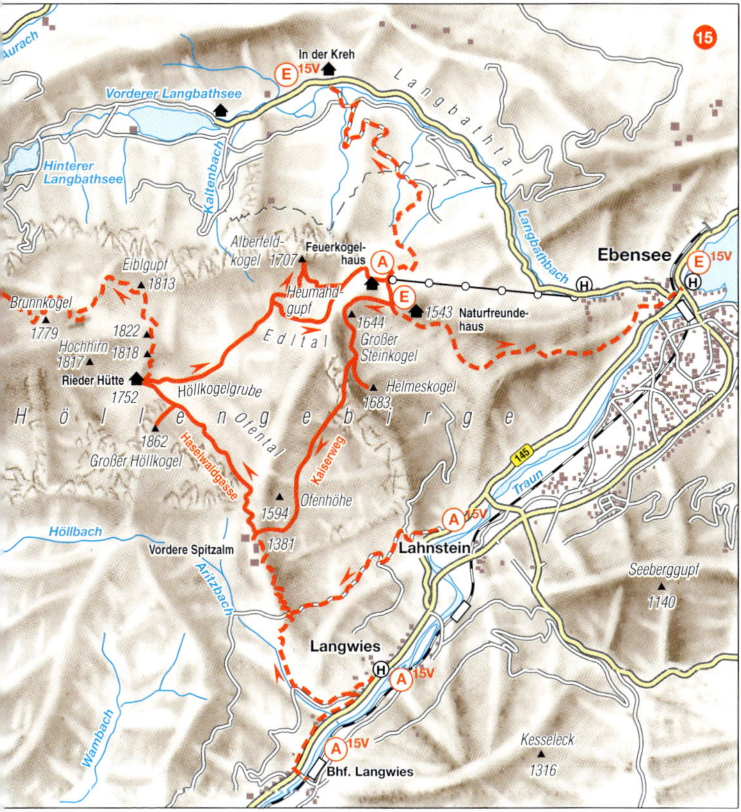

Die Kranabethsattelalm am Feuerkogel.

Für den Abstieg vom Feuerkogel stehen der Weitwanderweg Nr. 804 nach Ebensee oder der – interessantere – Pfad Nr. 832 über die einstige Pledialm und die Felskanzel »am Lärchenstock« zum Wirtshaus »in der Kreh« im Langbathtal (Bäderbus oder Taxi nach Ebensee) zur Verfügung.

Die Höllengebirgs-Überschreitung: Wie beschrieben zur Rieder Hütte. Oberhalb des Unterkunftshauses auf dem Steig Nr. 834 nach rechts durch den Hang des Mittleren und des Vorderen Kesselgupfs (1822 m). So erreicht man den Rand der Nordabstürze und bald darauf den wenig ausgeprägten Eiblgupf (1813 m). Durch den Latschenabhang steigt man im Linksbogen ab. Bei einem großen Felsblock erreicht man den schmalen Weitwanderweg 804, auf dem man rechts um den felsigen Brunnkogel herum (Stahlseil) in eine Senke absteigt (1500 m, zuvor Quelle). Danach am Rand der Abstürze über dem Hinteren Langbathsee und an einer großen Doline vorbei auf den Gipfelgrat des Grünalmkogels (1821 m), dessen höchster Punkt rechts umgangen wird. Auf dem Kamm in eine Senke und rechts durch steilere Latschenhänge in den Pfaffengraben (1354 m). Zuletzt in den Sattel (1620 m) zwischen Jagerköpfl und Hochleckenkogel hinauf und weiter wie bei Tour 12 zum Hochleckenhaus (1574 m). Von dort Abstieg zum Attersee (vgl. Tour 11) oder zur Großalmstraße (Taferlklause, Tour 12).

Nützliche Informationen

Ausgangspunkt: Ebensee bzw. Bergstation der Feuerkogel-Seilbahn.

Anfahrt: Mit der Bahn (Linie 17) bis Ebensee-Landungsplatz, dann 30 Min. Fußmarsch zur Talstation. Mit dem Auto Zufahrt bis zur Talstation. Wandert man über das Hochleckenhaus zur Taferlklause, fährt man per Bus oder Taxi zum Bahnhof Altmünster und per Bahn nach Ebensee zurück.

Seilbahn-Betriebszeit: Von Mitte Mai bis Ende Oktober täglich von 8.30 bis 16.30 Uhr, im Juli, August und September bis 17 Uhr, Tel. 06133/52190.

Höhendifferenzen: Von der Bergstation über den Großen Höllkogel 700 m, Abstieg vom Feuerkogel 1170 m (Überschreitung ab Rieder Hütte 600 m Aufstieg und 1200 m Abstieg).

Gehzeiten: Feuerkogel – Kaiserweg – Höllkogel – Rieder Hütte 5 Std., Rückweg zum Feuerkogel 2 Std., Abstieg ins Tal 2 Std. (Rieder Hütte – Hochleckenhaus 4 – 5 Std.).

Einkehr- und Übernachtungsmöglichkeiten: Gasthöfe am Feuerkogel; Feuerkogelhaus (TVN, 50 Betten, ganzjährig außer von 1. 11. bis 15.12. bewirtschaftet, Tel. 06133/5824); Rieder Hütte (ÖAV, 45 Lager, von Pfingsten bis 26. 10. jeweils Sa., So und an Feiertagen, im Sommer bei Schönwetter ab Fr. einfach bewirtschaftet, Tel. 0663/71246); Hochleckenhaus (siehe Tour 11).

Karte: Freytag & Berndt WK 282.

Tip: Heimathaus in Ebensee; Baden beim Erholungsgelände in Rindbach.

Information: Tourismusbüro A-4802 Ebensee, Tel. 06133/8016.

16 Erlakogel, 1575 m

Die »Schlafende Griechin« über dem Traunsee

Tourencharakter: Südseitige, aber waldschattige Tagestour auf einen markanten Voralpengipfel mit überraschend weiter Aussicht.
Wegbeschaffenheit: Der Steig führt durch steile Waldhänge und über einen Felskamm. Er ist bei trockenen Verhältnissen harmlos, erfordert jedoch ganz oben, am felsigen Gipfelaufbau, Trittsicherheit und Schwindelfreiheit.
Beste Jahreszeit: Frühsommer bis Spätherbst.
Gehzeit: 5 bzw. 6 Std.

Wenn's nicht gleich auf Anhieb funktioniert, dann bestellen Sie im Café an der Gmundner Esplanade einfach ein Achterl oder ein Schnapserl: Vielleicht erkennen Sie dann im Erlakogel, der genau über dem jenseitigen Ufer des Traunsees aufragt, das Profil einer »schlafenden Griechin«. Wie die steinerne Südländerin ins Salzkammergut kommt, ist ohnehin ungewiß. Der Volksmund erzählt vielmehr die Geschichte von einer blonden Nixe aus dem Laudachsee, in die sich ausgerechnet ein Riese namens Erla verlieben mußte. Als Hochzeitsgeschenk baute er mit Hilfe von Zwergen das mittlerweile so berühmte Seeschloß Ort. Gegen die fatale Tatsache, daß eine Nixe nur einen Sommer lang an Land leben und glücklich sein kann, kam jedoch keine Zauberkraft an: Als der erste Schnee den Traunstein überzuckerte, starb das Blondchen. Voll Trauer machte sich der Riese neuerlich ans Werk und meißelte das Antlitz seiner geliebten Frau aus dem Gipfel.

Dieses magische Flair kommt nicht von ungefähr: Im Inneren des Erlakogels befindet sich nicht nur die seit 1933 für Besucher erschlossene Gasselhöhle mit ihrem vielbestaunten Tropfsteinschmuck, sondern auch die altbekannte, heute jedoch nur mehr mühsam erreichbare Rötelseehöhle: 164 Meter über dem Traunsee klafft der Eingang zu diesem unterirdischen Gewässer in den Felsabstürzen der Gasseltürme, dem Klettergarten der Ebenseer.

Der Gipfelweg selbst ist gottlob einfacher: Nach einem etwas versteckten Einstieg zieht er in steilen Serpentinen zu einer schrägen und überhängenden Wand mitten im Wald hinauf, durchquert die zehn Hektar große Spitzelsteinalm, auf der nun zottelige Hochland-

rinder ihre Sommerfrische verbringen, und entläßt uns schließlich über feuchtkuhle Dolinen zum Gipfelfelsen, der jedoch verhältnismäßig menschenfreundliche Stufen bereithält. Der Lohn unter dem geschmackvollen Gipfelkreuz der Pfarre Puchheim besteht – klares Wetter vorausgesetzt – in einer überraschend weiten Fernsicht: Der Dachstein und das Höllengebirge ließen sich ja schon oberhalb der Alm blicken, aber nun gesellen sich auch der mächtige Traunstein, die Berchtesgadener Berge, die ober- und niederösterreichischen Höhenzüge von der Kremsmauer bis zum Ötscher, die vollständig angetretene Nordabdachung des Toten Gebirges und sogar der ferne Großglockner dazu. Tief unter der senkrechten Nordwand rauscht der Karbach, über dem das Kalkgestein für die Ebenseer Solvay-Werke gewonnen wird. Hinter dem tiefblauen Traunsee dehnt sich das Alpenvorland aus, und ganz im Norden erkennt man ein paar klare Herbsttage lang sogar den Böhmerwald.
Eisensicherungen sucht man auf dem Erlakogel vergebens – es sei denn, man macht sich von der Spitzelsteinalm aus auf die Suche nach ihrem Namensgeber, den felsigen Spitzelstein.

Der Wegverlauf

(Tourenskizze S. 81)

Ebensee – Spitzelsteinalm: Von der Bahnstation Ebensee-Landungssteg über den Bahnübergang, nach rechts neben der Umfahrungsstraße über die Traun, auf einem links abzweigenden Fußweg zur Rindbachstraße und zur Jugendherberge im Ortsteil Rindbach. Gleich danach links auf einem Steg über den Rindbach und neben einem Gartenzaun taleinwärts. Bei der nächsten Brücke links zwischen Wohnhäusern zu einem schönen Gletscherschliff. Daneben beginnt der schmale Steig Nr. 421, der zu einem Sendemasten und zu einer schrägen Felswand mit einer Gedenktafel hinaufführt. Weiter durch den Waldhang bis zu einer querenden Forststraße (Quelle). Darüber steht die neu errichtete Hütte der Spitzelsteinalm (1060 m).

ABSTECHER AUF DEN SPITZELSTEIN: Von der Quelle am westlichen Waldrand führt ein unmarkierter Pfad zum Ansatz des Spitzelsteins, der sich über eine 50 Meter hohe Felsflanke mit zahlreichen Eisenstiften überlisten läßt und schwindelfreien Feinspitzen einen atemberaubenden Tiefblick zum See schenkt.

Auf den Erlakogel: Aus dem oberhalb der Almhütte gelegenen Sattel wendet sich der Steig nach rechts, kürzt die Kehren der Forststraße ab und zieht in vielen Serpentinen zu einem felsigen, aber

Die Schlafende Griechin bietet eine Fernsicht für Aufgeweckte – z. B. nach Norden zum Traunstein und zum fernen Böhmerwald.

harmlosen Waldkamm hinauf. Über eine Lichtung (Blick zum Gipfelkreuz) zu einigen Dolinen im Wald und schließlich zum steilen Gipfelaufbau, der über gutartige Felsbänder erklommen wird.
Der Abstieg erfolgt auf der gleichen Route.

Nützliche Informationen

Ausgangspunkt: Ebensee bzw. der Ortsteil Rindbach.
Anfahrt: Mit der Salzkammergutbahn (Linie 17) bis zur Station Ebensee-Landungssteg. Mit dem Auto Zufahrtsmöglichkeit bis Rindbach.
Höhendifferenz: 1150 m.
Gehzeiten: Ebensee – Rindbach 30 Min., Aufstieg zur Spitzelsteinalm 1½ – 2 Std., (auf den Spitzelstein 30 Min.) von der Alm auf den Erlakogel 1 – 1½ Std., Abstieg nach Rindbach 2 Std., Rückweg nach Ebensee 30 Min.
Einkehrmöglichkeit: keine.
Karte: Freytag & Berndt WK 282.
Tip: Abstecher zum Rindbach-Wasserfall (30 Min.); Wanderung zur Gassl-Tropfsteinhöhle (2½ Std., Führungen von Mitte Mai bis Mitte September an Sa/So/Fe); Baden in Rindbach.
Information: Siehe Tour 13.

17 Eibenberg, 1598 m

Ein stiller Berg mit Schneid

Tourencharakter: Tagestour auf einen einsamen Voralpenberg über dem Offensee und direkt vor dem Toten Gebirge.
Wegbeschaffenheit: Die Waldsteige sind steil und bei Nässe rutschig, aber ansonsten problemlos – nur die Überquerung der Eibenbergschneid bis zum Gipfel erfordert Trittsicherheit.
Beste Jahreszeit: Frühsommer bis Spätherbst.
Gehzeit: 6 Std.

Das Auffallendste am Eibenberg ist ganz unten – der riesige Steinbruch der Gmundner Zementwerke Hatschek. Gleich daneben spielte sich das schlimmste Kapitel der Salzkammergutgeschichte ab:
Ende 1943 errichtete die SS am Fuß des Seeberges ein Konzentrationslager. Insgesamt wurden etwa 27 000 Häftlinge nach Ebensee transportiert. Unter brutalstem Terror, Folter und willkürlicher Bestrafung gingen hier mehr als 8200 Menschen zugrunde; unmittelbar nach der Befreiung starben mindestens 735 weitere Insassen. Neben dem berüchtigten »Hungerlager« mußten die ausgemergelten Häftlinge unter unvorstellbaren Bedingungen ausgedehnte Stollenanlagen aus dem Fels hauen. Ursprünglich wollte man hier eine Interkontinentalrakete, die sogenannte »Amerikarakete«, entwickeln; ab 1944 beherbergten die Gänge jedoch eine Raffinerie und eine Produktionsstätte für Motorteile. Im Mai 1945 – wenige Tage vor der Befreiung – hätte die Lagerleitung die Stollen beinahe mitsamt den Häftlingen gesprengt. So gibt es also genug zum Nachdenken für den langen Weg auf den noch recht stillen Eibenberg. Im dichten Forstkleid der behäbigen Hänge und Mulden kann es schon einmal vorkommen, daß man den Weg vor lauter Bäumen nicht mehr sieht – aber dann helfen immer wieder die vielen Steinmandln weiter, die noch aus der »markierungslosen« Zeit dieses eifersüchtig gehüteten Forst- und Jagdreviers stammen. Die Überraschung kommt erst ganz oben: Plötzlich steht man auf der schroff abbrechenden Eibenbergschneid, die zwischen würdigen Wetterbäumen ein lückenloses Panorama des Toten Gebirges präsentiert – und am Fuß der grauen Riesen glitzert der Offensee: Der 900 Meter lange Gratanstieg bis zum bescheidenen Gipfelkreuz erscheint wie ein Laufsteg zwischen den

Voralpen und dem Hochgebirge. So sitzt man dann müde und satt vom Schauen auf der nordseitigen Gipfelwiese und hat allen Grund zur Dankbarkeit, dies alles in Freiheit erleben zu dürfen.

Der Wegverlauf

Aufstieg: Wie bei Tour 16 nach Rindbach und auf der bald geschotterten Straße weiter ins Tal hinein. Bei einem kleinen Holzlagerplatz (kurz vor der gelben Mountainbike-Tafel) rechts nach der rotweißen Markierung 427 auf einem Waldsteig bis zu einer Forststraße. Nach rechts und über eine Linkskehre. Gleich danach wieder rechts abzweigen, gerade in den steilen Waldhang und links in den Waltersgraben. Über eine weitere Forststraße und neben dem Bach, zuletzt über eine steile Böschung, zur Eibenbergstube (Holzfäller-

Ein grünes Pult zwischen Traun- und Almtal: Der Eibenberg, gesehen vom Grat der Hohen Schrott.

hütte und Jagdhaus, 953 m). Weiter zur nächsten Forststraße. Bei der folgenden Wegteilung rechts in flacheres Gelände und zum obersten Ende der Straße. Am Rand der Waldmulde schlängelt sich der Steig wieder steiler nach oben. In der Nähe einer Quelle nach links, über einen steilen Hang zu einer Hütte und danach durch schütter bewaldete Almwiesen auf den Kamm (1510 m). Links über die teilweise ausgesetzte Schneide (man kann da und dort in die bewaldete Nordseite ausweichen), über eine Kuppe und über einen Wiesen- und Latschenkamm auf den Gipfel (1598 m). **Der Abstieg** erfolgt auf der gleichen Route.

Abstiegsvariante: Auf dem Kamm der Markierung 425 folgend über das »Gschliff« und auf den weiten Kehren der Ascher-Forststraße (oberhalb des großen Steinbruches auch durch zwei Tunnels) in die Finkenleiten-Siedlung absteigen. Von hier entweder über Roith nach Ebensee oder rechts durch den Landsgraben, auf der Alte-Traun-Straße und auf dem etwas ansteigenden Jubiläumsweg nach Rindbach zurück.

Nützliche Informationen

Ausgangspunkt: Ebensee, Ortsteil Rindbach.
Anfahrt: Wie bei Tour 16.
Höhendifferenz: 1150 m.
Gehzeiten: Auf den Eibenberg 3 Std., Abstieg 2½ Std. (über Gschliff 3 Std.).
Einkehrmöglichkeit: keine
Karte: Freytag & Berndt WK 282.
Tip: Unbedingt besuchen sollten Sie den KZ-Friedhof und den Gedenkstollen (Führungen, Tel. 06133/5601).
Information: Siehe Tour 16.

18 Rinnerkogel, 2012 m

Das Tote Gebirge lebt!

Tourencharakter: Hochalpine Ein- oder Zwei-Tage-Tour auf das westliche Karstplateau des Toten Gebirges, die mit der Überschreitung zum Schönberg noch um einen Tag verlängert werden kann.
Wegbeschaffenheit: Der Steig ist stellenweise steil und mit Stufen bzw. einer Alutreppe ausgebaut, aber bei trockenen Verhältnissen nirgends schwierig. Die Steige über die Hochfläche sind anspruchsvoller; eine kurze Stelle im Schönberg-Anstieg ist ausgesetzt und gesichert. Man sollte hier nur bei gutem Wetter unterwegs sein – bei Nebel oder Schneelage verirrt man sich leicht.
Beste Jahreszeit: Sommer bis Spätherbst.
Gehzeit: 7 – 8 Std. (Überschreitung 9 – 10 Std.)

Das Tote Gebirge trägt seinen Namen zu Recht: Weite Teile seiner insgesamt 400 Quadratkilometer großen, über himmelhohen Wänden aufgespannten und von mächtigen Kuppen überragten Hochfläche präsentieren sich tatsächlich als wasserlose und kaum bewachsene Einöde. »Welch ein Gemälde von Abgestorbenheit und Zerstörung bietet sich da unserem Auge dar«, schrieb der erste österreichische Universitätsprofessor für Geographie, Dr. Friedrich Simony, 1846 in einer wissenschaftlich fundierten Beschreibung des »todten, d.h. pflanzenarmen Gebirges«. Andere Bereiche des kuppigen Plateaus befinden sich jedoch unterhalb der Wald- und Vegetationsgrenze; wo der Dolomit unter dem verkarsteten Dachsteinkalk zum Vorschein kommt, gibt es sogar genug Wasser. Eines dieser grünen Paradiese breitet sich wie ein Stockwerk über dem Offensee aus: Der Rinnerboden. Zerzauste Lärchen und Zirben zaubern eine beinahe parkartige Atmosphäre in dieses Hochtal; ein munterer Bach gurgelt zwischen Latschen, Enzian und Almrausch durch seine Minischlucht, um sich zuletzt beherzt über eine Wasserfallwand zu stürzen. Ein Stück weiter hinten glitzert der ovale Wildensee in seiner durch Gletscherschutt verstopften Doline, die sich am Rand des märchenhaften Henarwaldes auftut. Wenn Sie noch höher hinaufwandern, verschwindet die Idylle: Mit jedem Schritt Richtung Rinnerkogel wird das Grün spärlicher und das Grau dominanter. Die letzten Blüten leuchten aus messerscharf zerfurchten Karrenplatten.

Auf dem Weg zum Schönberg – die Distanz ist länger, als sie vom Rinnerkogel aus erscheint – bekommt man einen ersten Vorgeschmack von der Größe und Öde des Toten Gebirges. Die Ebenseer nennen den Zweitausender im Westen der Wüste übrigens den »Wildenkogel«, und wenn man von seinem großen Gipfelkreuz nach Norden schaut, dann weiß man auch, warum: Da stürzt er mit wilden Abbrüchen ins weltentlegene und von Höhlen durchlöcherte Feuertal ab.

Der Wegverlauf

(Tourenskizze S. 84)

Wildensee und Rinnerkogel: Vom Restaurant beim Jagdhaus am Westufer des Offensees (655 m) entlang, auf dem breiten und ebenen Uferweg (Nr. 212) in die Seeau und auf der Forststraße neben dem (meist trockenen) Schotterbett des Rinnerbaches in den Talschluß. Nun auf einem schmalen und serpentinenreichen Steig, weiter oben auch über zahlreiche Holzstufen und eine Alutreppe durch den steilen Wald- und Felshang neben der breiten Wasserfallwand auf den Hochrinnerboden (1300 m, Quelle). Über eine abschüssige Schutthalde zum Plateaurand und durch sein sanft ansteigendes Hochtal zur Rinnerkogelhütte (1474 m). Weiter neben dem kleinen Bach über den schütter bewaldeten Rinnerboden (Jagerbründl) zu einem felsigen Sattel (1577 m), hinter dem der Wildensee (1535 m) liegt. Aus der Senke führt der Steig Nr. 231 über den steinigen Hang

Der Wildensee am Fuß des Rinnerkogels. Über den verkarsteten Sattel links oben geht es zum Schönberg hinüber.

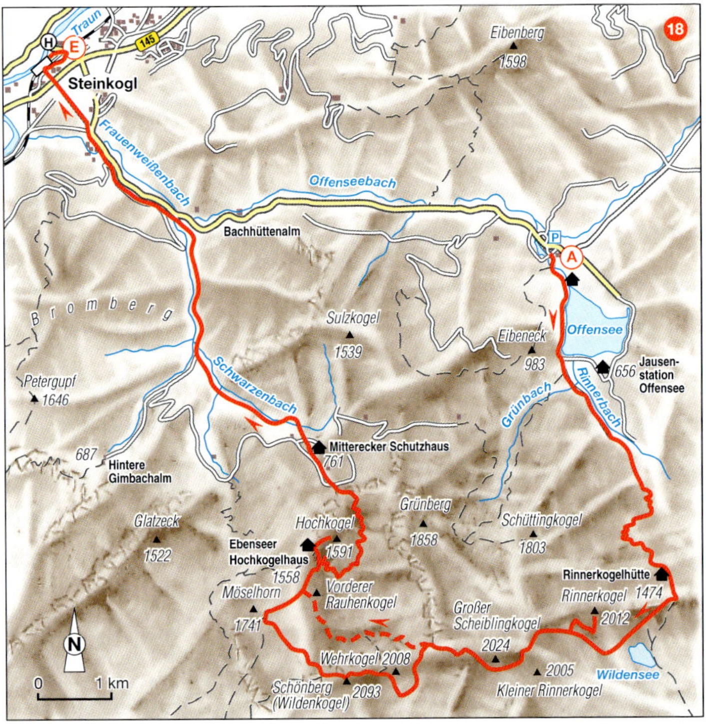

in die Roßkogelgrube auf die Anhöhe zwischen dem Kleinen Rinner und den Rinnerkogel. Rechts abzweigend, gelangt man über den steinigen Westhang auf den Gipfel (2012 m).

Der kürzeste Abstieg erfolgt auf der gleichen Route.

Übergang Rinnerkogel – Schönberg: Von der Anhöhe unter dem Rinnerkogel auf dem Steig 230 durch die steinige Einöde nach Westen, rechts unter dem Kleinen Rinner vorbei auf die Hochfläche (1910 m) am Fuß des Großen Scheiblingkogels. Durch eine latschenbewachsene Mulde in eine Senke (1723 m), über der sich der Pfad teilt:

ABKÜRZUNG: Rechts geht es durch den Abhang des Wehrkogels ins Feuertal hinüber und abwärts zum Ebenseer Hochkogelhaus (1558 m)

Schöner ist der links abzweigende Steig Nr. 228, der über einen Sattel, im Bogen um den Wehrkogel (2008 m) herum und auf einem schmalen Felsgrat (Stahlseile) zum Gipfelkreuz auf dem Schönberg (Wildenkogel, 2093 m) ansteigt.

Abstieg vom Schönberg: Man folgt der Markierung 227, die am Rand der schroffen Nordabstürze über dolinenreiche Wiesen und einen Latschenrücken zur Wegteilung über dem »Mösl« (1700 m, kleiner Moorsattel) hinabweist. Hier nach rechts, durch den Auslauf des Feuertals und über den Sattel zwischen den Rauhen Kogeln (Einmündung des Steiges Nr. 230) zum Hochkogelhaus. Nach einem Abstecher zum nahen Hochkogel (1591 m) steigt man auf den endlosen Kehren des Hüttenweges zur Mittereckalm (Schutzhaus, 761 m) ab und wandert auf der Forststraße neben dem Ursprungs- und dem Schwarzenbach zum Kraftwerk im Offenseetal (485 m) hinaus. Auf der Offenseestraße bis zur Bahnstation Steinkogl (450 m). Siehe auch Tour 21.

Nützliche Informationen

Ausgangspunkt: Offensee.
Anfahrt: Mit dem Auto bis Steinkogl südlich von Ebensee, ins Offenseetal abzweigen und zum Restaurant am Offensee (8 km). Per Bahn (Linie 17) bis Ebensee, weiter mit dem Taxi. Wer zur Hochkogelhütte wandert, fährt per Anhalter oder mit einem vorher bestellten Taxi zum See oder nach Ebensee.
Höhendifferenzen: 1400 m. Über den Schönberg weitere 400 m Aufstieg und 1800 m Abstieg.
Gehzeiten: Zur Rinnerhütte 2 – 2½ Std., über Wildensee auf den Rinnerkogel 2 Std., Abstieg 3 Std. (Rinnerkogel – Schönberg 2 Std., zum Hochkogelhaus 1½ Std., Abstieg ins Offenseetal 2 – 3 Std.).
Einkehr- und Übernachtungsmöglichkeiten: Restaurant und Jausenstation am Offensee; Rinnerkogelhütte (Bergsteigerbund Ebensee, 35 Lager, von Mitte Juli bis Mitte September durchgehend, im Mai und Juni nur Sa./So. bewirtschaftet, Tel. 06133/8620); Hochkogelhaus (TVN, 70 Lager, von 15.5. bis 15.9. voll bewirtschaftet, von 15.4. bis 14.5. bzw. vom 16.9. bis 30.11. nur an Sa./So./Fe. bei Schönwetter bewirtschaftet, Tel. 06133/5324); Mitterecker Schutzhaus (TVN, 6 Lager, vom 15.5. bis 15.9. voll bewirtschaftet, von 15.4. bis 14.5. und von 10.10. bis 31.11. an Sa./So./Fe. bei Schönwetter bewirtschaftet, Tel. 06133/77034).
Karte: Freytag & Berndt WK 281 oder 282; AV-Karte Nr. 15/1.
Tip: Badestrände im südlichen Bereich des Offensees.
Information: Siehe Tour 16.

19 Hohe Schrott, 1839 m

Himmelsleiter mit Hindernissen

Tourencharakter: Sehr lange und anstrengende, aber landschaftlich einmalig schöne Tagestour über einen felsigen Kamm im Westen des Toten Gebirges.
Wegbeschaffenheit: Die luftige Gratüberschreitung, die eine mäßig schwierige gesicherte Passage (B) aufweist, erfordert Trittsicherheit und Schwindelfreiheit; bei Schneelage oder Vereisung wird sie gefährlich. Leichter, aber ebenfalls sehr lohnend ist es, von Bad Ischl aus nur die Hohe Schrott zu erwandern.
Beste Jahreszeit: Sommer bis Spätherbst.
Gehzeit: 8 Std.

Mit der Hohen Schrott bricht das Tote Gebirge westseitig ziemlich abrupt zum Trauntal ab. Die für den ganzen Gebirgsstock so typischen, fast waagrecht gelagerten Felsbänder in der Kesselwand werden während der Schneeschmelze oder nach heftigen Regenfällen ziemlich lebendig und schicken respektable Wasserfälle talwärts. Auch den Schnee hält es nicht lang in dieser Felsarena: Die langgezogenen Lawinenbahnen sprechen eine beredte Sprache.
Trotzdem ist es gar nicht schwer, den Eckpunkten des Massivs aufs aussichtsreiche Haupt zu steigen: Lange, aber problemlose Wege führen zu den einsamen Almen am Petergupf und am Hochglegt. Obwohl man sich auf diesem Vorgipfel der Hohen Schrott nun wirklich gern ins Gras legt – seinen Namen hat er (wie das Hochleckenhaus) von den »Löcken«, den allgegenwärtigen Legföhren, die hier heroben ganze Teppiche bilden. Zu schätzen lernt man das zähe und hitzespeichernde Grünzeug auf jeden Fall bei der Überschreitung jenes kühnen Kammes im Bereich des Bergwerkskogels, unter dem die Traunkirchner Nonnen einst nach Silber graben ließen. Die Latschen nehmen uns auf diesem Alpin-Laufsteg ein wenig das Gefühl der Ausgesetztheit und dienen manchmal sogar als Natur-Geländer zum Festhalten. Das ist hier nicht nur wegen der rauhen Felsstufen notwendig, sondern allein schon wegen der atemberaubenden Aussicht: Hat man zunächst den Traunstein mit seinem Hofstaat im Rücken, so wiegt sich dann der Dachstein wie ein Gemälde über der Senke zwischen Mittag- und Speikkogel. So vergehen die zwei Stunden zwischen der Tiefe des Trauntals und der

herben Schönheit der Hochfläche wie im Flug, und am Ende bleibt die glückliche Gewißheit, eine der großen »Schau-Touren« im Salzkammergut genossen zu haben.

Der Wegverlauf

(Tourenskizze S. 90)

Auf die Hohe Schrott: Vom Bahnhof Langwies (446 m) zum Bahnübergang und rechts auf der gepflasterten Straße aufwärts. Vor der Kapelle nach rechts auf die Forststraße und an einigen Häusern vorbei, dann links auf dem Weg Nr. 221 unter der Hochspannungsleitung durch. Im Wald erreicht man eine Forststraße, deren Kehren gerade hinauf abgekürzt werden. Dann in vielen Serpentinen links neben dem Grießgraben auf einen Waldrücken und zuletzt links unter den Felsen des Loskogels herum zur Brombergalm (1430 m, Brunnen).

ANSTIEGSVARIANTE: Hierher gelangt man auch von Steinkogl bei Ebensee auf dem Weg Nr. 210.

Weiter auf dem Steig 210 nach rechts, um die große Wiesengrube herum und über einen Latschenhang auf den Petergupf (1646 m). Auf dem felsigen, aber harmlosen Latschenkamm über eine Senke auf den Bannkogel (auch Bahnkogel, 1656 m) und weiter in die

Die Tour vom Petergupf bis zum Hochglegt zählt zu den Schönsten im Salzkammergut. Der Bergwerkkogel würzt die Schrott-Überschreitung mit luftigen Felspassagen.

Scharte vor dem schroffen Aufbau des Bergwerkkogels. Rechts auf einem »überdachtem« Felsband in die »Nagern«, dann links über senkrechte Wandstufen und ausgesetzte, aber gut gestufte Absätze (Tritteisen und Stahlseile) auf den latschenbewachsenen Gipfel (1689 m). Weiterhin auf bzw. neben dem luftigen, aber gut gangbaren Grat und über zwei kleine Felsabsätze in eine Scharte am Fuß des Mittagkogels (1790 m). Kurz nach links absteigen und auf einem breiten, grasigen Band quer durch die felsige Flanke, bis man rechts über einen kleinen Kamin den flacheren Südhang des Berges erreicht. So kommt man problemlos wieder zum Grat, auf dem man – vorbei am Schrottloch und über einige Felsstufen – zum Gipfelkreuz der Hohen Schrott (1839 m) ansteigt.
Abstieg: Weiter über den Westgrat hinab; in der folgenden Senke kommt man zu einer Wegteilung.

ABSTIEGSVARIANTE: Hier nach links zieht der Steig Nr. 220 zur Mitteralm hinab (siehe Tour 20).

Nach rechts führt der Steig aufs Hochglegt (1784 m). Nun geht es durch Latschengassen und zwischen Wetterbäumen zur Kotalm (1488 m) hinab. Zuletzt durch teilweise steile Wälder und Schläge, über drei querende Forststraßen und durch die Möslwiese (800 m) in den Bad Ischler Ortsteil Rettenbach hinab. Über den Bach, auf der Steinfeldstraße zur Traunbrücke und links zum Bahnhof Bad Ischl (469 m).

Nützliche Informationen

Ausgangspunkt: Bahnhof Langwies zwischen Ebensee und Bad Ischl.
Anfahrt: Mit der Salzkammergutbahn (Linie 17).
Höhendifferenz: 1500 m.
Gehzeiten: Langwies – Brombergalm 3 Std., zur Hohen Schrott 2½ Std., Abstieg 2½ Std. (Bad Ischl – Hohe Schrott 4 – 4½ Std.).
Einkehrmöglichkeit keine; **Nächtigung:** eventuell auf der Brombergalm (6 Lager, nur nach Anmeldung, Tel. 06132/29163).
Karte: Freytag & Berndt WK 282, AV-Karte Nr. 15/1.
Tip: Bad Ischl bietet viel (Kaiservilla, Photomuseum, Leharvilla, Stadtmuseum, Konditorei Zauner, Kaisertherme, Salzbergwerk).
Information: Kurdirektion A-4820 Bad Ischl, Tel. 06132/235200 oder 27757-0.

20 Gamskogel, 1628 m

Im »Niemandsland« des Toten Gebirges

Tourencharakter: Südseitige Tagestour auf einen stillen Almgipfel im westlichen Toten Gebirge.
Wegbeschaffenheit: Problemlose, aber stellenweise sehr steile Steige durch Wald- und Almgebiet. Im Gipfelbereich kann es bei Schneelage gefährlich werden.
Beste Jahreszeit: Frühsommer bis Spätherbst.
Gehzeit: 5 Std. bzw. 6 – 7 Std.

Der Gamskogel ist genau so, wie man sich einen Berg mit diesem Namen vorstellt: Bescheiden, aber mitten in einer verträumten Gebirgslandschaft, ein ruhig gebliebenes Biotop für seine »Haustiere« und ein kecker Luginsland vor einer prominenten Gipfelparade. Und doch: Zu spaßen ist mit dem Gamskogel über dem Ischler Rettenbachtal nicht – zumindest nicht im Winter: Die fünf Hütten der Hinteralm ducken sich so demütig auf den Boden, daß die Lawinen aus den aalglatten Grashängen dahinter über sie hinwegdonnern, ohne Schaden anzurichten.
Der Gipfelblick unter dem Holzkreuz umfaßt übrigens keine 360 Grad: Der Gamskogel ist nämlich nur ein Vorbau im Plateau der »Langen Wand«, das zusammen mit den höheren, aber latschenüberwucherten und somit nicht sehr bergsteigerfreundlichen Kuppen des Karkogels und des nahen Predigtkogels ein richtiges »Niemandsland« zwischen dem Schönberg und der Hohen Schrott bildet. Wer mehr von dieser verwunschenen Gegend entdecken möchte, braucht nur an seinem Rand von der Hinter- zur Mitteralm wandern.

Der Wegverlauf

(Tourenskizze S. 90)

Auf den Gamskogel: Von der Rettenbachalm (636 m) kurz taleinwärts, dann auf der links abzweigenden Forststraße (Markierung 222) zum Jagdhaus und zu einem Steig, der rechts in den Wald hinaufführt. Man quert mehrmals die Forststraße (Blick zum Wasserfall des Jaglingbaches), dann auf einem sehr steilen »Dschungelpfad« über den Waldrücken zu einer weiteren Straßenquerung. Durch etwas flacheres Gelände aufwärts und noch zweimal über die Straße.

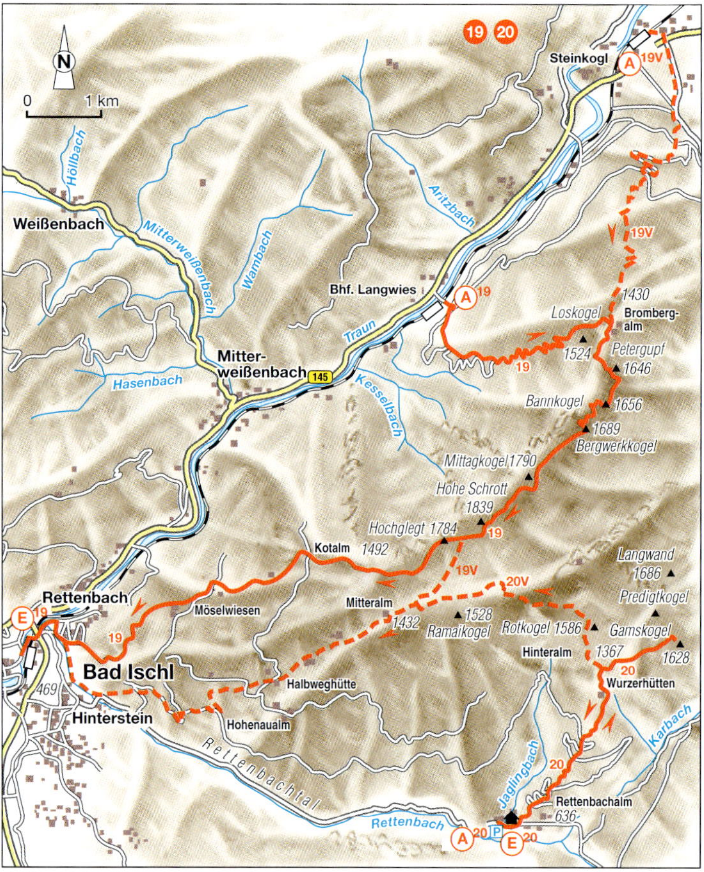

Danach über eine Wiese und durch den Moorwald auf der flach gewölbten Wurzerhöhe zu den Wurzerhütten (1290 m) und weiter zur nahen Hinteralm (1367 m). Bei der Wegteilung nach rechts, an den fünf Hütten vorbei und quer durch einen schütter bewachsenen Hang auf den Gamskogel (1628 m).
Der Abstieg erfolgt auf der gleichen Route.

Abstiegsvariante über die Mitteralm: Von der Hinteralm auf dem Steig Nr. 222 in die steilen Abhänge des Rotkogels hinauf, über den Nestler-Lahngang, in eine latschenbewachsene Mulde hinab und über einen Sattel hinter dem Ramaikögerl (Abzweigung zur Hohen Schrott, siehe Tour 19) ins Hochtal der Mitteralm (1432 m)

Bei der Wurzerhütte unterhalb der Hinteralm. Den Horizont beschließt der Schönberg.

hinüber. Abstieg auf dem Steig Nr. 220 über die Halbweghütte (1117 m) und die Hohenaualm (713 m) nach Hinterstein (Gasthaus Rettenbachmühle). Rechts neben dem Bach durch die Hubhanslau und – vorbei an einer Karstquelle – nach Rettenbach; weiter wie bei Tour 19 zum Bahnhof Bad Ischl.

Nützliche Informationen

Ausgangspunkt: Rettenbachalm, 8 km von Bad Ischl entfernt.
Anfahrt: Mit dem Auto Zufahrtsmöglichkeit bis zur Rettenbachalm. Per Bahn (Linie 17) nach Bad Ischl, weiter per Taxi (im Rettenbachtal hat man auch als Anhalter gute Chancen).
Höhendifferenzen: 1000 m, beim Rückweg über die Mitteralm 300 m mehr.
Gehzeiten: Rettenbachalm – Hinteralm 2 Std., auf den Gamskogel 1 Std., Abstieg 2 Std.; Hinteralm – Mitteralm – Bad Ischl 3 Std.
Einkehr: Rettenbachalm (im Sommer und Herbst geöffnet, keine Nächtigung).
Karte: Freytag & Berndt WK 281 oder 282, AV-Karte Nr. 15/1.
Information: Siehe Tour 19.

21 Schönberg (Wildenkogel, 2093 m)

Versteckte Pfade auf den schönen, wilden Bergen

Tourencharakter: Südseitige Ein- bis Zwei-Tage-Tour auf den westlichsten Zweitausender des Toten Gebirges, der eine wunderbare Rundsicht bietet.
Wegbeschaffenheit: Die Steige sind zwar teilweise steil und felsig, aber bei trockenen Verhältnissen nirgends schwierig. Bei Nebel oder Schneelage wird es im Gipfelbereich ungemütlich. Bei der Variante über den unmarkierten und ausgesetzten Naglsteig ist den alten Sicherungen nicht mehr ganz zu trauen; Trittsicherheit und Schwindelfreiheit sind dort auf jeden Fall notwendig.
Beste Jahreszeit: Sommer und Herbst.
Gehzeit: 6½ – 8 Std.

Mit manchen Bergen ist es wie mit manchen Menschen: Sie haben zwei Gesichter. Einer davon ist der höchste Ischler Hausberg, der Schönberg im Toten Gebirge: Der felsruppige »Wildenkogel«, als den ihn die Ebenseer im Norden sehen, dacht nach Süden mit samtigen Grasmatten ab. Aber vielleicht kommt der anheimelnde Name »Schönberg« gar nicht von diesem Liebreiz, sondern von einer bauchigen »Schölln« (Kuhglocke), an die der Gipfelbau erinnert.

Als ideale und gut geführte Wanderherberberge teilt die achteckige Ischler Hütte den Weg aus dem Rettenbachtal bis zum großen Stahlkreuz; in der heimeligen Zirbenstube schmecken Radler und Kaiserschmarrn natürlich am besten. Wer zuvor dramatische Landschaften und etwas Nervenkitzel wünscht, lenke seine Schritte ins schluchtartige Tal Richtung Blaa-Alm und suche nach dem alten Naglsteig: Mitten durch die glatte, vom Eiszeitgletscher geschliffene Naglwand leiten ausgehauene Felsstufen und schon etwas »antike« Stahlseile bergwärts – besonders die Ausseer nützen diesen altbekannten »Schleichweg«, um öfter einmal auf der Hütte vorbeizuschauen.

Erst oben auf dem Schönberg überblickt man dann das komplette Panorama der Salzkammergut-Bergwelt. Nun werden auch die wahren Dimensionen des Toten Gebirges klar: Endlos und einförmig reihen sich die bleichen, wie mit einem riesigen Kamm gezogenen Karrenbänder und Latschenstreifen aneinander, und darunter breitet sich ein unwegsamer Waldmantel aus. Wer weiß heute noch, daß sich dort unten 1944/45 Widerstandskämpfer gegen das Nazi-Regime verstecken mußten? Bei der Felsmauer im Dickicht, wo sie ihr rindengedecktes Lager, den »IGEL«, angelegt hatten, befindet sich heute eine Gedenktafel.

Der Wegverlauf

Über den Schönberg: Von der Rettenbachalm (636 m) ein Stück taleinwärts und nach der Solestube auf der links hinaufziehenden Forststraße (Markierung Nr. 211) weiter. Bald zweigt links ein Steig ab, der in vielen Serpentinen zu einer weiteren Forststraße und dann auf einem Waldrücken in einen Sattel hinaufführt. Dahinter in den Beerensattel (1428 m) und zur Schwarzenbergalm mit der Ischler Hütte (1368 m). Man kann nach der Solestube auch noch ein Stück weiter ins schluchtartig enge Tal gehen, nach einer Triftanlage und einem Tunnel links abbiegen und auf dem Steig Nr. 226 zum Beerensattel hinaufwandern.
Von der Hütte durch schütteren Almwald zur nächsten Wegteilung, dort links nach der Markierung 211 zum Sattel am Mösl (1700 m) hinauf. Scharf nach rechts und auf dem Latschenkamm, dann auf der Gipfelwiese (Vorsicht an der Nordabstürzen!) zum Gipfelkreuz (2090 m). Am Rand einer Doline auf den höchsten Punkt des Schönberges (2093 m).

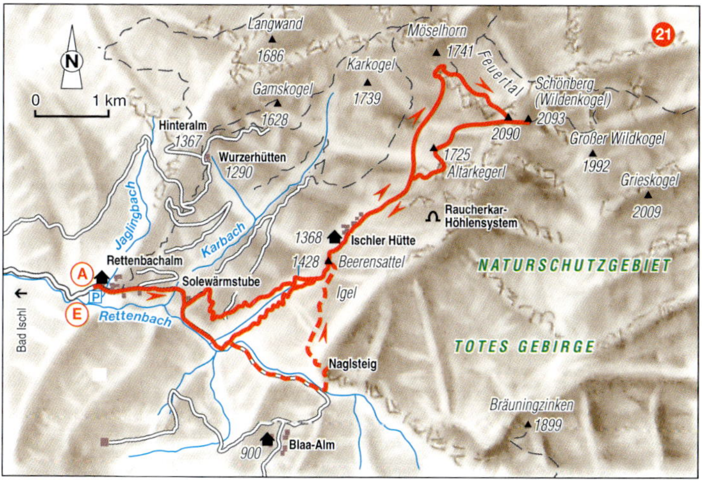

Eine verborgene und etwas exponierte Route auf den Schönberg: Der Naglsteig im Rettenbachtal.

Im Abstieg folgen wir dem Steig Nr. 226 durch die grasige Gipfelflanke zum Altarkögerl (1723 m) und links zur Hütte. Zuletzt auf einem der beiden Hüttenwege zur Rettenbachalm hinunter.

Der Naglsteig: Von der Rettenbachalm etwa 3 km auf dem breiten Weg durch das enge und felsige Tal. Wo es sich unter den Felsen der Losergruppe weitet, links auf dem Nagsteg über den Bach und auf dem ausgesetzten Naglsteig (alte Stahlseile) durch die Wand, über einen Schlag und den schütter bewachsenen »Schwarzenberganger« hinauf. Bei zwei mit roten Punkten gekennzeichneten Steinen zweigt der kurze Pfad nach rechts zum »IGEL« ab, dann geht es weiter zum Beerensattel und zur Hütte hinauf.

Nützliche Informationen

Ausgangspunkt: Rettenbachalm.
Anfahrt: Siehe Tour 20.
Höhendifferenz: 1460 m.
Gehzeiten: Zur Ischler Hütte 2 – 2½ Std. (über den Naglsteig ½ Std. länger), auf den Schönberg 2 Std., Abstieg 2½ – 3 Std.
Einkehr- und Übernachtungsmöglichkeiten: Rettenbachalm (im Sommer und Herbst geöffnet); Ischler Hütte (ÖAV, 16 Betten, 32 Lager, von Anfang Juni bis Ende September voll, im Oktober Sa./So. bewirtschaftet, Tel. 0663/77234).
Karte: Freytag & Berndt WK 281 oder 282, AV-Karte 15/1.
Information: Siehe Tour 19.

22 Leonsberg, 1745 m

Im Reich des Zimnitzgeistes

Tourencharakter: Südseitige Tagestour über die Grate eines weitausladenden Voralpenberges, im oberen Bereich mit permanenter Panoramasicht. Die Länge der Gratüberschreitung wird immer wieder unterschätzt!
Wegbeschaffenheit: Die Waldsteige im unteren Bereich sind stellenweise steil, steinig und bei Nässe recht rutschig. Die Gratüberschreitung bietet abgesehen von zwei kurzen gesicherten Passagen keine besonderen Hindernisse – trittsicher und schwindelfrei muß man aber doch sein.
Beste Jahreszeit: Frühsommer bis Spätherbst.
Gehzeit: 7 – 8 Std.

Manche Berge haben die Phantasie der Talbewohner immer schon beschäftigt. Da oben brauen sich die Unwetter zusammen, so sagte man; da wohnen überirdische Mächte, mit denen man sich besser nicht anlegt. Der Sagenberg der Ischler ist die Zimnitz, den die Leute am Wolfgangsee und im Attergau Leonsberg nennen. Die Ischler Bezeichnung kommt aus dem Slawischen und hat etwas mit Kälte oder Schnee zu tun. Tatsächlich ist es in der Zimnitzwildnis, dem engen Talschlund am Fuß des weitgespannten Kammes, meistens recht kühl, und die wasserüberrieselte Trefferwand schmückt sich allwinterlich mit haushohen Eisgebilden. Wenn die weiße Pracht im Tal schon längst geschmolzen war, dann erkennt man in den letzten Schneeflecken unter der Zimnitzschneid mit viel Phantasie einen »Schneekönig« und eine verschleierte »Schneekönigin« mit Krone und Zepter. Bloß die in allen Karten verzeichnete Eiskapelle in der Weiten Zimnitz brauchen Sie nicht mehr suchen: Der früher so imposante Lawinenkegel schmilzt heute, im wärmer gewordenen Klima, schon im Frühjahr dahin. Hinter den abschüssigen Gras- und Latschenplanen, die so grün und im Herbst fast goldgelb ins Tal leuchten, hauste nach der Überzeugung der Einheimischen der Zimnitzgeist, eine Art Salzkammergut-Rübezahl. Das Schlüsselloch zu seinem Reich ist in der Trefferwand noch heute zu sehen, und eine winzige Madonna freut sich dort über die stets frischen Blumen.

Auch die moderne Freizeitgesellschaft bringt ihre Geisterwesen hervor: Auf dem Leonsberg und dem Gartenzinken breiten nun die

Paragleiter ihre bunten Flügel aus. Ganz ohne Schnürlwirrwarr und Aufwind »fliegen« dagegen die Wanderer über die fast 2 km lange Zimnitzschneid. Das wirklich überdurchschnittliche Schauvergnügen ist bei klarem Wetter verhältnismäßig einfach zu bekommen – nur der kühle Blick in die Tiefe und das »Wadelschmalz« für den schnittigen Vierstunden-Aufstieg sollten halt antrainiert sein.

Der Wegverlauf

(Tourenskizze S. 100)

Auf den Leonsberg: Von Pfandl (488) hinter der Kirche vorbei, auf der Zimnitzstraße zum Friedhof und ins bewaldete Tal hinein. Bei der Abzweigung des Steiges Nr. 814 (Leonsberg über Gartenzinken) geradeaus auf der Straße weiter. Nach einer Brücke über den Zimnitzbach (Parkplatz) auf dem Forstweg mit der Markierung 816 zur Trefferwand, durch den schluchtartigen Graben zur Mündung der Weiten Zimnitz und rechts in die Enge Zimnitz. Im Talschluß (Klamm mit Wasserfall) beginnt ein sehr steiler und serpentinenreicher Steig, der über einen buchenbestandenen Rücken in den Sattel zwischen Gspranggupf und Leonsberg hinaufzieht. Auf dem Kamm links zur ehemaligen Schüttalm (1166 m, Jagdhütte, danach Quelle). Bald lichtet sich der Wald, und wir steigen auf dem aussichtsreichen Latschengrat zu einer 3 m hohen Leiter und über eine seilgesicherte Felsstufe (»Geißhörndl«) zum Gipfelkreuz (1745 m) an.

ANSTIEGSVARIANTE: Schön und einfach ist auch der Anstieg von Rußbach (Zufahrt per Bus): Man wandert auf der Straße Richtung Schwarzensee über das erste Steilstück, steigt rechts nach der Markierung 813 zur Stücklhütte an und gelangt auf dem gemütlicheren Leonsbergweg zur Leonbergalm (1371 m; Brunnen). Auf dem Steig Nr. 812 unterhalb des Trattenspitzes zum Latschenkamm, der knapp vor dem Gipfelkreuz in den Pfandler Anstieg mündet.

Abstieg: Auf der latschen- und später auch baumbestandenen Zimnitzschneid (Südwestgrat) über den Mitterzinken (1702 m) bis zum Gartenzinken (1557 m), dann links auf einem stark abfallenden Latschenkamm zum Walkerskogel (1243 m). Zuletzt wandert man neben einem Felsabbruch, später auf einem Waldrücken zu einem Wasserreservoir hinunter und weiter nach Pfandl.

ABSTIEGSVARIANTE: Von der Leonsbergalm (nördlich des Gipfels, vgl. Anstiegsvariante) kann man auf dem Steig Nr. 812 über die einstige Loitzlalm nach Weißenbach am Attersee absteigen.

Die Westseite des Leonsberges über dem Kienbachtal, gesehen vom Blinklingmoos bei Strobl. Nach rechts zieht der weitgeschwungene Kamm über den Mitter- zum Gartenzinken. Die Kienbachklamm am Fuß des Massivs birgt geheimnisvolle Felsritzzeichnungen – »Sonnenzeichen«, »Lebensbäume« und »Mühlespiele«, wie man sie auch im Dachsteingebirge gefunden hat.

Nützliche Informationen

Ausgangspunkt: Pfandl, 3 km westlich von Bad Ischl.
Anfahrt: Mit der Buslinie 3000 (Salzburg – Bad Ischl) oder ab Ischl mit dem Stadtbus. Mit dem Auto von der Kirche in Pfandl durch den Ort bis zur Abzweigung des Steiges Nr. 814 hinter dem Friedhof.
Höhendifferenz: 1300 m.
Gehzeiten: Aufstieg 4 Std., Abstieg 3 – 3½ Std.
Einkehrmöglichkeit: Keine
Karte: Freytag & Berndt WK 282.
Information: Siehe Tour 19.

23 Katrin, 1542 m, und Roßkopf, 1657 m

Die wilde Jagd über der Kaiserstadt

Tourencharakter: Tagestour über das Katergebirge, wegen des hochgelegenen Ausgangspunktes nicht besonders anstrengend; das Gelände wird abseits der Seilbahnstation und der Katrin aber gleich erstaunlich alpin.
Wegbeschaffenheit: Über das Plateau führen unschwierige, stellenweise steinige Steige. Eine kurze, recht luftige Klettersteig-Passage (A) läßt sich auf einem leichteren Pfad umgehen – Trittsicherheit ist aber auch dort notwendig. Der Abstieg vom Ahornfeld erfolgt auf einem steilen, aber problemlosen Waldsteig bzw. auf Forststraßen. Bei Nebel oder Schneelage ist die Tour nicht zu empfehlen!
Beste Jahreszeit: Frühsommer bis Herbst.
Gehzeit: 4 – 5 Std.

Kaiser müßte man sein! Dann bekäme man sogar ein eigenes Gipfelkreuz geschenkt – zum Beispiel so ein schönes, großes, wie es dem Kaiser Franz Josef auf der Katrin, der aussichtsreichen Felskanzel über seiner Lieblings-Sommerfrische, aufgestellt worden ist. Andererseits würde sich der Monarch wohl im Grab umdrehen, wüßte er, daß herzlose Techniker ausgerechnet neben dieser huldvollen Gabe einen Fernsehmasten montiert haben. Außerdem surren heute Seilbahngondeln auf den Ischler Hausberg, und im Winter tummelt sich buntes Volk auf den Katrin-Pisten.
Ansonsten ist das Katergebirge, wie der vielgipfelige und hoch aufgewölbte Gebirgszug zwischen der Traun, dem Goiserer Weißenbach und dem Wolfgangsee heißt, erstaunlich ursprünglich geblieben. Die kuppige und vom Latschendschungel verschlungene Hochfläche steht unter Naturschutz; Kundige entdecken dort botanische Kostbarkeiten wie z.B. die Türkenbundlilie. Auf der Katrinalm und auf der Roßfeldalm freut sich noch jeden Sommer das Jungvieh des Lebens. Die fesche Sennerin Katrin existiert allerdings nur als Seilbahnlogo. Hätt' es sie gegeben, so hätt' sie's hier bestimmt nicht leicht gehabt: Die Weiden haben wohl nie viel hergegeben, und die schaurig steilen, stellenweise brettartig aufgeschichteten Felsflanken bildeten eine ständige Gefahr für Mensch und Vieh. Vielleicht raunen die alten Sagen deshalb davon, daß sich die Wilde Jagd mit Vorliebe über die Katrin zur Burg Wildenstein gestürzt hat.

Eine wilde Jagd soll's bestimmt nicht werden, wenn Sie das Katergebirge nun nach Westen überschreiten: Viel zu schön ist der Tiefblick auf die Kurstadt Bad Ischl, das Hinüberträumen zum alles beherrschenden Dachstein und zum Zackenmuster des Gosaukammes, das kurze Klettersteig-Magenkribbeln hinter dem Hainzen – und zum Schluß die genußvolle Rast im Borstengras des Ahornfeldes: Den Wolfgangsee werden Sie kaum woanders so schön und komplett überblicken wie aus dieser Panoramaloge!

Der Wegverlauf

(Tourenskizze S. 100)

Über die Katrin auf den Hainzen: Von der Bergstation der Katrin-Seilbahn (1415 m) auf dem gut angelegten Kehrensteig erst durch steile Latschenhänge, dann durch etwas flacheres Dolinengelände zum Gipfel der Katrin (1542 m, Kreuz und Sender). Ein kurzes Stück wieder zurück, dann rechts auf einem schmaleren Steig über dem Kar auf den Elfer- oder Katererkogel (1603 m, Kreuz) hinauf. Nun führt der steinige Pfad mit der Markierung 895 westwärts über die hügelige und latschenüberwucherte Hochfläche zum kleinen Kreuz auf dem grasbewachsenen Hainzen (1638 m) hinüber.

Steinige Pfade über des Kaisers Geburtstagsgeschenk:
Die Katrin, dahinter Traunstein, Hohe Schrott und Schönberg.

Wer hier umkehrt, wandert am besten auf dem »Südweg« (Nr. 898) direkt zur Seilbahnstation zurück.

Die Überschreitung des Katergebirges geht – nun nach der Markierung 894 – im Auf und Ab zu einer Wegteilung weiter: Der linke Steig führt gleich darauf über eine sehr ausgesetzte, aber nicht lange, gutgriffige und mit Stahlseilen gesicherte Gratschneide abwärts (tol-

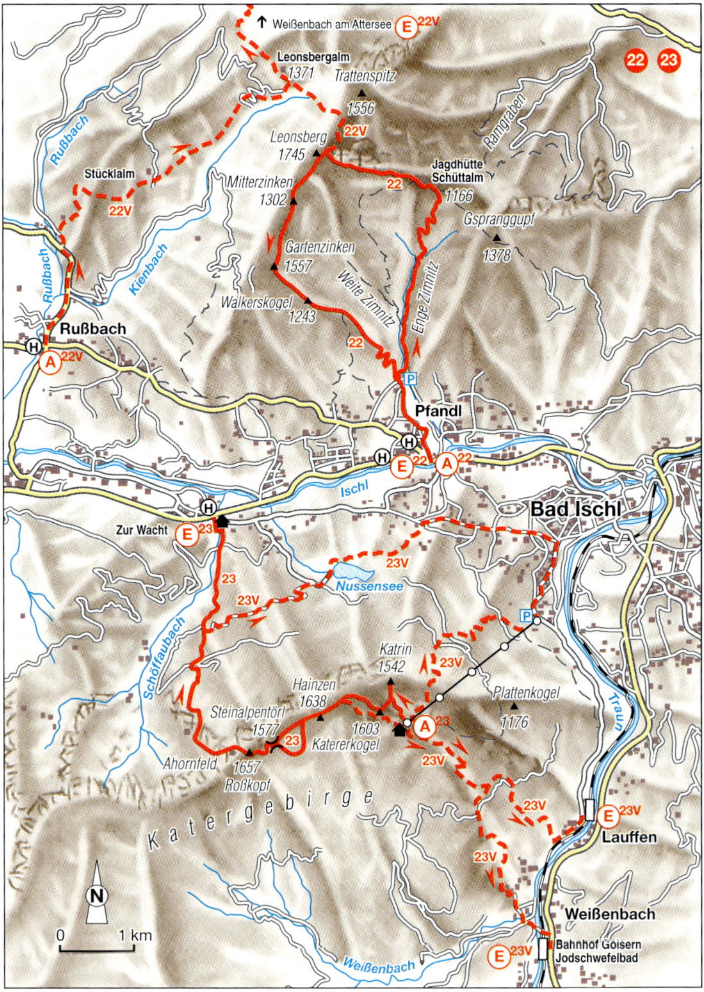

ler Tiefblick ins Weißenbachtal), der rechte Pfad umgeht dieses Hindernis am Fuß der Felswand. Aus dem so erreichten Steinalpentörl (1577 m) steigt man über steile und erdige Felsstufen auf den Roßkopf (1657 m), den höchsten Punkt der breitgestreckten Ahornfeldalm. Nach einem kurzen Abstieg zu einer kleinen Almhütte und in die darunter gelegene Wiesenmulde schlängelt sich der Weg – vorbei an einem Baum mit einem kleinen Kruzifix – durch einen gleichbleibend geneigten Waldhang abwärts. Nach drei Forststraßenquerungen mündet er in einen flacheren Karrenweg, der neben einem Graben in die Ramsau führt. Auf der Straße zum nahen Gasthof zur Wacht (510 m) an der Bundesstraße. Rückkehr nach Bad Ischl per Bus.

Variante für die Rückkehr nach Bad Ischl: Die dritte und unterste Forststraße, die der Abstiegsweg quert, führt rechts zum Nussensee (604 m). Vom westlichen Ufer (Abfluß) kann man auf dem teilweise ziemlich ausgewaschenen Wanderweg Nr. 3 E über einen Waldrücken nach Kaltenbach und zur Seilbahn-Talstation hinübermarschieren.
Als Alternative zur Überschreitung empfiehlt sich das Bergabwandern im Wald von der Berg- zur Talstation (Nr. 897), nach Lauffen (Nr. 898) oder zur Bahnstation Goisern-Jodschwefelbad (Nr. 899).

Nützliche Informationen

Ausgangspunkt: Bad Ischl bzw. Bergstation der Katrin-Seilbahn.
Anfahrt: Mit dem Auto Zufahrt bis zur Seilbahnstation. Fußweg vom Bahnhof Bad Ischl (Linie 17) zur Seilbahn über Esplanade, Hasnerallee und Kaltenbachau (auch städtischer Bus).
Seilbahn-Betriebszeit: Etwa Anfang Mai bis Anfang November täglich von 9 bis 16 Uhr, Tel. 06132/23788.
Höhendifferenzen: Bergstation – Hainzen 250 m, weitere Überschreitung 150 m Anstieg und 1300 m Abstieg.
Gehzeiten: Bergstation – Hainzen 1 Std., Überschreitung bis Gasthof zur Wacht 3 Stunden. (Über den Nussensee zur Talstation 1 Std. länger; Abstieg von der Seilbahnstation ins Tal jeweils 2 Std.)
Einkehr: Katrinalm und Restaurant bei der Bergstation (während der Seilbahnbetriebszeit geöffnet, keine Nächtigung).
Karte: Freytag & Berndt WK 281.
Information: Siehe Tour 19.

24 Predigtstuhl, 1278 m

Von ewigen Wänden und berstenden Bergen

Tourencharakter: Je nach Routenwahl eine gemütliche oder eine ausgefüllte Tagestour. Ausgerechnet diese kleinen Waldberge überraschen mit besonders felsigen Szenerien!
Wegbeschaffenheit: Die Steige sind zwar stellenweise steinig, aber bei trockenen Verhältnissen problemlos; die kurzen gesicherten Stellen bieten kaum Schwierigkeiten. Die beiden mäßig schwierigen, aber z.T. sehr ausgesetzen Klettersteig-Varianten (B) erfordern absolute Schwindelfreiheit – nur mit Klettersteig-Set und Steinschlaghelm gehen!
Beste Jahreszeit: Frühsommer bis Spätherbst; die südseitigen Klettersteige sind praktisch immer zu begehen.
Gehzeit: Je nach Routenwahl 4 – 6 Std. – bei der Auffahrt bis zum Hotel Predigtstuhl spart man sich 2 – 3 Std.

Im breiten Talbecken nördlich des Hallstätter Sees haben die Goiserer Urväter jene bezaubernde Kulturlandschaft geschaffen, die den Reiseschriftsteller Benedikt Pillwein schon anno 1828 zu hymnischer Begeisterung trieb: »Keine Gegend kann schöner und für den Mahler an abwechslungsreichen Scenen reichhaltiger seyn…« Warum aber ziert dann ein grausiger Drache das Gemeindewappen? Goisern, so erzählte es einst der Großvater dem Enkel, ist einmal eine große Stadt gewesen. Tief im Wurmsteins aber hauste das besagte Schuppentier, das eines Nachts die Felswand durchbrach – die herausquellenden Stein- und Wassermassen sollen die Stadt in Sekundenschnelle vernichtet haben. Hinter dieser Schauerstory steckt das Wissen, daß hier manche Berge auf weichen Gesteinsschichten liegen und mitunter recht unruhig sind: So entstanden nicht nur die schrägen Felsabbrüche über dem Ort, die Ewige Wand und die Jochwand, sondern auch die atemberaubende Gipfelmauer des Predigtstuhls und das Kluftlabyrinth in seinem bewaldeten Nordabhang. Nicht von der Erosion, sondern vom Sprengtrupp der Bundesforste stammt dagegen die ausgekerbte Felswunde des »Goiserer Höhenweges« in der Ewigen Wand. Da fallen die jüngsten Alpin-Erschließungen schon weniger auf: 1990 hat der Goiserer Bergführer Heli Putz eine senkrechte Übungs-Ferrata in der Ewigen Wand geschaffen, und 1996 bohrte er mit Gerhard Gangl den 250 m langen »Leadership-Klettersteig« durchs rauhe Gewänd des Predigtstuhls.

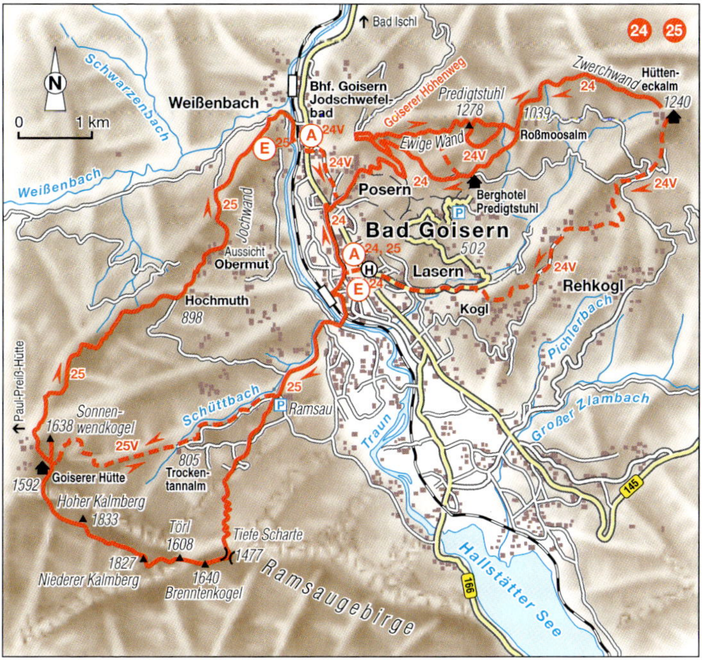

Nicht nur Geologen werden die Tour gern zur östlich benachbarten Zwerchwand verlängern: Das bewaldete Steinpult schickte am 15. Oktober 1978 etwa 50 000 bis 60 000 m^3 Gestein nach unten. Seither ist dieses Bergsturzgebiet nicht mehr zur Ruhe gekommen; 1983 brachen noch mehr und noch größere Gesteinsbrocken herunter. Gleich neben dem Chaos, in dem sogar ein Mini-Matterhorn mit Gipfelkreuz zum Kraxeln lockt, erwartet uns eine Idylle, die nicht nur den Malern der Romantik, sondern auch der bergfesten Kaiserin Elisabeth besonders ans Herz gewachsen ist: Die Hütteneckalm mit ihrem berühmten Dachsteinblick.

Der Wegverlauf

Über Ewige Wand und Predigtstuhl zum Hütteneck: Vom Bahnhof Bad Goisern (502 m) ins Ortszentrum und auf der Marktstraße Richtung Bad Ischl. Nach Überquerung der Umfahrungsstraße nach rechts Richtung Posern (hierher gelangt man auch vom Bahnhof

Goisern-Jodschwefelbad). Der Markierung Nr. 12 (»Goiserer Höhenweg«) folgend auf einem steilen Asphaltweg, dann auf einem Karrenweg in Kehren durch den Wald. Bei der folgenden Wegteilung links zu den Felsen und auf dem ausgesprengten Höhenweg (zwei Tunnels) quer durch die »Ewige Wand«.
Wo man die bewaldete Kante der Ewigen Wand erreicht, scharf nach rechts und auf dem schmalen Steig Nr. 245 oberhalb der Wand aufwärts. Nach einem kurzen Abstieg (Stahlseil) zur Abzweigung des Radsteiges, der in Kehren und über eine gesicherte Stelle vom Berghotel Predigtstuhl heraufzieht. Wir biegen jedoch nach links ab und wandern durch ein bewaldetes Hochtal zum Gipfelaufbau des Predigtstuhls. Rechts über feuchte, aber mit Stufen und Seilen gesicherte Felsen auf den exponierten Gipfel (1278 m). Wieder zurück und nach rechts. Auf einem Holzsteg über eine Kluft und in steilen Serpentinen durch den felsübersäten Osthang hinab.
Weiter entweder auf einer Forststraße nach rechts zum Hotel Predigtstuhl, oder geradeaus über eine Lichtung und durch Wald zur nahen Roßmoosalm (1039 m). Dort erreicht man den Weg Nr. 247, der unterhalb der beiden Rosenkögel zur Zwerchwand ansteigt und quer durch das Bergsturzgelände zum Wiesensattel bzw. zur nahen Hütteneckalm (1240 m) führt.
Rückweg: Auf der gleichen Route zur Roßmoosalm zurück und auf der Forststraße zum Berghotel Predigtstuhl (973 m). Noch ein Stück

Eigenwillige Perspektiven bietet der Höhenweg durch die Ewige Wand.
Hier ein »Höhlenblick« zur Gamsfeldgruppe.

unterhalb des Predigtstuhls abwärts, dann links auf einem Karrenweg (Nr. 12) und in weiten Kehren nach Goisern hinunter.
Variante für den Rückweg: Man kann vom Hütteneck auch der Weitwanderweg-Markierung Nr. 201 folgen und über die Ortsteile Rehkogel und Lasern nach Goisern marschieren.
Der Klettersteig durch die Ewige Wand: Vor dem oberen Tunnel am Goiserer Höhenweg beginnt der 80 m lange, mit Trittstiften und Stahlseilen gesicherte »Klettersteig Ewige Wand«, der direkt zur Oberkante der Mauer hinaufzieht.
Der »Leadership-Klettersteig« auf den Predigtstuhl: Auf dem Steig durch den Predigtstuhl-Osthang bis zu einem hohen dürren Baum unterhalb der Felswände (Steinmanndl). Hier auf schwachen Steigspuren (rote Punkte) nach Südwesten abzweigen und durch den steilen Waldhang ansteigen. Kurz vor einem Blockfeld beginnen rechts die Sicherungen (Stahlseil, Trittklammern). Über der senkrechten Einstiegswand nach links und durch die gestufte Felsflanke aufwärts. Oben wieder nach rechts und über einen originellen Grat zwischen der Wand und einer tiefen Kluft. Von der gleich darauf erreichten Scharte rechts auf den Gipfel (Gedenkstein).

Nützliche Informationen

Ausgangspunkt: Bad Goisern bzw. Bahnstation Goisern-Jodschwefelbad.
Anfahrt: Mit der Salzkammergutbahn: Linie 17. Mit dem Auto Zufahrtsmöglichkeit auf der 6 km langen Wurmsteinstraße bis zum Hotel Predigtstuhl.
Höhendifferenzen: Predigtstuhl 790 m, Abstecher zum Hütteneck zusätzlich 200 m.
Gehzeiten: Bad Goisern – Predigtstuhl 2½ Std., über die Roßmoosalm zum Hütteneck 1½ Std., Abstieg 1½ – 2 Std. (Predigtstuhl-Klettersteig 45 Min.).
Einkehr: Hotel Predigtstuhl (von 15.4. bis 31.10. geöffnet); Gasthaus Hütteneckalm (von Mai bis Oktober geöffnet, keine Nächtigung).
Karte: Freytag & Berndt WK 281.
Tip: Bad Goisern besitzt drei sehenswerte Museen; Baden im Strandbad Untersee bei Steeg.
Information: Kurverwaltung A-4822 Bad Goisern, Tel. 06135/8329-0. Auskunft über die Klettersteige, Leihausrüstung, geführte Touren: Outdoor Leadership (Heli Putz), Tel. 06135/6058.

25 Hoher Kalmberg, 1833 m

Auf luftiger Spur zum Gipfel-Indianer

Tourencharakter: Anspruchsvolle und sehr abwechslungsreiche Ein- bis Zwei-Tage-Tour über zwei respektable Voralpengipfel im Norden des Dachsteins.
Wegbeschaffenheit: Die Steige im Waldbereich sind stellenweise steil und bei Nässe rutschig, ansonsten aber problemlos. Die Gratüberschreitung auf den Niederen Kalmberg weist einige luftige und gesicherte Passagen auf, und auch beim Abstieg über die Jochwand sind Trittsicherheit und Schwindelfreiheit von Vorteil. Der Weg von Goisern über die Goiserer Hütte auf den Hochkalmberg bietet keine Schwierigkeiten.
Beste Jahreszeit: Frühsommer bis Spätherbst.
Gehzeit: 8½ Std.

Das mächtige Kalmberg-Massiv schiebt sich wie ein Keil zwischen das Goiserer Talbecken und das Hochtal der Gosau; da es in beiden Orten auch eine Ramsau gibt, nennen es die Einheimischen oft auch das »Ramsaugebirge«. Nach Norden zeigt es wild zerfurchtes, nach Regengüssen auch von Wasserfällen durchrauschtes Felsgeschröf bis zum Hallstätter See hinüber, während der Niedere Kalmberg jeden Winter seine Lawinen zum Gosaubach hinunterjagt und daher mit einer Armada von Schneezäunen gebändigt wurde. Nach Süden präsentiert der Kamm dagegen seine freundlich-grüne Seite und schließt mit einem gewellten Waldplateau zum noch höheren Gamsfeld auf.
Kein Wunder also, daß dieser Gebirgszug nicht nur »brave« Wanderwege besitzt, sondern auch eine schnittige Route, die man mit ein wenig Eisen vernagelt hat. Wer die Begriffe »Hoher Kalmberg« und »Tiefe Scharte« richtig deutet, stellt sich dazu auf 1400 Höhenmeter am Stück ein. Aber: Der Weg über den Brenntenkogel und die beiden Kalmberge bietet wirklich ein besonderes Schauvergnügen zum nahen Dachstein hinüber, einen Adlerblick zu den in 30 Ortschaften verstreuten Häusern von Bad Goisern eingeschlossen.
Drei Schmankerl warten dann noch ganz zum Schluß: Erstens der »Kalmberg-Indianer«, ein aus dem Gipfelfelsen herausgewittertes Gesicht, das sinnend ins Tal blickt. Zweitens die Goiserer Hütte, ein Schutzhaus von echtem Schrot und Korn, in dem man ausgezeichnet versorgt wird. Und drittens die winzige Aussichtshütte, die wie

Für Fern-Seher: Der Aussichtspavillon auf der Jochwand, hoch über Bad Goisern und vis a vis vom Sarstein.

ein Adlerhorst auf der senkrechten Jochwand »klebt« und einen letzten Panoramablick über den Kurort und seine wunderbare Umgebung gewährt.

Der Wegverlauf

(Tourenskizze S. 103)

Über die Kalmberge: Vom Bahnhof Bad Goisern (502 m) kurz Richtung Ortszentrum, rechts zum Konrad-Deubler-Jugendheim und dann rechts über Bahn und Traunbrücke. Auf der Straße zum Ramsaubach, neben diesem zur Abzweigung Richtung Goiserer Hütte und links zum Parkplatz am Waldrand hinauf. Weiter bergauf und bald auf dem links abzweigenden Weg Nr. 888 durch den steiler werdenden Buchenwald. In vielen Kehren erreicht man eine Schlucht (Stahlseil) und bald darauf die Tiefe Scharte (1477 m). Rechts durch Latschenrinnen auf den Brenntenkogel (1640 m); aus dem folgenden Törl zwischen den Latschen auf eine felsige Graterhebung. Nun über südseitige, seilgesicherte Felsstufen und auf einem steilen Grat zum Niederen Kalmberg (1827 m) hinauf. Der Abstieg in den Kalmbergsattel (1680 m) und der Wiederaufstieg zum Hohen Kalmberg (1833 m) ist nicht mehr schwierig. Zuletzt steigt man – vorbei am »Kalmbergindianer« und an der Kalmoskirche (Höhle) – über einen Latschenrücken zur Goiserer Hütte (1592 m) hinab.

ABSTECHER: Wer die Tour noch einmal überblicken möchte, steige auf das nahe Sonnwendköpfl (1638 m).

Im Abstieg folgen wir am besten dem Steig Nr. 884, der zur Almwiese mit der Paul-Preuß-Hütte und dann durch steilen und felsgespickten Wald zum Bauernhof Hochmuth (898 m) hinunterführt. Weiter geht es neben der Stromleitung über Obermuth zur Jochwand-Aussichtswarte und an der Oberkante des langgezogenen Felsabsturzes nach Weißenbach (490 m). Rechts über die Traun zur nahen Bahnstation Goisern-Jodschwefelbad bzw. auf dem Traunreiterweg zurück nach Bad Goisern.

Variante: Man kann für Auf- bzw. Abstieg auch die direkte Verbindung zwischen Bad Goisern und Goiserer Hütte wählen, nämlich den Hüttenweg Nr. 880 über die Trockentannalm und durch den Kesselgraben.

Nützliche Informationen

Ausgangspunkt: Bad Goisern bzw. Ortsteil Ramsau.
Anfahrt: Mit der Bahn (Linie 17). Mit dem Auto Zufahrt über die Traun und neben dem Ramsaubach bis zum Parkplatz im Ortsteil Steinach.
Höhendifferenz: 1400 m.
Gehzeiten: Goisern – Parkplatz 30 Min., auf den Hochkalmberg 5 Std., zur Hütte 40 Min., Abstieg ins Tal 2½ Std. (Goisern – Goiserer Hütte 3 Std.).
Einkehr- und Übernachtungsmöglichkeiten: Goiserer Hütte (ÖAV, 4 Betten, 30 Lager, von Anfang Mai bis Ende Oktober bewirtschaftet, dann bis Ostermontag bei gutem Wetter an den Wochenenden – Anfrage! Tel. 0663/872241; Paul-Preuß-Hütte (TVN, 12 Lager, Selbstversorgerhütte, Tel. 06135/7511).
Karte: Freytag & Berndt WK 281.
Information: Siehe Tour 24.

26 Gamsfeld, 2027 m

Von Gosau aus:
So weit, so gut

Tourencharakter: Ausgiebige 1 ½-Tage-Tour auf den einzigen Voralpen-Zweitausender zwischen Salzburg und Wien – einen respektablen Gipfel mit steilen Felswänden und berühmter Aussicht.
Wegbeschaffenheit: Die Steige über das Waldplateau um die Wiesalm und über das Gamsfeld sind steinig, aber bei trockenen Verhältnissen nicht schwierig. Der Gratübergang am Großen Brettkogel und der Abstieg vom Gamsfeld über die Traunkaralm erfordern Trittsicherheit und Schwindelfreiheit. Nicht bei Nebel oder Schneelage gehen!
Beste Jahreszeit: Frühsommer bis Spätherbst.
Gehzeit: 9 – 10 Std.

Es ist schon eine unübersehbare Vorhut des Dachsteingebirges, das Gamsfeld: Ein breiter Grashöcker, der gerade über die Zweitausendmetermarke lugt und auf dem die Gemsen wirklich fröhlich herumspringen. Deutlich sind die Spuren der Eiszeitgletscher zu sehen, die auf der Rußbacher Seite tiefe Kare aus dem Gestein gefräst haben. So erhebt sich dieses stolze Gipfelziel heute über wuchtigen Felspfeilern, schräggebankten Wänden und schier atemberaubenden Dolomitflanken, an denen das Wasser langsam, aber unerbittlich nagt: Der Siebenwändgraben spuckt z. B. derartige Schuttmengen aus, daß die Traunbachau, der obere Bereich des Goiserer Weißenbachtals, wie ein südalpiner Torrente tief unter dem Gekiesel begraben ist.
1000 Meter weiter oben wandern schwindelfreie Bergwanderer über den schönsten, aber auch den längsten und exponiertesten Zustieg zum Gamsfeld: Er beginnt im flechtenbehängten Hochwald rund um die Wiesalm, wo man sich bei Nebel und Regen nicht zu weit vom Steig entfernen sollte: Auf dem grünen Plateau schaut ein Kessel aus wie der andere. Bei so einem Sauwetter wäre der Gratübergang von der Knallalm zum Haberfeld aber ohnehin zu gefährlich; außerdem wäre von der »Wilden Kammer«, dem haltlosen 800-Meter-Nordabsturz des Gamsfeldes, ebensowenig zu sehen wie von der vielgerühmten Gipfelsicht: Im Süden ziehen das Tennengebirge, der gezackte Gosaukamm und der halbe Dachsteinstock alle Blicke auf sich, während im Norden vor allem der Durchblick zwischen dem

Sparber und der Bleckwand nach St. Wolfgang und zum Schafberg fasziniert. Es bliebe bloß, auf einer der urigen Almen rund um das Gamsfeld zu verweilen: Auf der Iglmoos- und der Angerkaralm, auf der Hohen Schartenalm oder unter der Traunwand sind noch überall die Kuhglocken zu hören, und in den beiden erstgenannten Hütten können Sie sich auch mit bodenständigen Almprodukten stärken.

Der Wegverlauf

Auf die Goiserer Hütte: Von der Bushaltestelle im Gosauer Ortsteil Ramsau (730 m, gegenüber vom Cafe Reiter) auf einer Seitenstraße zur Alten Schmiede und dann über eine Wiese (»Schindereben«) zum Panoramaweg hinauf. Nun nach der Markierung Nr. 880 /801 A durch den Wald neben dem Kreuzgraben aufwärts zu einer Forststraße. Diese wird nur ganz kurz verfolgt, dann rechts auf dem Steig weiter zur oberen Forststraße, über der die Iglmoosalm (1206 m) liegt. Oberhalb der Hütte kürzt der Steig zwei Kehren der Forststraße ab. Dann biegt man rechts auf die Straße ein und wandert quer durch den Hang in ein bewaldetes Hochtal hinauf. Nach knapp 1 km erreicht man eine Fahrverbotstafel, bei der ein Steig nach rechts abzweigt. Auf diesem durch das kuppige Waldgelände zu einer

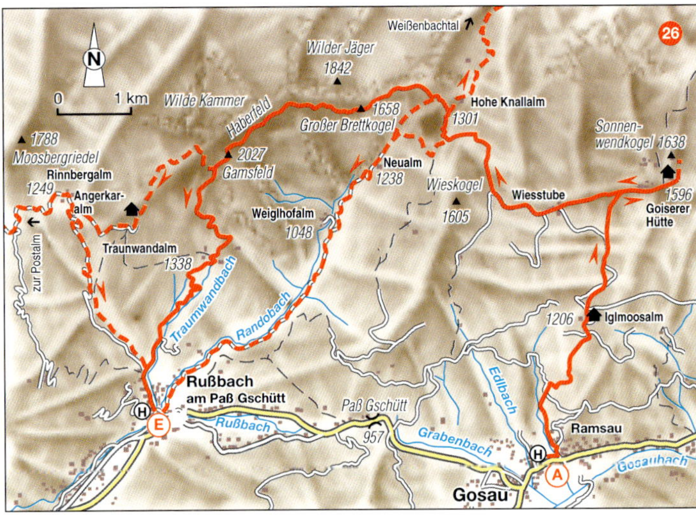

Wegteilung, dort nach rechts und über die Schartenalm zur Goiserer Hütte (1592 m) hinauf.

Aufs Gamsfeld: Anderntags geht es zunächst wieder ein Stück Richtung Gosau bergab. Bei der Wegteilung unterhalb der Schartenalm rechts auf den Steig 882 abbiegen, durch den Hochwald zur Wiesstube und dann auf der Forststraße zur freien Wiesalm-Mulde wandern (1400 m, schöner Blick zum Dachstein). Am Fuß des Wieskogels wendet sich der Steig nach rechts. Nach zwei schmalen Lichtungen zweigt man rechts ab und steigt zur Hohen Knallalm (1301 m, Quelle) ab.

ABKÜRZUNGSMÖGLICHKEIT: Wer vorzeitig ins Tal will (oder muß), steigt oberhalb der Hohen Knallalm links über einen Sattel und via Neu- und Weiglhofalm nach Rußbach ab.

Das Gamsfeld von Süden. Unsere Route quert von rechts über das Haberfeld und zielt vom Gipfel zur Traunwandalm hinunter.

Für die Fortsetzung der Tour erst bei der Knallalm links abzweigen (geradeaus geht es ins Weißenbachtal) und am Fuß einer Felswand bis zur Wegteilung unterhalb des Knalltörls (1390 m). Auf dem rechten Steig durch einen steilen Rasenhang zu einer weiteren Abzweigung hinauf. Nun auf den schmalen Latschen- und Felsgrat, auf dem der Große Brettkogel (1658 m) überschritten wird (Tiefblick ins Weißenbachtal). Aus dem Törl unterhalb des Wilden Jägers (1842 m) steigt der Pfad quer durch das langgestreckte, schräge und mit Latschenflecken überzogene Haberfeld an; zuletzt steigt man über einen steilen Grashang auf den Gamsfeld-Gipfel (2027 m, Kreuz).

Der schnellste Abstieg führt vom westlichen Vorgipfel (Wegteilung) der Markierung 201 folgend zwischen felsdurchsetztem Steilrasen und Latschen nach Süden. Auf etwa 1680 m Höhe quert man nach links, steigt auf brüchigen Schrofen ab und wandert dann zwischen Felsblöcken, Latschen und Fichten zur Traunwandalm (1338 m) hinab. Zuletzt geht es über die Almwiese und im Wald neben dem Traunwaldbach nach Rußbach (813 m) hinunter.

Abstiegsvariante: Vom Gamsfeld-Vorgipfel kann man auch rechts auf dem Steig Nr. 822 durch einen felsig eingefaßten Kessel zur Angerkaralm (1423 m) und auf der Schotterstraße zur Rinnbergalm (1249 m) hinabwandern. Dort muß man sich zwischen der Talroute Richtung Rußbach (Nr. 203) und dem Übergang rund um den Moosbergriedel zur Postalm entscheiden (siehe auch Tour 7).

Nützliche Informationen

Anfahrt: Mit dem Bus (Linie 2570) ab Bad Ischl bzw. Bahnhof Steeg-Gosau bei Bad Goisern. Rückfahrt von Rußbach bzw. von der Postalm per Bus.

Höhendifferenzen: Gosau – Goiserer Hütte 870 m, Übergang zum Gamsfeld ca. 800 m, Abstieg 1200 m.

Gehzeiten: Zur Goiserer Hütte 3 Std., auf das Gamsfeld 4 Std., Abstieg nach Rußbach 2½ Std. (zur Postalm 3 – 4 Std.).

Einkehr- und Übernachtungsmöglichkeiten: Iglmoosalm (Jausenstation, von 1. 6. bis 15. 10. geöffnet); Goiserer Hütte siehe Tour 25; Angerkaralm (von Mitte Juni bis Mitte September bewirtschaftet).

Karte: Freytag & Berndt WK 281 oder WFK 392-1.

Information: Tourismusverband A-4824 Gosau, Tel. 06136/8295.

27 Großer Donnerkogel, 2054 m

Gipfelschau vom Gosaukamm

Tourencharakter: Anspruchsvolle und landschaftlich sehr eindrucksvolle Ein- oder Zwei-Tage-Tour im Nordbereich des schroffen Gosaukammes, die mit Seilbahnhilfe verkürzt oder mit zusätzlichen Gipfelbesteigungen verlängert werden kann.
Wegbeschaffenheit: Im unteren Bereich steile und steinige, aber problemlose Wald- und Almsteige. Der Gipfelsteig ist stellenweise felsig und ausgesetzt, er setzt Trittsicherheit und Schwindelfreiheit voraus. Nicht bei Nässe oder Schneelage gehen! Die Varianten auf den Angerstein und den Mandlkogel sind etwas schwieriger als der Donnerkogel und weisen kurze Kletterstellen bis I+ auf (eventuell Seilsicherung im Gipfelbereich).
Beste Jahreszeit: Frühsommer bis Spätherbst.
Gehzeit: 6 – 7 Std. (mit den Gipfelvarianten über der Stuhlalm bis zu 10 Std. mehr).

Der Gosaukamm, »dem Herrgott sein Klettergarten«, wie er von den alten Bergsteigern genannt worden ist, beherrscht die Szenerie des freundlichen Gosautals unangefochten. Fast 10 km lang, von der grünen Zwieselalm bis zur zweizackigen Bischofsmütze (2459 m), reiht sich hier ein schroffer Felsturm an den nächsten, und zwischen zerschründeten Wänden und irrwitzigen Zacken quellen Unmengen von Schutt hervor. Diese bizarre Märchenlandschaft hat fast 200 Millionen Jahre auf dem Buckel: Sie wurde als Korallenriff am Rand einer flachen und warmen Meereslagune geboren, und dahinter lagerten Milliarden und Abermilliarden von Wasserbewohnern ihre sterblichen Kalk-Überreste ab. Ein langwieriger Prozeß: Rund 25 000 Jahre dauerte es, bis sich auf dem Meeresboden eine Kalkschicht bildete, die heute etwa vier Meter dick ist. Das Wasser verschwand, schwappte aber vor 140 Millionen Jahren wieder zurück und brachte das submarine Leben und Sterben neuerlich in Gang. Aufgrund der vielen Versteinerungen, die hier zu finden sind, benannten die Geologen diese Epoche der Erdgeschichte nach dem Dorf Gosau.
Die Kletterer hat der Gosaukamm stets fasziniert, die »Nur-Wanderer« hält er sich jedoch mit schroffen Plattenpanzern und messerscharfen Gratschneiden sehr nachdrücklich vom Leib. Ohne besondere Kletterkünste ist nur der nördlichste Klotz des Kammes zu erklimmen: der Große Donnerkogel. Auch wenn die Seilbahn gleich

zu Beginn der Tour Schweißtropfen ersparen würde, lohnt sich das beschauliche Hinaufflanieren zur Zwieselalm, die ein bezauberndes Komplett-Panorama der gletschergeschmückten Dachstein-Westseite samt Tiefblick zum Vorderen Gosausee bietet. Nach 500 weiteren Höhenmetern, ein paar Felsklippen und dem 1957 abgebrannten »Latschenfriedhof« auf der kirchdachsteilen Gipfelwiese vergrößert sich das Panorama auf 360 Grad und schließt auch das halbe Salzburger Land und den Flugzeugblick auf die Lammertaler Bergbauernhöfe mit ein.

Der Wegverlauf

Auf den Großen Donnerkogel: Von der Talstation der Gosaukamm-Seilbahn zum Gasthof am Vorderen Gosausee (937 m), über die Staumauer und auf den Steig Nr. 620 in Kehren durch Wiesen und Wald zur Steinriese (Schutthalde, 1230 m). Rechts zur Krautgartenalm (1260 m) abzweigen und auf das Lärchkögerl am Fuß des Donnerkogels hinauf. Rechts durch den Schutt unter dem Donnerkogelgraben vorbei und in wechselnder Steigung zur Abzweigung nahe der Seilbahn-Bergstation. Durch schütteren Lärchenbestand kommt man zur nahen Gablonzer Hütte (1522 m). Nun auf dem Steig 601 A durch den Anhang des Törlecks (Sender) in den Oberen Törlecksattel (1594 m) am Fuß des Kleinen Donnerkogels hinauf. Durch eine Mulde in den Unteren Törlecksattel (1575 m), wo man nach links abzweigt. Der steile und teilweise ausgesetzte Gipfelsteig Nr. 628 zieht zu einer Felsnase hinauf, quert ein Karrenfeld und den grasigen Westhang bis zu einer grünen Schulter und windet sich schließlich nach links zum Kreuz auf dem Großen Donnerkogel (2054 m) hinauf.

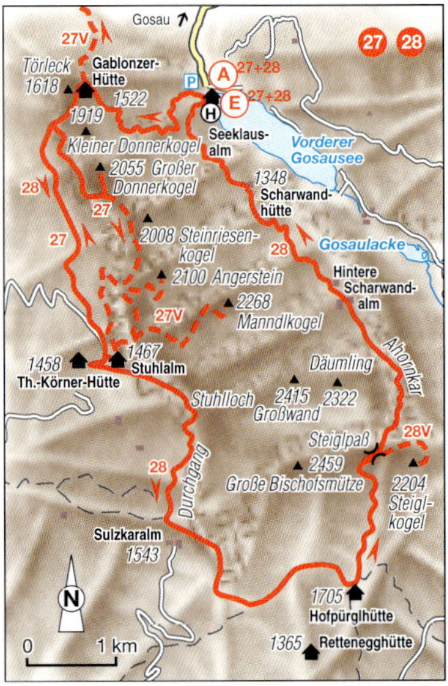

Die Gablonzer Hütte, ein vielbesuchtes Ausflugsziel über dem Gosautal.

Der Abstieg erfolgt auf der gleichen Route.
Abstiegsvariante über den Steinriesenkogel zur Stuhlalm: Auf dem Hengstfeld unterhalb des Donnerkogel-Gipfels zweigt rechts der stellenweise ausgesetzte und stahlseilgesicherte Steig Nr. 631 ab, der über die Gaißriesenscharte auf den Steinriesenkogel (2008 m) führt. Über den felsigen Grat und durch die Gipfelflanke des Strichkogels (2034 m, stellenweise I) gelangt man zur Kleinen Weitscharte, von der man über steiles Rasen- und Schrofengelände ins Tiefenkar und über einen Waldrücken zur Stuhlalm (1467 m) absteigt.

Stuhlalm – Angerstein: Vom Rücken oberhalb der Stuhlalm (Hochmoor Mooseben) auf dem markierten Angerstein-Steig durch die Latschen zum Fuß der teilweise überhängenden Wand hinauf und über den Schuttauslauf der Weitschartenrinne. Flach abwärts queren und dann rechts über steile Schrofen und einen Rasenhang zur Großen Weitscharte (1939 m) aufwärts. Rechts auf eine grasige Rampe, nach links und durch eine steile Felsrinne auf den Südgipfel (2081 m). Über eine 15 m hohe, ausgesetzte Wand in die nördlich vorgelagerte Scharte und links der Gratschneide über Felsstufen zum Kreuz auf dem Hauptgipfel (2100 m; Stellen I+).
Der Abstieg erfolgt auf der gleichen Route.

Nützliche Informationen

Ausgangspunkt: Vorderer Gosausee.
Anfahrt: Wie bei Tour 26, ab Gosau Busverbindung zum Gosausee (Linie 2570).
Seilbahn-Betriebszeit: Von Mitte Mai bis Ende Oktober täglich von 8.15 bis 16.50 Uhr (in der Hochsaison bis 17.20 Uhr), Tel. 06136/8856.
Höhendifferenz: 1180 m.
Gehzeiten: Vorderer Gosausee – Gablonzer Hütte 2 Std., auf den Donnerkogel 2 Std., direkter Abstieg 2½ Std., über den Steinriesenkogel zur Stuhlalm 1½ Std. (Stuhlalm – Angerstein oder Manndlkogel jeweils 2½ Std.); Stuhlalm – Gablonzer Hütte 1½ Std. (Gablonzer Hütte – Gosau 3 Std.).
Einkehr- und Übernachtungsmöglichkeiten: Gablonzer Hütte (DAV, 30 Betten, 42 Lager, von Pfingsten bis Mitte Oktober bewirtschaftet, Tel. 06136/8465); Zwieselalm (17 Betten, 28 Lager, von Mitte Juni bis Anfang Oktober bewirtschaftet); Breininghütte (während der Seilbahnbetriebszeit geöffnet); Stuhlalm (50 Lager, von 15. 5. bis 31.10. bewirtschaftet); Theodor Körner Hütte (ÖAV, 6 Betten, 30 Lager, von Mitte Juni bis Anfang Oktober bewirtschaftet, Tel. 0663/9163750).
Karte: Freytag & Berndt, WK 281, AV-Karte Nr. 14 a.
Information: Siehe Tour 26.

Stuhlalm – Mittlerer Manndlkogel: Von der Mooseben bei der Stuhlalm erst auf dem Angersteinweg, auf 1650 m Höhe jedoch nach rechts und durch den Auslauf der Angersteinrinne (Schneegrube). Am Fuß des Glatscherofenkogels empor, links um eine plattige Kante (Eisenstift) herum und durch die schutterfüllte Gamsfeldklamm gegen die Saurückenscharte (2161 m) hinauf. Rechts über Schrofen und Karrenplatten auf den Gamsfeldrücken, dann über einen steilen Gras- bzw. Schrofenhang (I+) und ein Schartl auf den Gipfel (2268 m).
Der Abstieg erfolgt auf der gleichen Route.
Von der Stuhlalm zurück auf dem Weg Nr. 601 A , der durch Wald und über felsige Grashänge zum Törlecksattel ansteigt und über die Gablonzer Hütte wieder zum Ausgangspunkt führt.
Variante für den Rückweg: Wer mit dem Bus unterwegs ist, kann von der Gablonzer Hütte auch auf dem historischen und bequem angelegten »Herrenweg« (Nr. 601 A) nach Gosau-Vordertal (736 m) hinunterwandern.

28 Rund um den Gosaukamm

Die »Salzburger Dolomiten« in allen Facetten

Tourencharakter: 1½ – 2-Tage-Tour. Zu Recht sehr beliebte und äußerst abwechslungsreiche Gebirgsumrundung, die wunderbare Landschaftseindrücke vermittelt.
Wegbeschaffenheit: Die Steige sind gut angelegt, aber stellenweise felsig. Im Bereich des Durchgangs ist der Steig gesichert. Anspruchsvoller sind der stellenweise ausgesetzte und gesicherte Steig zum Steiglpaß und die unmarkierte, an einer Stelle ebenfalls gesicherte Routenvariante auf den Steiglkogel – in beiden Fällen sind Trittsicherheit und Schwindelfreiheit notwendig.
Beste Jahreszeit: Frühsommer bis Spätherbst.
Gehzeit: 8 – 10 Std.

Dolomitenhof« – so steht es groß und deutlich auf dem Hotel bei Annaberg im Lammertal. Was jedem Schüler einen glatten »Fleck« (eine schlechte Note) in Geographie einbringen würde, das dürfen die Tourismusgewaltigen ganz ungestraft tun – aber es war offenbar zu verlockend, die werbewirksame *trade mark* »Dolomiten« aus dem Land der Drei Zinnen hierher zu transferieren und auch die Zinnen des Gosaukammes damit zu schmücken. Da waren halt unsere Vorfahren weitaus profaner: Für die Tennengauer Bauern war das wenig profitable Geschröf oberhalb der Stuhlalm einfach das »Stuhlgebirge«.
Die Umrundung des Gosaukammes hat sich zu einem »Klassiker« unter den alpinen Höhenwegen entwickelt. Kein Wunder, denn auf dieser Strecke wird es niemals langweilig: Man wandert nicht nur durch romantisches Wald- und Almgelände, sondern genießt dazwischen auch den Kitzel felsiger Passagen; Sanftes und Schroffes sind oft nur einen Steinwurf voneinander entfernt. Da schmiegt sich die sonnseitig gelegene Stuhlalm unter den kantigen Klotz des Angersteins und die schroffen Zacken der Manndlkogeln, da blickt man vor der hotelartig ausgebauten Hofpürglhütte über die Tauern bis zum Torstein, da flaniert man durch die duftigen dunklen Wälder um die Scharwandalm, über denen sich vom Däumling bis zum Donnerkogel ein gottgeschaffener Wolkenkratzer nach dem anderen in den Himmel schiebt... Der schönste Platz ist vielleicht der auf dem Steiglpaß, wo man der markant geformten Bischofsmütze

schon recht nahe kommt. Seit 1993 ist der höchste Berg des Gosaukammes um große Teile seiner Süd- und Ostwand ärmer – die gelbe Abbruchfläche, die an diesen Jahrhundert-Bergsturz erinnert, schickt seither immer wieder Steinschlagsalven nach.
Leider sterben im Gebiet des Gosaukamm nicht nur Berge, sondern, wie zahlreiche Gedenksteine und die Gedenkstätte auf der Scharwandalm dokumentieren, auch immer wieder Menschen: Das prominenteste Alpinopfer war wohl Dr. Paul Preuß, der als kompromißloser Freikletterer in wenigen Jahren mehr als 1200 Gipfel auf schwierigsten Routen erreicht hat: Im Oktober des Jahres 1913 – als Siebenundzwanzigjähriger – lag er tot am Fuß der Manndlkogelkante.

Der Wegverlauf

(Tourenskizze S. 114)

Über die Stuhlalm zur Hofpürglhütte: Wie bei Tour 27 zur nahen Gablonzer Hütte (1522 m) und zur Wegteilung im Unteren Törlecksattel (1575 m). Auf dem rechts abwärts führenden Austriaweg durch felsdurchsetzte Grashänge und ein Waldstück zur Stuhlalm (1467 m). Die nahe Theodor-Körner-Hütte (1458 m) ist ein wenig im Wald versteckt. Über den Grasrücken oberhalb der Alm (Mooseben) ins latschenbewachsene Grubach (den Auslauf des Stuhllochs) hinüber und weiter durch eine schmale, mit Holzstufen und Stahlseil gangbar gemachte Schlucht (»Durchgang«) ins Jöchl (1601 m) hinauf. Nun fast eben unter den felsigen Ausläufern der Bischofsmütze entlang (Stahlseile) zum Mahdalmriegel (1633 m), dort nach links und durch die weiten Gras- und Schutthänge oberhalb der Sulzkar- und der Retteneggalm zur bereits weithin sichtbaren Hofpürglhütte (1705 m).

Über den Steiglpaß zurück: Von der Hofpürglhütte auf dem Linzer Weg (Nr. 612 bzw. 601) in den gewaltigen Schuttkessel unter der Bischofsmütze. Hier links abzweigen, durch den aufsteilenden Hang zum Wandfuß und über ausgesetzte, teilweise mit Stahlseilen gesicherte Felsbänder auf den Steiglpaß (2015 m).

GIPFELABSTECHER: Vom Steiglpaß ostwärts auf unmarkierten Steigspuren in die Scharte nördlich des Steiglkogels, dahinter mit Hilfe von Stahlseilen in eine felsige Steilrinne, die auf den Wiesenkamm und zum nahen Gipfel (2204 m) leitet.

Rund um den Gosaukamm: Über dem »Durchgang« erheben sich die Manndlkögel.

Auf der Nordseite führt der Steiglweg durch gestuftes Karstgelände in das felsige Hochtal zwischen der Großwand (mit dem vorgelagerten Däumling) und der Kopfwand hinab. Durch die Eisgrube ins latschenbewachsene Ahornkar und – unter dem Weitgries vorbei – zur Hinteren Scharwandalm (Gedenkstätte in der Nähe des Weges). Über einen steileren Waldhang gelangen wir zu einer Jagdhütte aus dem Jahre 1885 und durch den Auslauf der schutterfüllten Gamsriese zur unterhalb gelegenen Scharwandhütte (1348 m). Auf der geneigten Waldrampe über der Vorderen Scharwand abwärts, bei der folgenden Wegteilung nach rechts und durch das Schuttfeld unterhalb des Strichkogels zur Seeklausalm am Vorderen Gosausee (937 m). Rechts über die Staumauer zum Gasthof und zur Talstation der Gosaukamm-Seilbahn.

Nützliche Informationen

Ausgangspunkt: Vorderer Gosausee.
Anfahrt: Wie bei Tour 27.
Seilbahn-Betriebszeit siehe Tour 27.
Höhendifferenzen: 700 m Aufstieg und 1100 m Abstieg.
Gehzeiten: Gablonzer Hütte – Stuhlalm 1¾ Std., zur Hofpürglhütte 2 Std., über den Steiglpaß zum Gosausee 4 Std.
Einkehr- und Übernachtungsmöglichkeiten: Gablonzer Hütte, Stuhlalm, Theodor-Körner-Hütte (siehe Tour 27); Hofpürglhütte (ÖAV, 40 Betten, 100 Lager, von Pfingsten bis Mitte Oktober bewirtschaftet, Tel. 06453/304);
Karte: Freytag & Berndt WK 282; AV-Karte 14 oder 14 a.
Information: Siehe Tour 26.

29 Von den Gosauseen nach Hallstatt

Der Dachstein, wie ihn keiner kennt

Tourencharakter: Sehr lange Tagestour durch die einsame Gebirgslandschaft im Norden des Dachsteinmassivs.
Wegbeschaffenheit: Nach dem breiten Promenadenweg zum Hinteren Gosausee folgt ein steiler und steiniger, bei trockenen Verhältnissen aber problemloser Steig und eine zuletzt sogar asphaltierte Forststraße. Wer schwindelfrei ist, kann aber auch auf den aus dem Fels gehauenen und gesicherten Stufen des Gangsteiges ins Echerntal absteigen.
Beste Jahreszeit: Frühsommer bis Spätherbst.
Gehzeit: 9 – 10 Std.

Mehr als 60 Prozent der Gosauer Gemeindefläche sind vom Wald bedeckt. Die ersten Bauern, die sich im Mittelalter hier ansiedelten, konnten das Holz noch alleine nutzen. Doch dann kamen die Habsburger, und die betrachteten es – genauso wie das Salz – als staatliches Eigentum: Schon im 16. Jahrhundert verbrauchte man zum Salzsieden jährlich 42700 Raummeter des »grünen Goldes«, von denen 41000 aus der Gosau kamen. Um nur ja kein Fleckchen Wald zu vergeuden, verhinderte die Wiener Hofkammer die Almwirtschaft, wo es nur ging. Not macht erfinderisch, und so spezialisierten sich manche Gosauer eben auf die Herstellung von Schleifsteinen, auf das Schleifen von Versteinerungen und sogar auf die Verarbeitung der Kreide am Hinteren Gosausee. Überleben konnten sie trotzdem nur mit ihren hochgelegenen »Betriebsfilialen«: Noch im Jahre 1794 bestanden rund um das Gosautal 44 Almen mit 185 Gebäuden – nur ganz wenige davon konnten sich in die Gegenwart herüberretten.

Auf dem langen Verbindungsweg vom Hinteren Gosausee nach Hallstatt ist vom geschäftigen Treiben alter Zeiten kaum etwas übriggeblieben: Klösterliche Stille liegt über den latschengrünen und kalkgrauen Felshöckern, die so seltsame Namen wie »Wolkenfahrt« oder »Bärwurzkogel« tragen. Wer dieser Route folgt, wird keine spektakulären Gipfelziele erobern, dafür aber ein sehr exklusives Stück Dachsteingebirge entdecken. Und, ohne es zu ahnen, dem unterirdischen Weg des Wassers folgen: Das kühle Naß, das mit romantischem Pathos aus der Riesenquelle des Waldbach-Ursprungs hervordrängt und bald darauf in die wilde Schlucht des Waldbachstrubs stürzt, versickert hoch oben als Schmelzwasser des Hallstätter Gletschers. Ein Teil davon stammt jedoch – unglaublich, aber mittels eingeschleuster Pollen und fluoreszierender Farbstoffe nachgewiesen – direkt aus dem Hinteren Gosausee, der seinen vom Gletscherschluff getrübten Spiegel je nach Jahreszeit hebt oder senkt. Noch toller treiben es die Gosaulacke und der Launig-Wasserfall, die nach dem unergründlichen Ratschluß der Karsthydrologie überhaupt nur zeitweise »in Betrieb« sind. Und selbst der Vordere Gosausee dokumentiert mit seinem staubigen Beckenrand unterschiedlich hohe Wasserstände – doch die diktiert hier mitunter die E-Wirtschaft.

Der Wegverlauf

(Tourenskizze S. 124)

Auf den Bärwurzanger: Vom Gasthof (937 m) am Vorderen Gosausee über die Staumauer zur Seeklausalm und auf dem romantischen Weg das Südwestufer des Sees entlang. Weiter zur Niederen Holzmeisteralm (976 m) und zur Gosaulacke. Unterhalb des Launig-Wasserfalls steigt der breite Forstweg zum Luegbichl an. Durch einen Waldgraben zum Hinteren Gosausee. Bei der Wegteilung am Südufer links zur Hinteren Gosauseealm (1164 m). Nun auf dem Steig Nr. 613 östlich um den See herum zu einem Steinwall, der schräg nach rechts zu einem Felsblock hinaufzieht. Nicht weit davon entfernt geht es scharf nach rechts in den Hinteren-Gosausee-Wald hinauf (Quelle am Weg). Nach der kleinen Wiese der ehemaligen Kogelgassenalm (1500 m) über einen Schutthang in die Rinne der Kogelgasse. Unter überhängenden Felsen zu einem Sattel (1698 m), bei dem der Steig Nr. 652 zur Adamekhütte abzweigt. Links in die Mulde »Beim Kreuz« (den obersten Bereich der Naßtalalm) hinab, gleich darauf wieder nach rechts und durch das ebenfalls von Felsen gesäumte Langtal zwischen

Kulisse für den Vorderen Gosausee: Hohes Kreuz, Niederer und Hoher Dachstein, Schneebergwand, Torstein und Hochkesselkopf.

dem Anger- und dem Bärwurzkogel zur breiten Senke des Bärwurzangers (1877 m) hinauf.

Durch das Radltal nach Hallstatt: Jenseits geht es – vorbei an einigen Dolinen – über Karrenfelsen durch einen engen Graben in eine Mulde und rechts durch den Waldhang zum Kessel der einstigen Radltalalm (1570 m, Jagdhütte) hinab. Weiter durch das enge Radltal und eine felsige Klamm (»Bärenenge«), dann durch den stetig abfallenden Dürrenbachwald unterhalb der Langwand zur Jagdhütte auf der Landneralm (1153 m). Kurz auf der Forststraße an einer Schottergrube vorbei, dann rechts auf dem gut angelegten Weg bergab zur Riesenquelle des Waldbach-Ursprungs. Ein Stück weiter unten quert man eine weitere Forststraße und erreicht den Weg Nr. 601 von Hallstatt zur Simonyhütte. Auf diesem nach links, die Straßenkehre bei der Klausalm abkürzend, zur Straßenkreuzung über dem Waldbachstrub (790 m). Rechts auf der asphaltierten Forststraße durch einen Tunnel und am Gletschergarten vorbei ins Echerntal hinunter und in den Hallstätter Ortsteil Lahn (527 m) hinaus.

Variante über den Gangsteig: Bei der Straßenkreuzung oberhalb des Waldbachstrubs links über die Brücke (beeindruckender Tiefblick!) und auf der sanft ansteigenden Straße ein Stück Richtung Salzberg. Dann rechts abzweigen und auf dem gut gesicherten »Gangsteig« (Felsstufen) durch die Felswand ins Echerntal hinunter. Nach einem kurzen Abstecher zu den Wasserfällen des Waldbachstrubs wandern wir auf dem breiten Echerntalweg, über die Binderwiese unter dem Schleierwasserfall vorbei und auf der Straße nach Hallstatt-Lahn (527 m) hinaus. Vom Busterminal beim Tunnel-Südportal gelangt man auf der Seestraße ins Ortszentrum von Hallstatt.

Nützliche Informationen

Ausgangspunkt: Vorderer Gosausee.
Anfahrt: Siehe Tour 27, **Rückfahrt** von Hallstatt per Bus (Linie 2572 bis Gosaumühle, Linie 2570 nach Gosau).
Höhendifferenzen: 950 m Aufstieg, 1350 m Abstieg.
Gehzeiten: Vorderer Gosausee – Hinterer Gosausee 1½ – 2 Std., nach Hallstatt 7 Std.
Einkehr- und Übernachtungsmöglichkeit: Hintere Gosauseealm (von Mai bis September geöffnet, Lager auf Anfrage, Tel. 06136/8262).
Karte: Freytag & Berndt WK 282; AV-Karte Nr. 14.
Information: Siehe Tour 26.

30 Zum Gosaugletscher

Audienz beim verhinderten Dreitausender

Tourencharakter: Hochalpine Zwei-Tage-Tour, Hüttenwanderung auf der landschaftlich beeindruckenden Westseite des Hohen Dachsteins.
Wegbeschaffenheit: Der Steig zur Adamekhütte ist gut angelegt und nicht schwierig, führt aber durch steiles und felsiges Gelände.
Beste Jahreszeit: Sommer und Herbst.
Gehzeit: 8 – 9 Std.

In der »guten alten Zeit« der Bergsteigerei boten die Schutzhäuser nur recht mäßigen Komfort: So besaß z.B. die 1879 eröffnete Grobgesteinhütte am Weg zum Gosaugletscher gerade drei, roh aufgemauerte Wände, die sich an einen riesigen Felsblock schmiegten. Alle Viere brauchte man damals noch zum Hinaufsteigen – der heutige »Reitweg« entstand erst zwischen 1902 und 1905, anläßlich der Erbauung der größeren und höher gelegenen Adamekhütte. Die 13000 Meter lange, sorgfältig mit Steinen aufgeschichtete Trasse erleichterte die Alpenvereinskassa um stolze 13500 Kronen.
So ist der Weg zur Adamekhütte heute trotz seiner Länge vergleichsweise ein Spaziergang – ganz zu schweigen vom Komfort, den das gemütlich ausgestattete und mehrfach erweiterte Haus bietet.
Gleich dahinter wölbt sich der Große Gosaugletscher, der sich im Wechsel des Wetters in blütenweißer Pulverschneepracht oder als Blankeis mit grauen »Jahresringen« zeigt. Obwohl ihn das wärmer gewordene Klima seit seinem Höchststand um 1850 schon ziemlich auf Diät gesetzt hat (man betrachte nur die tief unten aufgeschütteten Moränenwälle), sind seine Spalten immer noch gefährlich. Darüber präsentiert sich der Hohe Dachstein, der zweithöchste Gipfel der Nördlichen Kalkalpen, mit seiner breit geschichteten Westflanke. Über seine genaue Seehöhe gab es immer schon unterschiedliche Auffassungen: 2993 Meter mißt er laut Alpenvereinskarte, während ihn ältere Publikationen auf 3004 Meter erhoben. Das österreichische Bundesamt für Eich- und Vermessungswesen nimmt es ganz genau: Die Oberfläche des Kataster-Triangulierungssteins auf dem Gipfel liegt 2995,01 Meter über der Adria in Triest, während das 1,1 Meter davon entfernte und 5,49 Meter hohe Stahlkreuz auf

2994,54 Meter Seehöhe verankert ist und mit seiner Oberkante drei Zentimeter über der Dreitausendmetermarke liegt – derzeit, denn wenn die Höhen EU-konform vom Amsterdamer Pegel aus berechnet werden, kann sich das alles um ein paar Dezimeter ändern. Der Zuckerhut westlich des Dachsteins heißt Mitterspitz (2925 m), während sich der Torstein (2948 m), die Nummer zwei im Dachsteingebirge, hinter der Hohen Schneebergwand verbirgt. Ihr gegenüber wird die Gletscherarena vom Niederen Dachstein (2934 m), vom Hohen Kreuz (2837 m) und von der schroffen Schreiberwand begrenzt. Schier grenzenlos ist das Panorama dagegen, wenn man sich umdreht: Da stehen der Hochkönig mit der Übergossenen Alm und der vielgezackte Gosaukamm. Stundenlang könnte man hier sitzen und hinüberträumen, bis die Sonne hinter dem gezackten Scherenschnitt nach anderen Weltteilen Ausschau hält.

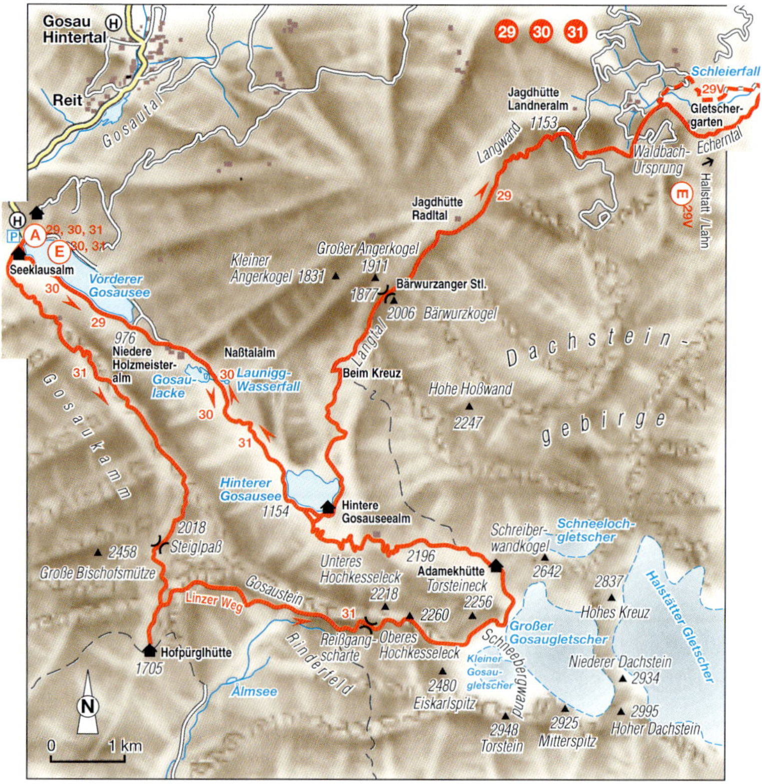

Die Adamekhütte ist erreicht, und zum Abendessen gibt's mitunter solche Stimmungen: Der Gosaukamm, im Wolkenmeer »schwimmend«.

Der Wegverlauf

Entlang den Gosauseen zur Adamekhütte: Wie bei Tour 29 vom Vorderen zum Hinteren Gosausee (1154 m). Bei der Wegteilung am Südufer rechts auf dem Steig Nr. 614 Richtung Adamekhütte auf den Niederen Bärenstaffel hinauf. Neben einem Graben gelangt man zu einer Steilstufe, die der Weg in zahlreichen Serpentinen überwindet. An der Ruine der Grobgesteinhütte (1638 m) vorbei und über einen Latschenhang auf den »Hohen Riedl« (1936 m), wo sich der Steig teilt. Wir wandern geradeaus durch das Karstgelände auf die Schreiberwand zu und steigen in einigen Kehren zur Adamekhütte (2196 m) hinauf. Von hier aus erreicht man die Zunge des Großen Gosaugletschers auf einem kurzen Moränensteig.
Der Abstieg erfolgt auf der gleichen Route.

Nützliche Informationen

Ausgangspunkt: Vorderer Gosausee.
Anfahrt: Siehe Tour 27.
Höhendifferenz: 1370 m.
Gehzeiten: Vorderer Gosausee – Hinterer Gosausee 1½ – 2 Std., zur Adamekhütte 3½ Std., Abstieg zum Vorderen Gosausee 3 – 3½ Std.
Einkehr- und Übernachtungsmöglichkeiten: Gasthof am Vorderen Gosausee; Hintere Gosauseealm siehe Tour 29; Adamekhütte (ÖAV, 27 Betten, 68 Lager, von Anfang Juni bis Ende September bewirtschaftet, Tel. 06136/8567).
Karte: Freytag & Berndt WK 282; AV-Karte 14.
Information: Siehe Tour 26.

31 Der Linzer Weg

Gletscherschau'n über den Gosauseen

Tourencharakter: Hochalpine und landschaftlich grandiose Drei-Tage-Tour, bei der man den Hohen Dachstein oder den Mitterspitz (Tour 37) mit einem zusätzlichen Tag »anhängen« kann.
Wegbeschaffenheit: Der Begriff »Linzer Weg« ist irreführend: Der stellenweise ausgesetzte und gesicherte Steig erfordert Trittsicherheit und Schwindelfreiheit; auf 2000 bis 2200 Meter Seehöhe liegt er oft unter Schnee. Bei Nebel und Vereisung wird die Tour gefährlich – aber auch wegen hartem Altschnee (vor allem beim Abstieg vom Oberen Hochkesseleck) kann die Umkehr angeraten sein.
Beste Jahreszeit: Sommer und Herbst.
Gehzeit: 12 – 13 Std.

Berühmt und tausendfach auf Ansichtskarten vervielfältigt ist das Bild des Dachsteins über dem Vorderen Gosausee. Wer die vergletscherte Felsfestung über dem Wasserspiegel genauer betrachtet, stellt jedoch fest, daß der höchste Salzkammergut-Gipfel in diesem Panorama eigentlich nur eine Nebenrolle spielt. Im Mittelpunkt steht der 2948 Meter hohe Torstein, der mächtigste Gipfelstock des Dachsteinmassivs – jener Berg, der jahrhundertelang als der höchste im »Ewigen Schneegebirg« galt. In der Chronik der alpinen Erschließung steht er in der ersten Zeile vermerkt: Bereits im Jahre 1819 – 13 Jahre vor der ersten Dachstein-Begehung – stand der Jäger Jakob Buchensteiner vulgo Schladminger Jakl auf seiner Spitze. Flankiert wird der Torstein von der achtgipfeligen Schneebergwand und dem klotzigen Hochkesseleck – beide sind als schöne Klettereviere bekannt. Unter den Nordwestabstürzen des Torsteins wölbt sich der Kleine Gosaugletscher auf, und im Bereich der Windlegerscharte bestehen noch zwei weitere Mini-Eisfelder.
Mit solider Alpinerfahrung und bei guten Wetterverhältnissen können Sie diese hochalpine Landschaft sogar durchschreiten. Der »Linzer Weg« – kein Spazierpfad, sondern ein langer, stellenweise mit Eisenstiften und Stahlseilen gesicherter Steig – beginnt sinnigerweise in der Reißgangschlucht über dem Filzmooser Almland. »Reisgang« hat man hierzulande, wenn die Knie weich werden; der Name kommt aber vom mittelhochdeutschen »reiz« = Riß, Lücke. Die

Route führt dann zwischen faltigen Felswänden, Schuttmulden und glatten Gletscherschliff-Platten auf und ab, bis die langgezogene Felsklippe des Torsteinecks einen Durchschlupf zum Großen Gosaugletscher freigibt. Die aufregendste Überraschung ist aber der 2480 Meter hohe Eiskarlspitz: Gleich nach der Überschreitung des Oberen Hochkesselecks pfeift er wie eine schlanke Felsrakete aus dem Schuttboden, und erst im Vorbeigehen entpuppt er sich als mehrgipfeliger Felskamm, der mit seiner Breitseite zur Windlegerscharte aufschließt. Dahinter fußt schließlich die beeindruckendste Felsschneide des Torsteins: der mehr als 1000 Meter hohe und wild zerschartete Windlegergrat. Es ist also eine Welt der Superlative und der großen Gebirgsszenerien hier heroben – eine fremdartig schöne Welt, die man von der Gasthausterrasse am Gosausee zwar betrachten, aber niemals erfühlen kann.

Der Wegverlauf

(Tourenskizze S. 124)

Zur Hofpürglhütte: Vom Gasthof am Vorderen Gosausee (937 m) wie bei Tour 28, aber in umgekehrter Richtung, auf dem stellenweise gesicherten Steig Nr. 612 über den Steiglpaß (2018 m) zur Hofpürglhütte (1705 m).
Über den Reißgangsattel zur Adamekhütte: Aus dem Schuttkessel unterhalb der Bischofsmütze führt der Linzer Weg (Nr. 601) am Fuß des zerklüfteten Gosausteins nach Osten auf den Torstein zu. Bei der Wegteilung auf dem Rinderfeld (1720 m) zweigt man links in die schroffe Reißgangschlucht ab und steigt mit Stahlseil-Hilfe durch die rechte, gestufte Felsflanke zum Reißgangsattel (1952 m) hinauf. Weiter rechtshaltend in Kehren aufwärts, links um eine Kante herum (Stahlseil) und über Platten in die weite Scharte zwischen Reißgangkogel und Hochkesseleck. Bald darauf geht es nach links auf ein luftiges Band (Stahlseil), das durch eine Felswand auf das Niedere Hochkesseleck führt. Kurz auf dem Grat weiter, dann auf dem teilweise aufgemauerten Steig durch eine Wandstufe, über gesicherte Platten und in Kehren auf das Hohe Hochkesseleck (2260 m) hinauf.
Jenseits schräg durch die Nordflanke des wuchtigen Hochkesselkopfes in das Kar unter dem Eiskarlspitz. Wir wandern nun ziemlich eben über Karrenfelder, Schneeflecken und Schutt zu einer Wandstufe, über die wir mit Hilfe von Eisenstiften und Stahlseilen absteigen. Durch das Kar weiter zur Abzweigung Richtung Windleger-

Eine Laune der Natur im Augustschnee: Der Eiskarlspitz über dem Linzer Weg.

scharte und etwas nach links unter dem Kleinen Gosaugletscher vorbei. Der Felsaufbau des Torsteinecks (2256 m) wird neben einem Überhang mittels Eisenstiften und Stahlseilen erklettert, dann wandert man durch das plattige Gelände um den Fuß der Hohen Schneebergwand herum und zum Moränenrücken unterhalb des Großen Gosaugletschers. Wir wenden uns links hinunter und gelangen über das steil abgeschliffene Gestein und den unwegsamen Schutt des Gletschervorfeldes zur bereits sichtbaren Adamekhütte (2196 m) hinüber.

Der Abstieg zu den Gosauseen erfolgt auf dem Hüttenweg Nr. 614 (siehe Tour 30).

Nützliche Informationen

Ausgangspunkt: Vorderer Gosausee.
Anfahrt: Siehe Tour 27.
Höhendifferenz: Insgesamt 1800 m.
Gehzeiten: Vorderer Gosausee – Hofpürglhütte 4 Std., Linzer Weg zur Adamekhütte 5½ Std., Abstieg 3 – 3½ Std.
Einkehr- und Übernachtungsmöglichkeiten: Hofpürglhütte siehe Tour 28; Hintere Gosauseealm siehe Tour 29; Adamekhütte siehe Tour 30.
Karte: Freytag & Berndt WK 281, AV-Karte Nr. 14.
Information: Siehe Tour 26.

32 Plassen, 1953 m

Der Hausberg der Hallstätter

Tourencharakter: Ausgefüllte Tagestour. Gute, aber stellenweise steinige und ausgesetzte Steige auf einen freistehenden und felsigen Aussichtsberg.
Wegbeschaffenheit: Im unteren Bereich verläuft die Route auf einem breiten Weg bzw. auf der Forststraße (die auf einem steilen Pfad abgekürzt werden kann). Der Gipfelsteig ist stellenweise ausgesetzt und weist eine kurze gesicherte Passage auf; er erfordert Trittsicherheit und Schwindelfreiheit. Die Variante auf die Steingrabenschneid ist nicht schwierig. Nicht bei Nässe oder Schneelage gehen.
Beste Jahreszeit: Frühsommer bis Spätherbst. Die Salzberg-Standseilbahn fährt vom 1. 5. bis 15. 10. Täglich von 9.30 Uhr bis 15 Uhr, vom 1. 5. bis 15. 9. bis 16.30 Uhr.
Gehzeit: 6 – 8 Std.

So sonderbar, wie Hallstatt gelegen ist, hatte ich bisher noch keinen Ort gesehen. Die Häuser schienen aufeinander zu sitzen, so wie sie an das schräge und schmale Ufer hingebaut sind, an welchem sie wie Schwalbennester kleben, und sich im grünen Email des Sees spiegeln.« So hat der Arzt und Reiseschriftsteller Franz Sartori den Salzort anno 1813 beschrieben, und genauso präsentiert sich Hallstatt, laut Alexander von Humboldt der schönste Seeort der Welt, noch heute. Hoch über dem Wasser steht die katholische Kirche mit ihrem gotischen Flügelaltar, dem viel zu kleinen Friedhof und dem Beinhaus, in dem die sterblichen Überreste der Hallstätter schließlich zur ewigen Ruhe kommen. Noch höher droben lehnen die behäbigen Mühlenhäuser am Steilhang, hart am Wasserfall und nur über unzählige Stufen zu erreichen.
Im Prähistorischen Museum blickt man einer Nachbildung des 1734 gefundenen (und gleich wieder beerdigten) »Mannes im Salz« ins strenge Auge – der alte Herr war zwei- oder dreitausend Jahre lang vom Salz konserviert worden. Im 19. Jahrhundert begann man schließlich mit der planmäßigen Freilegung des keltischen Gräberfeldes auf dem Hallstätter Salzberg. Die Funde waren so reichhaltig, daß die Historiker eine ganze Kulturperiode nach dem Bergwerksort im Salzkammergut benannten: die »Hallstattperiode« (etwa 900 bis 400 v. Chr.), der erste Ansatz einer europäischen Einheit. Das Salz,

das vor geologischen Urzeiten in fernen Meereslagunen verdunstet und im Zuge der Alpenauffaltung nach Norden verfrachtet worden ist, wird in Hallstatt schon seit mindestens 4500 Jahren aus dem Berg geholt, und ihm verdankt der Markt auch seinen Namen (der keltische Wortstamm »hal« bedeutet soviel wie Salz).
Salz steht auch jenen Menschen auf der Stirn, die schwitzend, aber freudig, auf den Plassen (oder Plassenstein) steigen. Der Kalkklotz steht wie ein isolierter Trabant des Dachsteinmassivs über dem »weißen Gold«, etwa halbwegs zwischen Hallstatt und Gosau. Obwohl er sich aus verwinkeltem Felsgewänd aufbaut und rundum reichlich Schutt rieseln läßt, ist seine Ersteigung für schwindelfreie Bergwanderer einfacher, als es von unten aus erscheint – und die Aussicht unter seinem Gipfelkreuz ist noch viel schöner, als man es angesichts seiner berühmteren Nachbarn erwarten würde.

Der Wegverlauf

Auf den Hallstätter Salzberg: Vom Busterminal im Hallstätter Ortsteil Lahn (511 m; Südportal des Straßentunnels) über die Straße, auf den Echerntalweg und zur Talstation der Salzberg-Standseilbahn. Auffahrt auf den Hallstätter Salzberg (855 m). Zu Fuß erreicht man den Salzberg auf dem bei der Talstation beginnenden Salzbergweg: Man wandert zunächst auf einer Straße oberhalb des Ortes aufwärts und steigt dann links auf einem serpentinenreichen Steig durch den

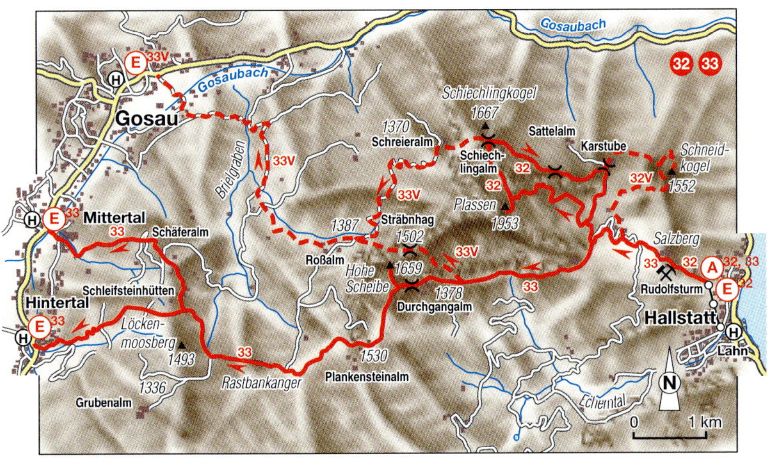

Herbst am Hallstätter See. Über dem Bergwerksort das Salzberg-Hochtal, der Plassen (links) und der Schneidkogel.

steilen Bannwald hinauf. Zum Salzbergweg gelangt man auch von der Schiffsanlegestelle in Hallstatt: Links an der evangelischen Kirche vorbei, über den Marktplatz zur Fleischhauerei Zauner und auf der Stiege zum Parkplatz 1 zwischen den Straßentunnels, davor jedoch nach links und an den Mühlenhäusern vorbei.

Auf den Plassen: Von der Bergstation der Hallstätter Salzberg-Standseilbahn (855 m) wandern wir auf dem breiten, aber steil ansteigenden Weg Nr. 640 zum Salzbergwerk hinauf. Weiter an Bergwerkshäusern vorbei zu einer Wiese, über die eine Forststraße verläuft. Auf dieser nach rechts und in steilen Kehren – vorbei an den oberen Stollenausgängen – zum Hohen Wasserstollen am Fuß des Plassen hinauf (es besteht auch ein steiler Abkürzungssteig). Nach der obersten Rechtskurve führt die Straße durch latschenbewachsenen Schutt; kurz danach zweigt man links auf einen schmalen Pfad ab. Durch steilen Wald gelangt man zu einer Felsstufe, die mit Hilfe eines Stahlseils überwunden wird. Nun zwischen Latschen, Rasen und Schutt in einen kleinen Sattel, dahinter quer durch den steilen Hang zu einer Höhle und rechts auf den Kamm hinauf. Links in eine Mulde und über den Schrofenkamm zum großen Gipfelkreuz auf dem Plassen (1953 m).

Beim Abstieg zweigen wir in der Einsenkung unterhalb des Gipfels links ab und folgen dem Steig Nr. 643, der auf dem grünen Nordwestkamm unter Felstürmen vorbeiführt und in Serpentinen durch Schrofen und Latschen in einen felsigen Graben hinabführt. Im bald erreichten Schiechlingsattel (1618 m) quert der Steig Nr. 645, auf dem wir nach rechts absteigen (links kommt man über die Schreieralm nach Gosau). Am latschenbewachsenen Rand der Schiechlingalm-Mulde unterhalb der Plassen-Nordabstürze gelangt man auf einen Waldkamm, der zum Sattel (1369 m) mit der Karstube hinun-

Nützliche Informationen

Ausgangspunkt: Hallstatt-Lahn.
Anfahrt: Mit der Salzkammergutbahn (Linie 17) bis zur Station Hallstatt. Per Boot zum Markt hinüber. Mit dem Auto von Norden kommend durch den Hallstätter Umfahrungstunnel nach Lahn (Parkplätze beim Busterminal und ein Stück weiter Richtung Obertraun).
Höhendifferenzen: Hallstatt – Salzberg 350 m; Salzberg – Plassen 1100 m. (Salzberg – Steingrabenschneid 700 m.)
Gehzeiten: Hallstatt-Lahn – Salzberg 1 Std., auf den Plassen 3½ – 4 Std., Abstieg 2½ Std, nach Hallstatt 45 Min. (Salzberg – Steingrabenschneid 2 Std.).
Einkehrmöglichkeiten: Restaurant Rudolfsturm und Gasthaus am Salzberg; eventuell Sattelalm (von Juni bis September Getränke erhältlich).
Karte: Freytag & Berndt WK 281.
Tip: Unbedingt Hallstatt und seine Sehenswürdigkeiten (vor allem die beiden Museen) besichtigen; Ausgrabungen bei Dachstein-sport Janu; Salzbergwerk (Führungen von 25. 5. bis 15. 9. täglich von 9.30 Uhr bis 16.30 Uhr); Badeplätze bei Lahn und an der Straße Richtung Obertraun. 1998 wurde Hallstatt mitsamt dem Dachsteingebirge von der UNESCO zum Weltkulturerbe erklärt.
Information: Fremdenverkehrsverband A-4830 Hallstatt, Tel. 06134/8208.

terführt. Hier nach rechts und auf der Forststraße bzw. dem Abkürzungssteig zum Salzberg hinunter. Wer nicht mit der Standseilbahn zurückfährt, kann ab dem Rudolfsturm auf dem Soleleitungsweg durch die eindrucksvolle Schlucht der »Höll« abwärts wandern und im Bannwald auf einem rechts abzweigenden Gaiswandsteig nach Hallstatt zurückkehren.

Variante auf die Steingrabenschneid (Schneidkogel): Im Bereich der ehemaligen »Gemauerten Stube« (1158 m) zweigt ein Weg mit der Markierung 642 rechts von der Forststraße ab. Er führt durch einen Waldkessel zu einem Schlag am Fuß der Steingrabenschneid hinauf. Nun links auf einem Steig in einen Sattel, dann rechts in Serpentinen durch den felsigen Hang auf den höchsten Punkt der Steingrabenschneid (Schneidkogel, 1552 m). Den Sattel unter dem Gipfelaufbau erreicht man auch auf einem unmarkierten Steig vom Sattel bei der Karstube durch das Karmoos.

33 Von Hallstatt nach Gosau

Almidyll und Schleifsteinbruch

Tourencharakter: Ausgefüllte Tagestour durch das ausgedehnte Wald- und Almgelände zwischen dem Plassen und dem Nordwestplateau des Dachsteins.
Wegbeschaffenheit: Die stellenweise steilen Wald- und Almsteige bieten bei trockenen Verhältnissen keine Schwierigkeiten. Im Bereich der Plankensteinalm kann die Orientierung bei Nebel schwierig werden.
Beste Jahreszeit: Frühsommer bis Spätherbst.
Gehzeit: 6 – 8 Std.

Über das flache Wald- und Almplateau im Nordwesten des Dachsteinmassivs führte einst ein vielbegangener Weg zum Arbeitsplatz: Im Hallstätter Salzbergwerk arbeiteten viele Knappen, die aus der Gosau stammten und die jede Woche zweimal über die Plankenstein- oder die Roßalm marschierten. Man muß aber noch viele Jahrhunderte zurückblenden, um auf die ersten Menschen in diesem Gebiet zu stoßen: Auf der Dammwiese im Süden des Plassen-Massivs, wo heute noch eine Solequelle entspringt, wurden prähistorische Funde geborgen; auch eine Betriebsstätte zur Quellsoleverdampfung aus der La-Tène-Periode (400 v. Chr. bis Christi Geburt) entdeckte man dort. Ursprünglich wurde das Salz nicht nur in Hallstatt, sondern auch in Gosau versotten, was im 13. Jahrhundert sogar zu einem blutigen »Salzkrieg« zwischen den Habsburgern und dem Salzburger Erzbischof führte. Viel Holz für die Befeuerungen der Salzpfannen kam aus den weiten Waldhängen über dem Echerntal und rund um die Plankensteinalm.
Ein seltsamer Wirtschaftszweig entwickelte sich im Berghang unter dem Löckenmoos: Die Produktion von Wetz- und Schleifsteinen, die man zum Schärfen der Sensen und zum Schleifen von Eisenwerkzeugen benötigte. Man nutzte dort den flach liegenden, besonders feinkörnigen und fossilfreien Sandstein, der sich vor rund 80 Millionen Jahren im kreidezeitlichen Gosaumeer abgelagert hat. Nachdem man jedes Frühjahr die schützende Mergelschicht weggeräumt hatte, zog man mit einem Zirkel Kreise in der gewünschten Größe der Schleifsteine; dann meißelte man die Scheiben mit dem Spitzhammer aus dem Fels. Schließlich transportierte man die Steine

per Schlitten ins Tal, wo sie im Wasser eingeweicht, in der Drehmaschine bearbeitet und schließlich noch gelocht, geschabt und gewaschen wurden. Schon aus dem Jahr 1563 sind acht hauptberufliche Steindrechsler im »Stain-Bruch in der Gosa« überliefert. Trotz der gefährlichen »Steinhauerkrankheit« (Lungentuberkulose) erzeugten 1835 bereits 13 Arbeiter pro Jahr etwa 90 000 Kilo der weitum begehrten Schleifsteine. Zwischen den beiden Weltkriegen waren 13 Besitzer und sieben Pächter tätig, die in den Steinbrüchen bis zu 22 Arbeiter beschäftigten: 1932 ging ein 2000 Kilogramm schweres Prachtstück nach Vöcklabruck. Wegen der mangelnden Rentabilität wurde die Produktion 1969 eingestellt. Ein Steinhauer setzte die Tradition jedoch weiterhin fort, und seit 1989 wird im sehenswerten Ensemble der Schleifsteinhütten wieder nebenberuflich gearbeitet.

Der Wegverlauf

(Tourenskizze S. 130)

Hohe Scheibe und Plankensteinalm: Wie bei Tour 32 vom Hallstätter Salzberg (855 m) zur ehemaligen Salzbergalm und auf der Forststraße bis zum Hohen Wasserstollen. Bei der obersten Rechtskurve zweigt links der Steig Nr. 644/648 ab, der durch Latschen und schütteren Wald zur feuchten Dammwiese hinaufführt. Dahinter geht es etwas abwärts, dann steigt der Pfad am Fuß der Plassen-Südwand zu einer Wegteilung an. Dort biegt man auf den linken Steig (Nr. 644) ab und wandert über die aussichtsreiche Durchgangalm (1378 m) und unter der Schrofenflanke der Hohen Scheibe (Plankensteinhöhe) durch die steile Durchgang-Klamm auf das weitläufige Plateau um die Plankensteinalm. Ca. 300 m nach dem oberen Ende der Durchgang-Klamm zweigt rechts ein Steig ab, der durch den Wald- und Wiesenhang auf die Hohe Scheibe (1659 m) führt. Sanft durch den Wald absteigend, erreicht man die Hütten der Plankensteinalm (1530 m).

Über die Schleifsteinhütten nach Gosau: Von der Plan-

Die Plankensteinalm zwischen Hallstatt und Gosau.

kensteinalm auf dem Steig Nr. 644 nach Südwesten in den Wald und durch das Schnittlermoos zu einer flachen Forststraße, auf der man nach links durch das urige Grünkarstgelände um den Rastbankanger zur Vorderen Grubenalm (1348 m) hinüberwandert. Am vorderen Rand der Alm rechts auf einem Steig über eine nasse Wiese und einen Bach, dann durch den Waldhang des Löckenmoosberges zu den Schleifsteinhütten (1344 m). Hier lohnt sich der kurze Abstecher hinauf zum Löckenmoos (1410 m). Ab hier führen zwei markierte Waldsteige ins Gosautal hinunter – der rechte über die Schäferalm (1200 m) in den Ortsteil Mittertal (745 m), der linke über die Häusleben nach Hintertal (767 m).

Varianten über die Roßalm: Von der Wegteilung unter den Südabstürzen des Plassen führt der Steig Nr. 648 durch einen bewaldeten Graben und über den Strähnhag-Sattel (1502 m) zur Roßalm (1387 m) hinüber. Ab hier gibt es zwei Möglichkeiten: Man kann nach der Markierung Nr. 645 auf der Forststraße zur Schreieralm (1370 m) und auf einem Steig über die Sattelhöhe bei der Schiechlingalm zur Karstube hinüberwandern (siehe Tour 32). Oder man steigt weiter nach der Markierung Nr. 648 auf einem Waldsteig durch den Roßalmgraben und auf der Forststraße durch den Brielgraben nach Gosau-Vordertal ab.

Nützliche Informationen

Ausgangspunkt: Hallstatt-Lahn bzw. Salzberg.
Anfahrt: Siehe Tour 32.
Höhendifferenzen: 800 m Anstieg (zu Fuß auf den Salzberg zusätzlich 350 m); 900 m Abstieg.
Gehzeiten: Hallstatt-Lahn – Salzberg 1 Std., zur Plankensteinalm 3 Std., Abstieg nach Gosau 2½ – 3 Std. Plankensteinalm – Hohe Scheibe 30 Min. (Salzberg – Roßalm 2½ Std., weiter zur Karstube 2 Std. oder Abstieg nach Gosau 1½ Std.).
Einkehr- und Übernachtungsmöglichkeiten: Plankensteinalm (Milch erhältlich, Übernachtung nur auf Anfrage, Tel. 06136/8773); Roßalm (Übernachtung nur auf Anfrage, Tel. 06136/8458).
Tip: Von Gosau aus kann man mit dem »Bummelzug« zur Roß- und zur Plankensteinalm hinauffahren, Tel. 06136/8295.
Karte: Freytag & Berndt WK 281; AV-Karte Nr. 14.
Information: Siehe Tour 32.

34 Von Hallstatt zur Simonyhütte

Wege in die Weltliteratur

Tourencharakter: Zwei- bis Drei-Tage-Tour in die hochalpine Karst- und Gletscherlandschaft auf der Nordseite des Dachsteingebirges.
Wegbeschaffenheit: Die Steige sind gut angelegt, aber teilweise steil und steinig. Abseits der Wege bekommt man bei Nebel oder Schneelage schnell Orientierungsprobleme.
Beste Jahreszeit: Frühsommer bis Spätherbst.
Gehzeit: Je nach Routenwahl 8 – 11 Std.

Den »klassischen« Weg auf den Dachstein kann man nicht nur in Führerwerken nachlesen, sondern auch in der Weltliteratur: In der Novelle »Bergkristall« des österreichischen Dichters Adalbert Stifter (1805–1868) bildet das Hallstätter Hochgebirge den Rahmen der Handlung: Zwei Kinder verirren sich im Schneetreiben und übernachten in einer Gletscherkluft; das Krachen des Eises erhält sie wach und damit am Leben. Ohne selbst jemals auf dem Dachstein gewesen zu sein, beschreibt Stifter die »Felsen, die wie Kirchen gerade aus dem Grasboden aufsteigen«, die Karrenplatten der Karstgassen und schließlich den Gletscher selbst – und zwar detaillierter als jeder Alpinliterat. Sein Wissen darüber verdankte er jenem Mann, nach dem unser heutiges Hüttenziel benannt ist: Dr. Friedrich Simony (1813–1896). Der »Abenteurer im Gelehrtenrock« erforschte, beschrieb, zeichnete und fotografierte das ganze Dachsteingebirge bis zum letzten Winkel, verbrachte als erster Mensch eine Nacht auf dem Gipfel und besuchte – was anno Biedermeier noch als lebensbedrohlich galt – den Gletscher sogar mitten im Winter. Alpinmagazine gab es damals noch nicht, und so teilte er seine spannenden Erlebnisse in der »Wiener Zeitschrift für Kunst, Literatur, Theater und Mode« – sie werden in den städtischen Salons ein ähnlich wohliges Gruseln hervorgerufen haben wie heutzutage Reinhold Messners Grenzerlebnisse. Im Roman »Nachsommer« hat ihm Adalbert Stifter auch ein literarisches Denkmal gesetzt.
Als der »Dachsteinprofessor« hier unterwegs war, mußte er noch mit einem kargen Lager in der Wiesalm vorliebnehmen – vom urgemütlichen Wiesberghaus, das heute ein Stück weiter oben steht, war noch lange keine Rede. 1843 ließ er in den Abhängen des Tauben-

riedels das »Hotel Simony«, die älteste Bergsteigerunterkunft am Dachstein, bauen – eine rauhe Steinmauer mit ein paar Dachbrettern, die eine Halbhöhle notdürftig vor dem Hereinregnen schützen. Der Urbau der weiter oben gelegenen Simonyhütte entstand erst 34 Jahre später; den Bauplatz hat der Forscher noch selbst ausgesucht.

Der Wegverlauf

(Tourenskizze S. 145)

Hallstatt – Wiesberghaus: Vom Busterminal im südlichen Hallstätter Ortsteil Lahn (527 m) über die Straße und Richtung Standseilbahn zum Salinenverwaltungsgebäude. Nun auf dem Echerntalweg (Markierung Nr. 641) taleinwärts zum Kreuzstein und zum ehemaligen Gasthaus »Zur Dachsteinwarte«. Hier links über den Waldbach zur Informationstafel »Wandergebiet Echerntal« (hierher gelangt man auch auf einer Straße vorbei am Gasthof Hirlatz und am Sportplatz). Nun nach der Markierung Nr. 601 Richtung Wiesberghaus/ Simonyhütte auf der zunächst geschotterten, dann wieder asphaltierten Waldbachleiten-Forststraße am Simonydenkmal vorbei und zur Dürrenbachbrücke (Gletschergarten) hinauf.

VARIANTE IM ECHERNTAL: Man kann beim Gasthaus »Zur Dachsteinwarte« auf dem Echerntalweg über die Binderwiese unter dem Schleierfall zu den Wasserfällen des Waldbachstrubs weiterwandern. Ein Stück davor führt links der »Malerweg« über den Waldbach. Gleich nach dem Steg zweigt rechts ein Pfad ab, der durch den Waldhang zu den eindrucksvoll ausgewaschenen Felstöpfen des Gletschergartens hinaufzieht (Stufen und Geländer). Bei der Dürrenbachbrücke

Die Simonyhütte, heute Touren- und Ausbildungszentrum im Nahbereich des Hallstätter Gletschers. Rechts dahinter der Hohe Trog.

erreicht man die Waldbachleiten-Forststraße. Während der Schneeschmelze kann der obere Bereich dieses Weges wegen der herabstürzenden Wassermassen ungangbar werden.

Vorbei an der Wiesberghaus-Materialseilbahn und durch einen Tunnel zur Wegteilung hoch über dem Waldbachstrub. Nach links und auf der Schotterstraße neben dem Waldbach aufwärts, dann links auf einem Karrenweg (Nr. 601) – die Straßenkehren abkürzend – zur Einmündung des Steiges Nr. 612 (kurzer Abstecher zum Waldbach-Ursprung, siehe Tour 28) und im Bogen zum »Alten Herd«. Nun weiter auf dem stellenweise aufgemauerten Franz-Josef-Reitweg zur Tropfwand und in vielen Kehren durch den Schlag neben der Martinswand zur (geschlossenen) Tiergartenhütte empor. Durch den Hochwald auf der Tiergartenhöhe in die »Herrengasse« und knapp vor der Wiesalm rechts in Kehren zum Wiesberghaus (1872 m) hinauf.

Wiesberghaus – Simonyhütte: Weiterhin auf dem breit ausgebauten Reitweg (Nr. 601) nach Süden aufwärts und durch eine Karstgasse an der Ochsenwieshöhe vorbei (1990 m, kurzer Abstecher nach links). Durch die felsigen Hänge und das Karrengelände unterhalb des Wildkarkogels geht es ins Wildkar und zur Talstation der Materialseilbahn hinüber. Zuletzt in weiten Kehren durch gebankte Karrenfelsen und vorbei am »Hotel Simony« (Notunterstand) zur Simonyhütte (2205 m) hinauf.

Der Abstieg erfolgt auf der gleichen Route oder über die Gjaidalm (siehe Tour 35).

Nützliche Informationen

Ausgangspunkt: Hallstatt.
Anfahrt: Siehe Tour 33.
Höhendifferenz: 1700 m.
Gehzeiten: Hallstatt – Wiesberghaus 4 Std., zur Simonyhütte 1¾ Std. Abstieg nach Hallstatt 4 Std., zur Gjaidalm 2 – 2½ Std.
Einkehr- und Übernachtungsmöglichkeiten: Wiesberghaus (TVN, 48 Betten, 80 Lager, ganzjährig bewirtschaftet, Tel. 06134/8591); Simonyhütte (ÖAV, 18 Betten, 88 Lager, von Ende Januar bis Mitte Oktober bewirtschaftet, Tel. 03622/52322).
Karte: Freytag & Berndt WK 281; AV-Karte Nr. 14.
Information: Siehe Tour 32.

35 Rund um die Gjaidalm

Der sanfteste Dachsteinweg – der schärfste Klettersteig

Tourencharakter: Zwei-Tage-Tour von einem berühmten Aussichtsgipfel über den grünen »Balkon« im Norden des Dachsteins. Die Klettersteig-Variante durch die Seewand ist eine äußerst schwierige Tagestour, die auch geübte Bergsteiger nur mit einem Bergführer durchführen sollten.
Wegbeschaffenheit: Die Wanderroute verläuft auf steinigen, aber bei trockenen Verhältnissen problemlosen Steigen. Bei Nebel kann die Orientierung schwierig werden. Die Klettersteig-Variante ist über weite Teile extrem schwierig (D/E) – Voraussetzung für eine Begehung sind überdurchschnittliche Kondition (Armkraft), Klettererfahrung und absolute Schwindelfreiheit. Notwendig sind ein komplettes Klettersteigset inklusive Helm und Seil für Partnersicherung; für den unteren Teil empfehlen sich feste Bergschuhe, für den oberen Teil Leicht-Kletterschuhe.
Beste Jahreszeit: Frühsommer bis Spätherbst.
Gehzeit: 8 – 9 Std. (Seewand-Klettersteig 5½ – 6 Std.)

Die Gjaidalm ist nicht nur die höchstgelegene Alm im Inneren Salzkammergut, auf der noch jeden Sommer Jungvieh weidet – sie bildet auch einen Schnittpunkt zwischen den nördlichen Vorlagerungen des Dachsteins, die mit der Hirlatz- und der Seewand zum Hallstätter See hin abbrechen, dem Gebiet um den Hallstätter Gletscher und der östlichen Dachstein-Hochfläche mit dem vielsagenden Namen »Auf dem Stein«. Das Schilcherhaus, die architektonisch etwas zusammengewürfelte, aber gemütliche Herberge auf der Gjaidalm, fungiert daher als Drehscheibe zwischen den Routen Richtung Wiesberghaus und Simonyhütte, den Steigen auf den Gjaidstein und den Krippenstein sowie den uralten Verbindungspfaden, die über das verkarstete Plateau ins Steirische hinüberführen. Etwa vier Stunden Wegzeit liegen zwischen Obertraun und diesem touristischen »Hauptbahnhof« – es geht aber auch schneller: Die etwas oberhalb der Gjaidalm gelegene Kaserne Oberfeld wurde bereits 1949 mit einer Materialseilbahn erschlossen, die seit 1957 im »beschränkt öffentlichen Verkehr« auch Bergsteiger befördert. 1951 begann der Bau der Dachstein-Seilbahn von Obertraun zu den berühmten Höhlen auf der Schönbergalm. Fünf Jahre später konnte man schon auf den Krippenstein schweben, und der Weg zum berühmten Aus-

sichtspunkt beim Pionierkreuz war auf 20 Minuten verkürzt. Seit 1961 führt schließlich die dritte Seilbahn-Teilstrecke zum Krippeneck herunter.
Weitaus weniger fallen da jene 1,2 km Stahlseil und 600 Haken auf, die oberhalb der Hirschaualm Richtung Gjaidalm hinaufziehen: Im Auftrag des Obertrauner Tourismusverbandes bauten die Bergführer Heli Putz und Gerhard Gangl in der 800 Meter hohen Seewand den längsten und schwierigsten Klettersteig Österreichs. »Vor der Freigabe hab i a paar Guate auffigehn lassen«, skizziert der Heli die Schwierigkeiten, die Sie hier erwarten, »oba es san dabei scho welche eingaunga.« Kein Wunder, haben sie doch den guten Rat mißachtet, auf den breiten Bändern im unteren Wandteil gemächlich zu rasten: Weiter droben geht das kaum noch, und schließlich wird selbst der umfangreichste Bizeps einmal müde. Diese Mega-Ferrata erschließt jedenfalls eine unglaublich eindrucksvolle Landschaft hoch über dem Hallstätter See, und zwar im Nahbereich einer alten und schon früh mit Eisen gesicherten Route durch die »Küfel-Stube« und die »Küfel-Kuchl« («Küfel« nannte man die Fässer für den Salztransport). Die Seewand wurde übrigens bereits 1887 »probiert« – die Kletterpioniere schafften es damals jedoch nur bis auf die grüne Rampe im mittleren Teil.

Der Wegverlauf

(Tourenskizze S. 145)

Krippenstein – Gjaidalm: Von der Seilbahnstation auf dem Krippenstein (2074 m; Berghotel Krippenstein) lohnt sich zunächst der kurze Abstecher auf dem markierten Wanderweg zur Krippenstein-Kapelle und zum Pionierkreuz (2028 m; Sender, eindrucksvoller Tiefblick zum Hallstätter See) bzw. auf den Hohen Krippenstein (2108 m). Dann wandern wir vom Berghotel zum nahen Schutzhaus Krippenstein und nach der Markierung Nr. 661 auf dem breiten Karstlehrpfad («Familienwanderweg«) neben dem Schotter der Skipiste zum unteren der beiden Skilifte hinab und flach ansteigend nach Südwesten zum Portal des »Eiskellers«. Bei der bald darauf folgenden Wegkreuzung zweigt man rechts auf den Steig Nr. 662 ab, der über latschenbewachsene Felsbänke und durch felsige Rinnen ins Hirzkar hinunterführt. Unten zweigt links ein kurzer Stichpfad zu den kleinen Hirzkarseen (1850 m) ab. Gleich darauf erreicht man wieder den breiten Karstlehrpfad, auf dem man nach rechts weiterwandert. Durch eine Karstgasse und über eine felsige Geländestufe

Grau und grün und mittendrin ein paar rotweißrote Striche – die Leitfarben beim Abstieg vom Krippenstein zur Gjaidalm.

zum grünen Boden der einstigen Hirzkaralm hinab, weiter durch eine weitere Mulde am Fuß des Kleinen Krippensteins zur Seilbahnstation am Krippeneck (1788 m). Auf dem breiten Weg (Nr. 615/650) zum nahen Schilcherhaus auf der Gjaidalm (1738 m) hinüber. Oberhalb davon steht die Kaserne Oberfeld (1832 m; Bergstation der Oberfeld-Seilbahn).

Übergang zum Wiesberghaus: Vom Schilcherhaus auf dem Steig Nr. 650 südwestlich über den Almboden und durch einen Latschenhang zu einer Wegteilung hinauf: Auf dem rechts abzweigenden Steig über einen Rücken zum Nabelbrunn. Hierher gelangt man auch von der Kaserne Oberfeld auf dem Steig Nr. 654. Nun zwischen vereinzelten Zirben durch die Seichenklamm und zur Wegteilung oberhalb der Kreidgrube: Auf dem rechts abzweigenden Steig Nr. 654 über eine Anhöhe in die tief eingeschnittene und von Felsen begrenzte Bärengasse hinüber. Bevor es steiler zur Wiesalm hinuntergeht, wandern wir links zur ehemaligen Ochsenwiesalm und durch Latschengelände zum Wiesberghaus (1872 m) hinauf.

Abstieg: Wie bei Tour 34 nach Hallstatt hinunter.

Abstiegsvariante: Vom Krippeneck kann man auch auf dem Steig Nr. 615 links durch die felsigen Hänge über der Krippengasse (Skipiste) zu den Hütten beim Krippenbrunn hinunterwandern (1552 m; Mittelstation der Oberfeld-Seilbahn). Von dort führt der Steig im Zickzack durch den steilen Waldhang – immer im Nahbereich der Seilbahn und der Piste – zur ehemaligen Niederen Schafeckalm (Hanzingerhütte) und links über den Winklerberg bzw. die Schergenkogel-Aussicht nach Winkl bei Obertraun hinab.

Aufstieg Seewand-Klettersteig: Vom Badeplatz beim Kessel an der Verbindungsstraße Obertraun – Hallstatt (515 m) auf dem markierten Weg zur Hirschau-Alm (835 m; hierher gelangt man auch von Hallstatt-Lahn) und zum nahen Einstieg am Fuß der Seewand. Über den Einstiegsbereich, der gleich die größten Schwierigkeiten (E) aufweist, gerade zum »Doppeldach« hinauf, über die »Rampe« und »Seit 1887« (bis hierher kamen die alten Kletterer) rechtshaltend bis unter das »Fledermaus-Biwak«. Dann wieder gerade zur Wandpassage »Am Igel«, rechts über das »Putz-Band« und über den nochmals sehr kräfteraubenden »100-Meter-Pfeiler« zum Ausstieg (1650 m) hinauf. Auf einem markierten Pfad gelangt man durch den Wald zum »Dachsteinblick« und schließlich zum Schilcherhaus (1738 m) auf der Gjaidalm.

Nützliche Informationen

Ausgangspunkt: Obertraun.

Anfahrt: Mit der Salzkammergutbahn (Linie 17) bis zum Bahnhof Obertraun-Dachsteinhöhlen, dann zu Fuß (30 bzw. 45 Min.) oder per Bus zum Gasthof Dachsteinhof (ab hier 10 Min. zur Talstation der Oberfeld-Seilbahn) oder zur Talstation der Dachstein-Seilbahn. Mit dem Auto Zufahrtsmöglichkeit über die Bundessportschule bis zu den beiden Seilbahnstationen bzw. auf der Straße Richtung Hallstatt bis zum Badeplatz beim Kessel (Zustieg zum Seewand-Klettersteig). Von Hallstatt kehrt man per Schiff, Bahn oder Bus (Linie 2572) zum Ausgangspunkt zurück. Seilbahn-Betriebszeiten: Dachstein-Seilbahn von Anfang Mai bis Ende Oktober täglich von 8.30 bis 16.40 Uhr (in der Hauptsaison bis 17.40 Uhr), Tel. 06131/2730; Oberfeld-Seilbahn etwa ab Mitte Juni bis Mitte Oktober täglich von 7.45 bis 16.15 Uhr, Tel. 06131/262.

Höhendifferenzen: 1500 m. (Klettersteig 1300 m.)

Gehzeiten: Berghotel Krippenstein – Pionierkreuz und retour 1 Std.; Abstieg zur Gjaidalm 2 Std., Übergang zum Wiesberghaus 2½ Std., Abstieg Wiesberghaus – Hallstatt 3½ Std. (Gjaidalm – Krippenbrunn – Obertraun 3½ Std.). Seewand-Klettersteig: Zugang 40 Min., Kletterzeit ca. 4 Std., Ausstieg – Gjaidalm 40 Min.

Einkehr- und Übernachtungsmöglichkeiten: Schilcherhaus (40 Betten, 24 Lager, bewirtschaftet von Anfang Juni bis Ende Oktober, Tel. 06131/596); Wiesberghaus siehe Tour 34.

Karte: Freytag & Berndt WK 281; AV-Karte Nr. 14.

Information: Tourismusverband A-4831 Obertraun, Tel. 06131/351.

Information über den Seewand-Klettersteig, geführte Touren, Ausbildung, Leihausrüstung: Outdoor Leadership, Bergführer Heli Putz, A-4822 Bad Goisern, Tel. 06135/6058.

36 Von der Gjaidalm zum Hallstätter Gletscher

Auf den Spuren des »ewigen« Eises

Tourencharakter: hochalpine und landschaftlich einmalig schöne Zwei-Tage-Wanderung ins Gletschervorfeld um die Simonyhütte.
Wegbeschaffenheit: Der Steig Nr. 650 ist teilweise steil und steinig, aber bei trockenen Verhältnissen problemlos. Der ebenfalls markierte »Trägerweg« verläuft stellenweise nur auf Steigspuren oder im weglosen Gelände, das Trittsicherheit erfordert. Auf beiden Routen wird die Orientierung bei Nebel oder Schneelage schwierig.
Beste Jahreszeit: Frühsommer bis Spätherbst.
Gehzeit: 5 – 8 Std.

Es lagen Hügel da, die wie zusammengeschobener Schaum aussahen, (...) als wären Balken und Stangen von Edelsteinen durcheinander geworfen worden... In einigen waren Höhlen eingefressen, durch die man mit einem Arme durchfahren konnte, mit einem Kopfe, mit einem Körper, mit einem ganzen großen Wagen voll Heu. (...) In der ganzen Höhlung aber war es blau, so blau, wie gar nichts auf der Welt ist, viel tiefer und viel schöner blau als das Firmament, gleichsam wie himmelblau gefärbtes Glas, durch welches lichter Schein hineinsinkt.«
So poetisch beschreibt Adalbert Stifter die Dachsteingletscher, die zu seiner Zeit noch um einiges größer waren als heute: Als Erzherzog Karl im Jahre 1812 den Hallstätter Gletscher zu besichtigen wünschte, konnte er die Steigeisen auf nicht einmal 2000 Metern Seehöhe anschnallen – dort, wo heute der Untere Eissee glitzert. 28 Jahre später fertigte Friedrich Simony eine erste Tuschzeichnung von der Gletscherzunge des »Karls-Eisfeldes« an. Angeschwollen durch die Klimaverschlechterung des 17. und 18. Jahrhunderts, erreichte sie um 1855 eine Mächtigkeit von 100 Metern, um dann bis zum Ende des Jahrhunderts rapid an Substanz zu verlieren. Wie Simonys großartige Fotos dokumentieren, aperte die Felsstufe des Eisjochs zwischen 1875 und 1894 immer mehr aus. Mitte der 1930er Jahre spiegelte sich die Eisstirn bereits fast 200 Meter weiter oben, hinter dem Eisjoch, in einem neugebildeten See. Heute bestehen dort oben mehrere kleinere Seen, und dazwischen blühen schon die ersten Pionierpflanzen. Der weißen Pracht muß man jedoch noch ein ganzes

Arktis en miniature: Die Zunge des Hallstätter Gletschers unter dem Hohen und dem Niederen Dachstein.

Stück über abgeschliffene Felsstufen nachwandern, und jedes Jahr wird der Weg ein bißchen länger.
Wie so oft wiederholt sich die Geschichte auch in diesem Fall. Nicht einmal während der Eiszeit, die vor 2,5 Millionen Jahren begann, hielt das »ewige« Eis für die Ewigkeit: Die Gletscher wuchsen zwar mindestens achtmal ins Maßlose, doch dazwischen war es mitunter wärmer als heute. Auch dem Rückzug der letzten Eisströme vor etwa 10000 Jahren folgten wärmere Perioden, in der die Schnee- und damit auch die Waldgrenze um 200 bis 400 Meter höher als heute verlief. Der alte »Trägerweg«, der mit neuer Markierung wieder an Bedeutung gewinnt, folgt sozusagen dem Rückzug des Eises. Eine weitere »Richtschnur« bildet das alte »Praderseil«, das ein früherer Pächter der Simonyhütte für den Bau einer Materialseilbahn vom

Oberfeld herübergezogen hat – das erklärt auch die rostigen Eisenstangen unter dem Taubenkogel bzw. über dem Taubenkar, die einmal Stützen hätten werden sollen.

Der Wegverlauf

Von der Gjaidalm zur Simonyhütte: Von der Station Krippeneck der Dachstein-Seilbahn (1788 m) oder von der Kaserne Oberfeld (1832 m; Bergstation der Oberfeld-Seilbahn) wie bei Tour 35 bis zur Wegteilung oberhalb der Kreidgrube. Hier links abzweigen und nach der Markierung Nr. 650 über latschenbewachsene Karrenfelsen und zwischen den letzten Zirben in die Zirmgrube. Nun über einen steilen, felsdurchsetzten Hang aufwärts zum Franz-Josef-Reitweg, den man unterhalb des Wildkarkogels erreicht. Auf diesem nach links und wie bei Tour 34 zur Simonyhütte (2205 m) hinauf.
Über den Trägerweg auf die Simonyhütte: Von der Seilbahnstation am Krippeneck oder vom Schilcherhaus zur Kaserne Oberfeld

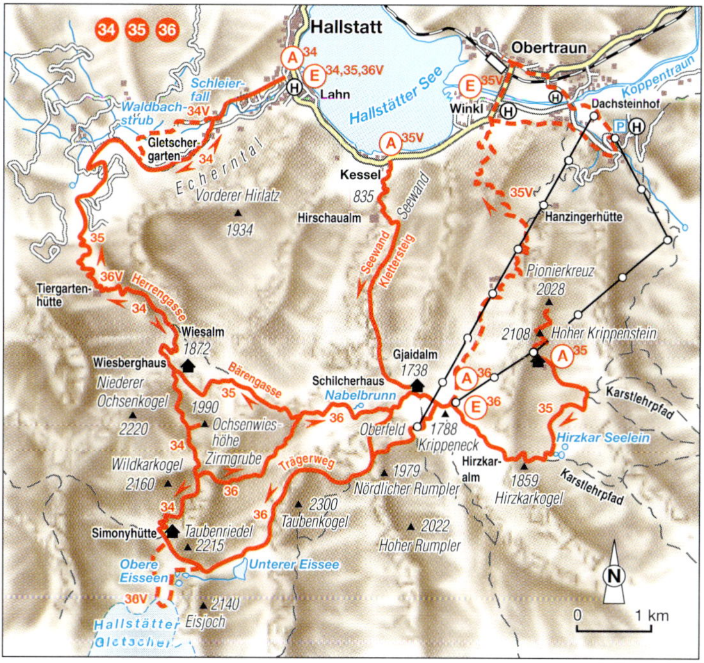

hinauf. An den Wasserbehältern vorbei und dem Wegweiser Richtung Simonyhütte folgend über eine kleine Anhöhe. Gleich danach zweigt links der Steig Nr. 615 ab, auf dem man quer durch die felsigen Latschenhänge unter dem Niederen Rumpler (1981 m, Kreuz) Richtung Gjaidstein ansteigt (auf ca. 1900 m mündet rechts ein markierter Steig ein, der von der Gjaidalm heraufzieht). Weiter aufwärts, bis rechts der rot-weiß markierte »Trägerweg« abzweigt (Tafel »Simonyhütte«). Er führt auf eine Kuppe (1998 m) mit zwei unübersehbaren Eisenstangen und dahinter – etwas absteigend – durch den Schutt am Fuß der Taubenkogel-Wände. Zwischen großen Felsblöcken wandert man um den Berg herum und durch das Schuttfeld unter seinen Westabstürzen zur Karschwelle im Norden des Unteren Eissees (hier markiert ein Stein den Gletscherstand von 1850). Durch das kuppige Gelände nach rechts, dann durch den felsigen Hang des Taubenriedels und durch Moränenschutt zu den Gletscherschliffen im Sattel zwischen Eisjoch und Taubenriedel (Wegteilung; Abzweigung der Markierung auf den Hohen Gjaidstein). Hier nach rechts und durch die Moränenschutthänge auf der Südseite des Taubenriedels zur Simonyhütte (2205 m) hinauf.

VARIANTE: Man kann auch weglos an den Oberen Eisseen vorbeiwandern, über Felsstufen zur Eiszunge des Hallstätter Gletschers ansteigen und rechts auf dem markierten Gletschersteig (Nr. 655) zur Hütte marschieren.

Abstieg: Am besten auf dem Franz-Josef-Reitweg und auf dem Steig Nr. 650 durch die Zirmgrube zur Gjaidalm zurück.

ABSTIEGSVARIANTE: Über das Wiesberghaus (1872 m) und das Echerntal nach Hallstatt (siehe Tour 34).

Nützliche Informationen

Ausgangspunkt: Obertraun bzw. Oberfeld oder Gjaidalm.
Anfahrt: Siehe Tour 35.
Seilbahn-Betriebszeiten siehe Tour 35.
Höhendifferenzen: 600 m, bis Hallstatt 1800 m Abstieg.
Gehzeiten: Gjaidalm – Simonyhütte 3 – 3½ Std. (mit Abstecher zum Hallstätter Gletscher etwa 1 Std. mehr), Rückweg zur Gjaidalm 2 – 2½ Std. (Simonyhütte – Hallstatt 4 Std.).
Einkehr- und Übernachtungsmöglichkeiten: Siehe Tour 34 und 35.
Karte: Freytag & Berndt WK 281; AV-Karte Nr. 14.
Information: Siehe Tour 35.

37 Die Überschreitung des Hohen Dachsteins, 2995 m

Kaltes Eis und heißes Eisen

Tourencharakter: Hochalpine und sehr eindrucksvolle Tagestour, bei der man den höchsten Salzkammergut-Gipfel (und die Steinerscharte) überschreitet und mit etwas Wetterglück ein prachtvolles Panorama vom Böhmerwald bis zu den Julischen Alpen und vom Ötscher bis zu den Zillertaler Alpen genießt. Mit Zustieg zur Simonyhütte und Rückweg insgesamt 2½ bis 3 Tage. Nur bei sicherem Schönwetter gehen – bei Nebel, Schneefall oder Gewitter wird es auf dem Dachstein und seinen Gletschern sehr gefährlich!
Wegbeschaffenheit: Die Route verläuft über zwei spaltengefährliche Gletscher, auf denen zwar meist gespurt ist, die aber je nach Jahreszeit Blankeis aufweisen können. Die Felsflanken am Dachstein und im Bereich der Steinerscharte sind sehr steil und ausgesetzt; es sind ungesicherte Kletterstellen bis zum Schwierigkeitsgrad II sowie Klettersteigpassagen bis B/C zu überwinden. Aufgrund der Höhe sind die Felsen oft verschneit oder vereist. Notwendig sind Seil, Steigeisen und oft auch ein Pickel, Klettersteig-Set und Steinschlaghelm. Am sichersten ist es, die Tour mit einem Bergführer zu unternehmen.
Beste Jahreszeit: Sommer und Herbst.
Gehzeit: Etwa 6 – 8 Std.

Er schuf mir die schönste, die erhabenste Stunde meines Lebens«, schrieb der Dachsteinforscher Friedrich Simony über seinen »Lebensgipfel«. Er war der erste, der den Hohen Dachstein überschritt, ihn im Winter erstieg und sogar zwei Septembernächte auf dem Gipfel verbrachte. Der Ruhm der Erstersteigung gebührt allerdings dem Filzmooser Bauern Peter Gappmayer, der 1832 den Gosaugletscher überquerte und über den Westgrat heraufkletterte. Dafür verdanken wir Friedrich Simony den ersten »touristischen« Klettersteig der Alpen: 1843 ließ er seinen Hallstätter Bergführer Johann Wallner in der Nordflanke Eisenringe anbringen und Schiffstaue durchziehen. Später kamen weitere Sicherungen dazu: 1863 am Westgrat und 1878 auf der »Schulter« des Ostgrats bzw. am »Mecklenburgband«, über das man die manchmal klaffende Randkluft des Gletschers umgehen kann. Auch die Steinerscharte, die zwischen dem Niederen Dachstein und dem Hohen Kreuz einen Übergang vom Gosau- zum Hallstätter Gletscher erlaubt, wurde in Eisen gelegt und

1932 mit einer langen Leiter versehen – das Eis des Gosaugletschers war vor der Einstiegswand immer tiefer abgesunken.
Die Dachstein-Überschreitung läßt sich bei der Simonyhütte oder bei der Adamekhütte beginnen – der Westgrat ist etwas leichter als der Randkluft-Anstieg über dem Hallstätter Gletscher, doch der Gosaugletscher birgt die größere Spaltengefahr. Außerdem steht für die von Hallstatt heraufmarschierenden Dachstein-Aspiranten seit 1929 eine hochgelegene Labestelle bereit: Johann Georg Seethaler zimmerte auf der 2740 Meter hohen Dachsteinwarte, einem kleinen Felsfleck zwischen Gletscher und Südwand, eine Holzhütte, die sein Sohn Sepp dann fünfzig Jahre lang bewirtschaftete (heute versorgt Sie hier Peter Reitmann). Seit 1969 surrt die Südwand-Seilbahn vom Ramsauer Almbalkon auf den Hunerkogel, bringt viel Volk ins Sommerskigebiet am Schladminger Gletscher und verkürzt den Dachstein-Anstieg zu einer Halbtagstour.

Winterweiß und Morgenrot: Der Hohe und der Niedere Dachstein.
Frühaufsteher genießen diese Perspektive aus dem Fenster der Simonyhütte.

Will man die grandiose Aussicht unter dem 5,49 Meter hohen Stahlkreuz und den atemberaubenden Tiefblick über die 900 Meter hohe Südwand erleben, dann heißt es jedoch – trotz gelegentlicher Halbschuh-Hasardeure – bis heute: Anseilen (es sind schon etliche Leute in Spalten gestürzt) und bei der Randkluft den Steinschlaghelm aufsetzen (in der Gipfelrinne kommt immer wieder losgetretenes Gestein daher). Am besten, Sie starten schon in aller Herrgottsfrüh: Bevor die erste Seilbahngondel in die Bergstation einfährt, gehört Ihnen der große Gipfel vielleicht noch ganz allein.

Der Wegverlauf

(Tourenskizze S. 156)

Simonyhütte – Dachsteinwarte: Von der Simonyhütte (2205 m, vgl. Tour 34, 36) auf dem Steig 601 unter dem Schöberl vorbei zum westlichen Bereich des Hallstätter Gletschers (ca. 2400 m). Über die wellig ansteigenden Gletscherhänge unter dem Hohen Kreuz auf den flachen Boden unterhalb der Simonyscharte (kein Übergang, aber schöner Aussichtspunkt) bzw. der etwas höher gelegenen Steinerscharte. Danach hält man sich nach links und steigt zwischen dem ausgeaperten Eisstein (2654 m, Kreuz) und dem Niederen Dachstein (2934 m) zur Seethalerhütte auf der Dachsteinwarte (2741 m) hinauf.

VARIANTE ZUR DACHSTEINWARTE: Wenn der Gletscher ausapert, ist es besser, von der Simonyhütte auf dem markierten Gletschersteig Nr. 655 oberhalb der Oberen Eisseen zur Gletscherzunge, zum Fuß des Hohen Gjaidsteins und dann am östlichen Rand des Gletschers zum Skilift beim Hunerkogel (Bergstation der Ramsauer Dachsteinsüdwand-Seilbahn) anzusteigen – von dort wandert man nach rechts, am Schneekolk unter den beiden Felszacken der »Dirndln« vorbei, zur Dachsteinwarte hinüber.

Über den Hohen Dachstein: Über den obersten Gletscherhang zum östlichen Felsansatz des Hohen Dachsteins. Entweder links über die steilen, mit Eisentritten, Stiften und Stahlseilen gesicherten Felsbänder auf die Gratschneide der »Schulter«, rechts zu einem Absatz, über diesen hinauf und rechts auf dem mit Stahlseilen versehenen, unter überhängenden Felsen sanft abwärts führenden »Mecklenburgband« zur Gipfelrinne in der Dachstein-Nordostflanke. Oder auf dem aufsteilenden Gletscherhang (oft Spalten) zur Randkluft am Fuß der Nordostflanke, die je nach Jahreszeit unterschiedlich weit aufklafft, und über einen mit Stahlstiften gesicherten Felsabsatz zur Einmündung des Mecklenburgbandes hinauf. Zuletzt klettert man meist rechts der sehr steilen, aber gestuften und mit Eisenhaken versehenen Felsrinne (kein durchlaufendes Stahlseil!) auf den obersten Grat und rechts zum nahen Gipfelkreuz auf dem Hohen Dachstein (2995 m).

Abstieg zum Gosaugletscher: Wir folgen dem schmalen und ausgesetzten, aber mit Trittstiften und Stahlseilen gesicherten Westgrat und klettern dann rechts, etwas unterhalb der Schneide, auf gesicherten Bändern und Absätzen zur Oberen Windlucke (2779 m; Kreuz) hinunter. Über einen Schnee- oder Schutthang auf den Großen Gosaugletscher (manchmal Randkluft; Abstieg zur Adamekhütte möglich).

Über die Steinerscharte: Auf dem Gosaugletscher wandert man nach rechts, durch die Gletscherbucht am Fuß des Hohen und des Niederen Dachsteins, bis zu den Felsen unterhalb der Steinerscharte abwärts. Hier über die Randkluft und mit Hilfe von Klammern zu einer 15 m hohen, senkrechten bzw. verbogenen Eisenleiter. Darüber durch eine gestufte und gesicherte Felsrinne zur Scharte (2717 m) zwischen den beiden Wallnerköpfln (2737 m bzw. 2745 m; kurze Abstecher, Kletterstellen bis I+) hinauf. Jenseits über den steilen Firnhang oder rechts daneben über eine seilgesicherte Felsrippe zum Hallstätter Gletscher hinab und zur Simonyhütte zurück.

Nützliche Informationen

Ausgangspunkt: Simonyhütte.
Anfahrt und Seilbahn-Betriebszeiten siehe Tour 35.

Höhendifferenzen: Simonyhütte – Hoher Dachstein 800 m, bei der Überschreitung zusätzlich 150 m.

Gehzeiten: Simonyhütte – Seethalerhütte (Dachsteinwarte) 2 – 2¼ Std., auf den Dachstein 1 – 1½ Std., über Westgrat und Steinerscharte zur Simonyhütte 3 – 4 Std.

Einkehr- und Übernachtungsmöglichkeiten: Simonyhütte siehe Tour 34; Seethalerhütte (ÖAV, 8 Lager, Nächtigung nur im Notfall, von Anfang Juni bis Ende September einfach bewirtschaftet, Tel. 03687/81036).

Karte: Freytag & Berndt WK 281; AV-Karte Nr. 14.

Information: Siehe Tour 35.

Information über die Verhältnisse am Gletscher und am Dachstein beim Wirt der Simonyhütte, Bergführer Toni Rosifka, und bei Bergführer Peter Reitmann in der Seethalerhütte.

38 Über den Hohen Trog

Alte Pfade – neue Klettersteige

Tourencharakter: Hochalpine Tagestouren im einsamen Berggebiet zwischen Simonyhütte, Adamekhütte und Wiesberghaus.
Wegbeschaffenheit: Die Routen verlaufen auf stellenweise steilen und steinigen Steigen, manchmal auch nur auf Steigspuren oder im weglosen Gelände; Trittsicherheit ist notwendig. Bei Nebel oder Schneelage wird die Orientierung schwierig. Die Klettersteig-Varianten sind sehr anspruchsvoll (B/C, am Wildkar-Klettersteig bis D); aufgrund der großen Höhe können die Sicherungen manchmal unter Schnee liegen. Nur mit Klettersteig-Set und Steinschlaghelm!
Beste Jahreszeit: Sommer und Herbst.
Gehzeit: Je nach Routenwahl 2½ – 5½ Std.

Vom Hohen Dachstein zieht ein bedeutender Höhenzug mit zwei weithin sichtbaren Gipfeln nach Norden: Der Niedere Dachstein (2934 m) ist der dritthöchste Spitz des Dachsteinmassivs, und das Hohe Kreuz (2837 m) bildet einen zentralen Punkt zwischen dem Gosau-, dem Hallstätter und dem kleinen Schneelochgletscher. An seinem Nordgipfel zweigt der schroffe Felskamm der Schreiberwand nach Westen ab, während die drei Ochsenkogeln, die Hoßwand und die verwinkelte Grünberggruppe nach Norden hin mit gebankten Wänden und tief eingeschnittenen Karen abdachen. Die Eiszeitgletscher haben hier ganze Arbeit geleistet – nur das Schöberl oberhalb der Simonyhütte und den Weittal-Gschlösslkogel haben sie wegzuschleifen »vergessen«.
Mitten durch diese kahle und verkarstete Urlandschaft zieht eine markierte, aber trotzdem recht einsame Route von der Simony- zur Adamekhütte. Im Nahbereich der beiden Schutzhäuser wurden in den letzten Jahren zahlreiche Kletterrouten erstbegangen. Das war nicht immer so: Besonders die Simonyhütte war nach dem Bau der Dachstein-Seilbahnen ein wenig ins Abseits geraten. Doch dann bauten sie Toni und Moni Rosifka mit viel Elan zu einem Alpin-Ausbildungszentrum ersten Ranges aus: Gemeinsam mit dem steirischen Kletterpionier Klaus Hoi und anderen Bergführer-Kollegen wurden rundum etliche Klettergärten eingerichtet – hinter der Hütte gibt es sogar einen überdachten Kletterfelsen und einen kurzen Übungs-Klettersteig. Das gemütliche Haus erhielt einen neuen Zubau, Ener-

gie spendet eine Windkraftanlage, vor der Haustür bewohnen Schlittenhunde ein kleines »Hüttendorf«. Und es entstanden neue Klettersteige: Zunächst erhielt das Schöberl, der schroffe »Zuckerhut« oberhalb der Hütte, eine 130 Meter lange und sehr interessante Ferrata, seit 1996 führt ein sehr anspruchsvoller Eisenweg über den Wildkarpfeiler aufs Vordere Niedere Kreuz, und seit 1998 läßt sich auch das Hohe Kreuz mit Hilfe von Trittstiften und Stahlseilen ersteigen. Die neuen Routen folgen z.T. historischen Spuren: Beim »alten Staffel« hinter dem Wildkarpfeiler entdeckte Toni alte, aus dem Fels gehauene Stufen, und auch in der Kreuzscharte stecken noch Sicherungen aus alten Tagen.

Der Wegverlauf

(Tourenskizze S. 156)

Simonyhütte – Hoher Trog – Adamekhütte: Von der Simonyhütte (2205 m) auf dem Steig Nr. 650 unter den Platten am Fuß des Schöberls ins Wildkar hinab. Über den Schuttboden, dann auf einem gestuften Felssporn zum Hohen-Trog-Sattel (2359 m) hinauf.

GIPFELABSTECHER: Hier lohnt sich der markierte Abstecher nach links über den Schutthang bzw. einen Felsrücken auf den Hohen Ochsenkogel (2527 m) und weiter über den breiten Schuttrücken auf das Hintere Niedere Kreuz (2651 m).

Vom Hohen Trog steigt man in Kehren und über zwei Steilstufen ins Weittal ab. Links zu den Schuttfeldern am Fuß der Hoßwand, mühsam über die Karrenplatten unter dem Hoßkogel und dann links zur Hoßwandscharte (2187 m) hinauf. Dahinter geht es in das riesige Felskar unterhalb des kleinen Schneelochgletschers hinein, das durch eine Mulde und über einen Rücken unter dem Schreiberwandeck überquert wird. Zwischen großen Felsblöcken zur Abzweigung der Route Nr. 652. Geradeaus weiter und an einigen Dolinen vorbei zur Einmündung in den Weg Nr. 614 hinauf. Wie bei Tour 30 links zur Adamekhütte (2196 m) hinauf oder rechts über den »Hohen Riedel« zu den Gosauseen (937 m) hinunter.
Vom Hohen Trog zum Niederen Ochsenkogel: Vom Hohen Trog nach der Markierung 651 in nordöstlicher Richtung durch kuppiges Gelände auf den Mittleren Ochsenkogel (2365 m), dann über einen steilen, felsigen Rücken in eine Senke hinab und zum nahen Gipfelkreuz des Niederen Ochsenkogels (2220 m). Nun nach rechts und schräg durch die steile, gebänderte Flanke ins Kar hinab. Am Fuß des Höhenzuges teilt sich die Route: Rechts kommt man über das

Karrengelände unterhalb des Wildkarkogels zum Franz-Josef-Reitweg, auf dem man wie bei Tour 34 zur Simonyhütte zurückkehrt (oder wie bei Tour 35 zur Gjaidalm wandert); links gelangt man durch Schutt und Latschenflecken ins Gebiet der Ochsenwieshöhe und damit zum Wiesberghaus (1872 m) hinunter.

Schöberl-Klettersteig: Von der Simonyhütte (2205 m) ein kurzes Stück auf dem Steig Nr. 601 Richtung Gletscher, dann rechts über felsiges Gelände hinauf zur Rampe unter der Nordostseite des Schöberls. Links über Schrofenstufen (I) zum unteren Ende des markanten (Abseil-) Kamins, der die steile Felsflanke durchzieht. Entlang den Sicherungen rechts neben dem Kamin aufwärts und links auf den Gipfel (2426 m). Markierter Abstieg nach Süden über Felsstufen und -bänder (Stellen bis I+) zum Fuß des Berges, dann links zum Gletscherweg hinab und zur Simonyhütte zurück.
Wildkar-Klettersteig: Von der Simonyhütte auf dem Steig Nr. 650 etwa 20 Min. Richtung Hoher Trog ins Wildkar. Bei den großen Steinblöcken zweigt man einer Markierung folgend nach links ab; so

Frühmorgens auf dem Weg vom Niederen zum Hohen Kreuz überblickt man Gosaukamm, Tennengebirge und Berchtesgadener Alpen.

erreicht man über gestuftes Felsgelände den Ansatz des markanten Wildkarpfeilers. Dort beginnt der 150 m lange und sehr ausgesetzte, aber gut mit Trittstiften und Stahlseilen gesicherte Klettersteig: Die größten Schwierigkeiten erwarten Sie gleich im unteren Bereich des Pfeilers (eine Stelle ist sogar leicht überhängend). Der Steig mündet über den oberen, etwas weniger steilen Grat auf die Hochfläche beim Vorderen Niederen Kreuz (2560 m). Der untere Abschnitt läßt sich auch umgehen, und zwar auf dem markierten »Fluchtweg«, der hinter der rechten Seite des Pfeilers durch eine steile Felsflanke (»beim alten Staffel«) führt und weiter zum oberen Grat hinaufleitet.
Der Abstieg erfolgt über den Hohen Ochsenkogel und den Hohen Trog.
Hohes Kreuz: Vom Hinteren Niederen Kreuz führt ein Klettersteig auf das Hohe Kreuz: Mit Hilfe von Trittklammern und Stahlseilen in die Kreuzscharte hinab, kurz in die Ostflanke des Hohen Kreuzes, rechts über gestuften Fels auf den Nordgrat und über den nördlichen Vorgipfel auf den höchsten Punkt (2837 m) hinauf. Ein weiterer Klettersteig führt durch die Ostwand; er beginnt etwa in der Gipfel-Fallinie am westlichen Rand des Hallstätter Gletschers und führt im Bereich des »Amonsteiges« bzw. der »Gelben Wand« entlang einer schräg aufwärtsziehenden Rinne auf den Nordgrat. Geplant ist die Anlage eines Klettersteiges über den Westgrat zum Großen Gosaugletscher.

Nützliche Informationen

Ausgangspunkt: Simonyhütte.
Anfahrt und Seilbahn-Betriebszeiten siehe Tour 35.
Höhendifferenzen: Simonyhütte – Adamekhütte 450 m, auf das Hintere Niedere Kreuz 450 m. (Auf das Hohe Kreuz 650 m.)
Gehzeiten: Simonyhütte – Adamekhütte 5 – 5½ Std.; auf das Hintere Niedere Kreuz 2 Std., Abstieg zur Simonyhütte 1½ Std.; über den Niederen Ochsenkogel zum Wiesberghaus 2½ Std. Schöberl-Klettersteig 1 Std., Abstieg 1 Std.; Wildkar-Klettersteig 1½ Std., Abstieg 1½ Std.; Vorderes Niederes Kreuz – Hohes Kreuz 1½ Std., Abstieg 2 Std.
Einkehr- und Übernachtungsmöglichkeit: Simonyhütte siehe Tour 34.
Karte: AV-Karte Nr. 14.
Information: Siehe Tour 35.

39 Hoher Gjaidstein, 2794 m

Als Flüsse übers Gebirge rauschten

Tourencharakter: Anspruchsvolle Tagestour auf zwei prachtvolle Felsgipfel im Nahbereich des Hohen Dachsteins.
Wegbeschaffenheit: Der Steig über das Gjaidsteinmassiv ist stellenweise felsig und sehr steil; die Abstiegsrouten zum Hunerkogel und durch das Gjaidkar verlaufen im weglosen Gelände (besondere Vorsicht bei Nebel – unterhalb Wandabbrüche). In jedem Fall ist Trittsicherheit und Schwindelfreiheit notwendig.
Beste Jahreszeit: Sommer und Herbst.
Gehzeit: 5 – 6 Std.

Der genau 2300 Meter hohe Taubenkogel bildet mit seinen imposanten Wänden den nördlichen Abschluß des Gjaidsteinzuges, der sich mitten auf dem Dachsteinstock als Wall zwischen dem Hallstätter Gletscher und der Karsthochfläche »Auf dem Stein« erhebt. Erst von hier aus ist die Dimension des Hochplateaus wirklich zu ermessen – aber auch der Tiefblick zu den Eisseen belohnt das Heraufschnaufen über die steile Ostflanke. Im Süden des Taubenkogels zeigt sich eine gemächlich zum Niederen Gjaidstein ansteigende und erstaunlich große Hochfläche, die auf den steilen Gipfelhang des Hohen Gjaidsteins zusammenläuft und fast überall mit schroffen Wänden abbricht – nur auf der Westseite haben die Eiszeitgletscher das breite Gjaidkar ausgeschürft. Hier hat Oskar Horky, ein bergbegeisterter Pensionist aus Linz, jahrelang die Steige instandgehalten und mit Totenkopfschildern vor Dolinen gewarnt. Nachdem zwei Wiener verunglückt waren, baute er unterhalb des Hohen Gjaidsteins sogar ein Notbiwak: Im Juli 1963 nächtigte er zum ersten Mal mit seinem Enkel in diesem Lager, das ein wenig an die Unterstände an der Dolomitenfront erinnerte und fast 20 Jahre lang bestand, bis die Forstverwaltung wegen der fehlenden Genehmigung den Abbau verfügte. Der »Taubenkogelnarr«, wie er liebevoll-ironisch genannt wurde, starb 1981 in Australien; seine Asche wurde, seinem letzten Wunsch gemäß, auf seinen geliebten Bergen ausgestreut.

Beim Naturfreunde-Gipfelkreuz auf dem Hohen Gjaidstein stehen Sie dann schon ganz nahe vor dem Hohen Dachstein, den beiden Dirndln und dem Koppenkarstein. Ein Blick, der dem siebenund-

zwanzigjährigen Friedrich Simony anno 1840, bei seiner ersten Dachsteintour, ins Herz gegangen sein muß – hier beschloß er, sein Leben als Forscher diesem Gebirge zu widmen.
Aber warum in die Ferne schweifen? Wer genau schaut, findet auf dem Boden der kuppigen Hochfläche vielleicht einen der geheimnisumwitterten »Augensteine«: Bevor das Dachsteinmassiv in der Tertiär-Zeit von den Urkräften der Alpenauffaltung in die Höhe gedrückt wurde, bildete es ein Mittelgebirge, über das sich die Flüsse aus den Tauern einen Weg nach Norden bahnten. Viele der mitgeschwemmten Kieselsteine aus ortsfremdem Kristallingestein sind dabei liegengeblieben: In Mulden und Gruben haben sie alle tektonischen Umwälzungen und sogar die Eiszeiten überstanden.

Der Wegverlauf

Taubenkogel und Hoher Gjaidstein: Von der Seilbahnstation Krippeneck (1788 m) zum nahen Schilcherhaus (1738 m) auf der Gjaidalm. Etwa 10 Min. auf dem Weg Nr. 654 Richtung Simonyhütte, dann links abzweigen und auf einem markierten Steig durch die Latschenhänge gegen den Niederen Rumpler hinauf. Der Weg vom Oberfeld zur Simonyhütte wird überquert, und ein Stück wei-

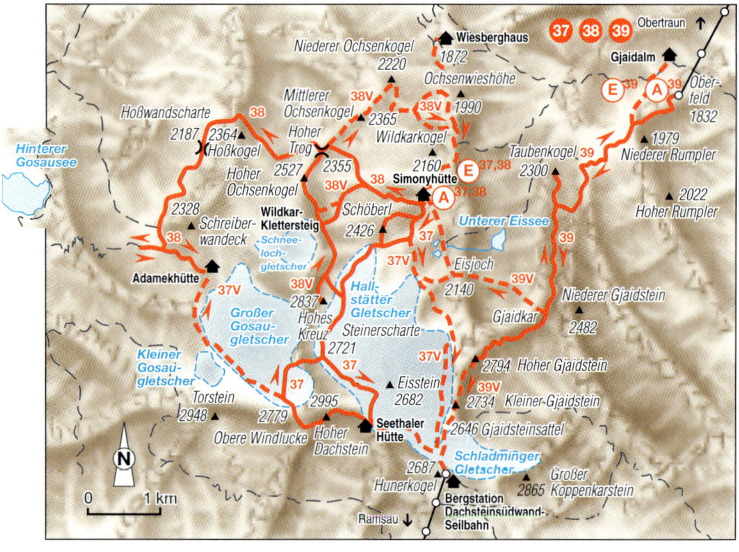

Unterwegs im Gjaidkar. Über dem Hallstätter Gletscher steht das Hohe Kreuz; der Klettersteig verläuft über den von rechts heraufziehenden Nordgrat bzw. schräg durch den rechten Teil der Felsflanke.

ter oben trifft man auf den Steig Nr. 615, der von der Kaserne Oberfeld (1832 m, Bergstation der Oberfeld-Seilbahn) heraufzieht. Auf diesem weiter in eine schuttgefüllte Mulde (2000 m) am Fuß des Taubenkogels. Links unter den Ostabstürzen aufwärts und dann rechts durch einen sehr steilen Gras- und Schrofenhang auf den breiten Rücken (2217 m) des Gjaidstein-Massivs. Rechts über einen Schutthang auf den Taubenkogel (2300 m). Wieder zurück und erst am Rand der Ostabstürze, dann rechts über den immer breiter wer-

denden Rücken, am oberen Rand des Gjaidkares, um den Niederen Gjaidstein herum und wieder zum östlichen Hochflächenrand. Durch einen Schutthang (ehemaliges Notbiwak, 2490 m) in Serpentinen zu einer kleinen Verflachung, dann über den breiten und steiler werdenden Gipfelhang zum Kreuz auf den Großen Gjaidstein (2794 m) hinauf.
Der Abstieg erfolgt auf der gleichen Route.

Abstiegsvariante zur Dachsteinsüdwand-Seilbahn: Vom Hohen Gjaidstein nach der Markierung Nr. 615 nach Süden über einen steilen, gestuften Felshang abwärts, dann auf dem schmalen, aber stellenweise ausgesetzten Grat (I) über eine Scharte auf den Kleinen Gjaidstein (2734 m). Zuletzt auf dem breiter werdenden Grat zum Gjaidsteinsattel hinunter (2646 m, Bergrettungshütte). Über den Gletscher (Skigebiet) gelangt man zur nahen Bergstation der Ramsauer Dachsteinsüdwand-Seilbahn auf dem Hunerkogel (2687 m).
Abstiegsvariante zur Simonyhütte: Im Bereich des einstigen Notbiwaks zweigt vom Steig Nr. 615 eine Markierung ab, die steil ins Gjaidkar hinabführt. Oberhalb der Wände, die zum Unteren Eissee abbrechen, wendet man sich nach links. Etwas ansteigend quert man ins gestufte Felsgelände unterhalb des östlichen Hallstätter Gletschers, steigt bis unter die Gletscherzunge ab und gelangt oberhalb der Oberen Eisseen zur Simonyhütte (2205 m) hinauf. Man kann aber auch rechts über den Eisjoch-Rücken (2147 m) in den Sattel zwischen dem Unteren und den Oberen Eisseen absteigen (2090 m; Einmündung des Trägerweges, siehe Tour 36) und von dort links durch Moränenschutt zur Hütte hinaufwandern.

Nützliche Informationen

Ausgangspunkt: Obertraun bzw. Gjaidalm oder Kaserne Oberfeld. Anfahrt und Seilbahn-Betriebszeiten siehe Tour 35.
Höhendifferenz: Gjaidalm – Gjaidstein 1000 m.
Gehzeiten: Gjaidalm oder Oberfeld – Taubenkogel 2 – 2½ Std., zum Hohen Gjaidstein 1½ – 2 Std., Abstieg 3 Std. (Abstieg zum Hunerkogel 1 Std.; zur Simonyhütte 2 Std.).
Einkehr- und Übernachtungsmöglichkeiten: Schilcherhaus auf der Gjaidalm siehe Tour 35; Simonyhütte siehe Tour 34.
Karte: Freytag & Berndt WK 281; AV-Karte Nr. 14.
Information: Siehe Tour 35.

40 Über die Hochfläche »Auf dem Stein«

4000 Jahre Almwirtschaft

Tourencharakter: Zwei-Tage-Tour über die ausgedehnte Karsthochfläche des östlichen Dachsteingebirges.
Wegbeschaffenheit: Die Routen über den »Stein« verlaufen auf teilweise felsigen Steigen, manchmal auch nur auf Steigspuren oder sind im weglosen Gelände markiert. Bei Nebel oder Schneelage verirrt man sich hier sehr leicht!
Beste Jahreszeit: Sommer und Herbst.
Gehzeit: 12 – 13 Std.

Die Karsthochfläche des östlichen Dachsteingebirges ist 280 Quadratkilometer groß – und sie wird, wie die interdisziplinären Forschungen des Vereins ANISA belegen, schon sehr lange vom Menschen besucht und genutzt: Bereits in der Bronzezeit ließ das milde Klima auf Höhen zwischen 1630 und 2072 m temporäre Siedlungen zu. Ausgegrabene Knochenreste zeigen, daß damals Rinder, Schweine, Ziegen, Schafe und auch Hunde als Haustiere gehalten worden sind; der Fund von Lanzenspitzen weist auf die Jagd hin. Auch für die Römerzeit ist eine Beweidung belegt; damals sind Hirten oder ganze Familien mit ihrem Vieh herumgezogen.
Die uns bekannte Art der Almwirtschaft entstand schließlich im 12. und 13. Jahrhundert. Im Hoch- und Spätmittelalter wurden immer mehr Rinder aufgetrieben. Obwohl die »Steirische Bergschecke« – sie ist längst ausgestorben – gerade 200 bis 300 Kilogramm Gewicht erreichte, steigerte sich die Milchleistung und erforderte damit wohl auch den Bau besserer Wege zum Abtransport der Milchprodukte. Diese Blütezeit der Almwirtschaft endete mit der deutlichen Klimaverschlechterung der sogenannten »Kleinen Eiszeit«, die um das Jahr 1580 einsetzte. Immerhin bestanden noch im Jahre 1792 allein im oberösterreichischen Teil des Dachsteingebirges 95 Almen, auf die 3733 Rinder aufgetrieben wurden, und dazu kamen noch die sechs »Schladminger Almen« auf dem »Stein«. Noch einschneidender war letztlich der landwirtschaftliche Strukturwandel des 20. Jahrhunderts, der die Nutzung der Almen immer weniger notwendig machte. Heute werden auf der östlichen Dachsteinhochfläche noch die Gjaid- und die Grafenbergalm bestoßen; dazwischen weiden nur noch Schafe.

Die weite Landschaft ist einsam geworden. Wenn man von der Gjaidalm zwischen endlosen Latschenhügeln, kantigen Karrenbänken und den letzten Wetterbäumen auf das Guttenberghaus zuwandert, hat man das Gefühl, in eine fremdartige Welt einzutauchen. Über den Wiesenflecken der Modereckalm, auf der eine kleine Halterhütte steht, tut sich die eigenartige Kulisse zwischen dem Klotz des Landfriedsteins, dem finsteren Koppenkarstein und dem abdachenden Gjaidsteinmassiv auf – Berge, die hier als Wegweiser und als Marke für die bereits zurückgelegte Strecke dienen. Weiter im Osten marschiert man auf dem Steig Nr. 666 durch zauberhafte Zirbenwälder zur Grafenbergalm. Der Schriftsteller Bodo Hell, der dort seit vielen Jahren als Senner arbeitet, hat seinen vielen Details sogar ein eigenwilliges literarisches Denkmal gesetzt.

Der Wegverlauf

Gjaidalm – Guttenberghaus: Von der Seilbahnstation am Krippeneck (1788 m) ganz kurz Richtung Gjaidalm, dann nach links und auf dem Steig Nr. 616 in südwestlicher Richtung durch das kuppige Latschengelände zur einstigen Schönbühelalm (1897 m). Hier mündet der Steig Nr. 656 von der Kaserne Oberfeld (1832 m; Bergstation der Oberfeld-Seilbahn). Weiter über einen Latschenrücken und ein kleines Törl in eine langgezogene Mulde (Quelle). Nach dem Anstieg ins Gebiet der Modereckalm erreicht man die 2000 m-Grenze und – im ständigen Auf und Ab – eine weitere Mulde. Zwischen den obersten Latschenflecken steigt man kurz zur Wegteilung »Bei der Hand« (Militärhütte) an. Weiter auf dem rechten Steig Nr. 616 und durch die Handgruben auf eine felsige Anhöhe (2148 m). Dahinter im Bogen durch das oberste Hölltal, durch den felsigen Hang am »Kratzer« und über das öde Karrengelände am Fuß des Eselsteins zur Feisterscharte (2198 m) hinauf.

GIPFELABSTECHER: Hier lohnt sich der kurze Anstieg auf den Sinabell (2349 m).

Von der Scharte geht es zum nahen Guttenberghaus (2147 m) hinab.

Guttenberghaus – Grafenbergalm: Vom Guttenberghaus auf dem Steig Nr. 616 zur Feisterscharte hinauf. Kurz über das Karrengelände Richtung Gjaidalm abwärts, dann aber nach rechts auf den Steig Nr. 618 abzweigen und durch den Schutt am Fuß der Sinabell-Nordflanke bzw. der Wasenspitze, weiter durch den Hang oberhalb des tief eingesenkten Hölltalsees (Silberkarsee) zu einer latschenbewachsenen Mulde («Grubach«, 1923 m) hinab. Geradeaus über die dortige Wegkreuzung; bei der bald darauf folgenden Abzweigung am Fuß des Lackner Miesberges nach rechts (immer Richtung Brünner-

hütte). Rechts um einen Felsvorsprung herum ins Kar der Luserpfanne und – vorbei an einer Dolinenmulde – in die flache Scharte zwischen dem Großen und dem Lackner Miesberg (2016 m) hinauf. Jenseits durch die Nordhänge des Großen Miesberges und durch eine felsige Gasse zur teilweise mit Zirben bestandenen Hochfläche um die Grafenbergalm (1783 m) hinunter.

Grafenbergalm – Krippeneck: Bei den beiden Hütten nach links und auf dem Steig Nr. 666 über die Weidefläche. Über einen bewaldeten Rücken beim Klammeck auf ein welliges und ebenfalls mit

Das winzige Rumplerseelein liegt westlich der einstigen Schönbühelalm, abseits der markierten Steige über den »Stein«.

Zirben bewachsenes Plateau, das in nordwestlicher Richtung überquert wird. Über einen weiteren Rücken erreicht man das mit Latschen bewachsene Gelände um die ehemalige Maisenbergalm (1850 m). Gemächlich ansteigend erreicht man die Wegteilung südlich des Loskoppens (1930 m). Hier auf dem linken Steig Nr. 664 durch die Latschenhänge und ein kleines Tal zum breiten Karstlehrpfad, der vom Heilbronner Kreuz zur Gjaidalm führt. Auf diesem nach links und im Bogen in die obere Mulde der einstigen Hirzkaralm (auf dem dort einmündenden Steig Nr. 662 ist ein kurzer Abstecher zu den kleinen Hirzkarseelein möglich, siehe Tour 41). Durch eine felsige Karstgasse zum unteren Boden der Hirzkaralm (1750 m) hinunter und oberhalb der latschenbewachsenen Mulde am Fuß des Kleinen Krippensteins vorbei zur Seilbahnstation am Krippeneck.

Abstiegsvariante vom Guttenberghaus: Auf dem serpentinenreichen Hüttenweg (Nr. 616) durch das Feisterkar, dann auf dem Fahrweg durch die Latschen- und Waldhänge zur Lärchbodenhütte und zur Wegteilung oberhalb des Gasthofs Feisterer absteigen. Rechts nach Ramsau-Ort (1135 m) oder geradeaus nach Ramsau-Kulm (1082 m) hinab.
Weitere Abstiegsmöglichkeiten Richtung Ennstal bestehen vom Grubach und von der Grafenbergalm.
Varianten auf dem Plateau: Über die Hochfläche verlaufen weitere, z. T. markierte Steige bzw. Steigspuren – etwa von der Modereckalm oder von der Kuppe »Bei der Hand« zur Maisenbergalm oder vom Grubach über die Mieserscharte zur verfallenen Lackenmoosalm.

Nützliche Informationen

Ausgangspunkt: Obertraun bzw. Gjaidalm oder Oberfeld. Anfahrt und Seilbahn-Betriebszeiten siehe Tour 35.
Höhendifferenz: Ca. 900 m.
Gehzeiten: Gjaidalm – Guttenberghaus 5½ Std., Übergang zur Grafenbergalm 3 – 3½ Std., Übergang zur Gjaidalm 3½ Std. (Guttenberghaus – Ramsau 2 Std.).
Einkehr- und Übernachtungsmöglichkeiten: Schilcherhaus auf der Gjaidalm siehe Tour 35; Guttenberghaus (ÖAV, 31 Betten, 45 Lager, von Anfang Juni bis Mitte Oktober bewirtschaftet, Tel. 03687/22753); eventuell Jausenstation Lärchbodenhütte.
Karte: Freytag & Berndt WK 281; AV-Karte Nr. 14.
Information: Siehe Tour 35.

41 Margschierf, 2080 m, und Däumelkogel, 2001 m

Phänomen Karst

Tourencharakter: Hochalpine Tagestour über zwei schöne Aussichtspunkte am Dachsteinplateau.
Wegbeschaffenheit: Die markierten Steige – manchmal sind es nur Steigspuren – sind teilweise steil und steinig; sie erfordern Trittsicherheit. Bei Nebel oder Schneelage verirrt man sich im unwegsamen und gleichförmigen Karstgelände sehr leicht.
Beste Jahreszeit: Frühsommer bis Spätherbst.
Gehzeit: 4 – 6 Std.

Auf der nordöstlichen Dachstein-Hochfläche, zwischen dem Margschierf und dem Hohen Speikberg, erinnert ein schlichtes Holzkreuz an eine Tragödie: Zu Ostern 1954 fanden in diesem zerklüfteten Gebiet drei Lehrer und zehn Schüler aus Heilbronn im Schneesturm den Tod. Heute läßt sich diese kahle Urlandschaft vom Krippenstein oder von der Gjaidalm aus auf einem breiten »Karstlehrpfad« durchwandern. Die dazugehörige Broschüre von Siegfried Gamsjäger schärft den Blick für die Kalkplatten mit versteinerten Muscheln, die Karrenfelder, die Höhlen in den gebankten Mauern, die Ketten der Karstwannen und für die allgegenwärtigen, trichterförmigen Dolinen.
All diese Naturwunder verdanken ihr Dasein der Tatsache, daß das kohlensäurehaltige Regen- und Schmelzwasser den harten Kalk in leicht lösliches Kalziumbikarbonat umwandelt. Wie schnell dieser chemische Verwitterungsprozeß (Korrosion) vor sich geht, ist da und dort an einem Karsttisch zu sehen: Während die Gesteinsplatten seit dem Abschmelzen der Eiszeitgletscher vor etwa 10 000 Jahren flächenhaft abgetragen werden, haben sich unter dem Schutz einiger Felsblöcke 10 bis 15 Zentimeter hohe, sockelartige Erhebungen herausgebildet. Humusschichten, durch die das kühle Naß zum Gestein sickert, verstärken die Auflösung des Kalks noch und führen zu abgerundeten Karrenformen. Im Bergesinneren laugt das Wasser millimeterfeine Schichtfugen und Klüfte zu Höhlen und Schächten aus; mitgerissener Schlamm und Schutt vergrößern die Hohlräume weiter. Über 400 Höhlen sind im Dachsteingebirge bekannt – labyrinthartige Systeme mit einer Gesamtlänge von mehreren hundert Kilometern wurden bereits erforscht, und jedes Jahr gelingen den

Höhlenforschern spektakuläre neue Expeditionen. Allein in der Mammuthöhle sind bisher 52 km und eine Vertikaldistanz von 1150 Metern vermessen.
Sogar ein winziges Wasserauge ist im »Hinterland« des Krippensteins zu entdecken: Eiszeitlicher Moränenschutt hat die Dolinenwanne des Däumelsees verstopft, doch das fast 2000 Meter hoch gelegene Gewässer liegt die meiste Zeit des Jahres unter Eis. Oben auf dem Margschierf, wo es den Almleuten einst nicht recht geheuer erschien, genießt man schließlich noch ein überraschend schönes und weitreichendes Dachstein-Panorama. Zum Schluß, als Draufgabe am Däumelkogel, gibt es noch einen wunderbaren Tiefblick zum Hallstätter See.

Der Wegverlauf

(Tourenskizze S. 161)

Margschierf – Heilbronner Kreuz: Von der Seilbahnstation Krippenstein (2074 m; Berghotel) wie bei Tour 35 auf dem breiten Karstlehrweg («Familien-Wanderweg«, Markierung Nr. 661) durch die kahle Mulde mit den Skiliften und nach Südosten zur folgenden Wegkreuzung (wenn man dem Karstlehrpfad weiter folgt, erreicht man bald den beschilderten Abstecher nach links zum Däumelsee). Wir wandern auf dem vom Karstlehrweg abzweigenden, geradeaus weiterführenden Steig Nr. 661 über breite Fels- und Rasenstufen – oft sind nur Steigspuren sichtbar – zum Margschierf (2080 m) hinauf. Jenseits gelangt man über karrenzerfurchte Felsplatten und zwischen Latschen zum weithin sichtbaren Heilbronner Kreuz (1959 m) hinab.

Phänomen Karst: Karren beim Heilbronner Kreuz.

VARIANTE ZUM HEILBRONNER KREUZ: Dorthin gelangt man auch, wenn man auf dem breiten, sanft an- und wieder absteigenden Karstlehrweg links um das Margschierf-Massiv herumwandert. Dabei erfährt man Interessantes über Karren, Dolinen und Höhlen, die typischen Erscheinungen des Karstphänomens.

Über den Däumelkogel zur Schönbergalm: Nun auf dem schmalen Steig Nr. 664 nach Norden in die latschenbewachsene Senke zwischen Margschierf und Speikberg (2125 m). Durch weitere grüne Mulden und über verwinkelte Anhöhen kommt man in den Sattel südlich des Däumelkogels (2001 m, kurzer Gipfelabstecher). Links um den Berg herum und über einen steileren Hang zum Weg Nr. 662 hinunter. Auf dieser Route nach rechts durch Latschenhänge, rauhes Felsgelände und zuletzt schon im Wald zur Schönbergalm (1345 m) absteigen. Wer nicht mit der Seilbahn talwärts fährt, kann auf dem sehr steilen Ing.-Bock-Weg zur Talstation absteigen – in vielen Kehren zwischen Wasserfall und Seilbahn und sogar durch einen Tunnel.

Abkürzung: Die Wanderung läßt sich verkürzen, indem man vom Däumelsee auf dem Steig Nr. 662 direkt zur Schönbergalm bei den Dachsteinhöhlen absteigt.

Nützliche Informationen

Ausgangspunkt: Obertraun bzw. Seilbahnstation Krippenstein.
Anfahrt und Seilbahn-Betriebszeiten siehe Tour 35.
Höhendifferenzen: 150 m Aufstieg und 1650 m Abstieg.
Gehzeiten: Krippenstein – Margschierf 1 Std., über das Heilbronner Kreuz zur Schönbergalm 3 Std., Abstieg zur Talstation 1–1½ Std. Für die beiden Abstecher benötigt man insgesamt 40 Min. zusätzlich.
Einkehr- und Übernachtungsmöglichkeiten: Schönberghaus (15 Betten, 50 Lager, von Anfang Juni bis Mitte September bewirtschaftet); eventuell Berghotel Krippenstein (100 Betten, von Mitte Mai bis Ende September bewirtschaftet, Tel. 06134/527).
Karte: Freytag & Berndt WK 281; AV-Karte Nr. 14.
Tip: Mammuthöhle, Rieseneishöhle und Höhlenmuseum auf der Schönbergalm (Führungen täglich zwischen 1. 5. und 26. 10.; Höhlentrekking und Touren mit Höhlenführer jederzeit nach Vereinbarung, Tel. 06131/362).
Information: Siehe Tour 35.

42 Ausseer Zinken (Zinkenkogel, 1854 m)

Der Ausseer liebste Aussicht

Tourencharakter: Anspruchsvolle Tagestour auf einen prachtvollen Aussichtsgipfel hoch über dem Ausseer Becken.
Wegbeschaffenheit: Die Steige sind stellenweise steil, felsig und erfordern Trittsicherheit. Nicht bei Nebel oder Schneelage gehen!
Beste Jahreszeit: Frühsommer bis Spätherbst.
Gehzeit: 6 – 7 Std.

Zwischen dem Gipfelkreuz auf dem Zinkenkogel und den Schornsteinen von Bad Aussee liegen 1200 Meter Luft: Die wohlgeformte und grünverbrämte Steinpyramide über dem alten Salinenort, die diesen pfundigen Tiefblick verheißt, entpuppt sich hinten jedoch als sanft abdachendes Hochplateau. Mit dem Ausseer Zinken schiebt sich das Dachsteingebirge weit nach Norden vor; das historische Führerwerk *Der Hochtourist in den Ostalpen* bezeichnete den Berg ein wenig umständlich als eine »nach Norden steil abbrechende Anschwellung am Nordrand der Hochfläche des 'Steins'«. Um diese Erkenntnis nachvollziehen zu können, muß man ein ordentliches Stück bergaufschnaufen: Der Zickzack neben dem wüst aufgeackerten Planergraben hats in sich, und jenseits des mürben Gipfelgeschröfs pfeift die aus dem Fels gehauene »Hahnlerstiege« genauso schnittig bergwärts. Dafür wird es dann oben beschaulich: Da kuscheln sich kleine Almwiesen wie Oasen in den riesigen Waldpelz des Kemetgebirges, der nur ganz am Rand mit Forststraßen und Kahlschlä-

Zwischen den Karrenfelsen, Almrauschpolstern und Latschenwuscheln auf dem Ausseer Zinken blitzt der ferne Hallstätter Gletscher auf.

gen ausgefranst wurde, und auf der Hahnleralm balzen bestimmt Auer- und Birkhähne. Würdig verwitterte Lärchen und Zirben zaubern eine parkartige Atmosphäre in das kuppige und von Dolinentrichtern gezeichnete Hochland, Alpenblumen bringen Farbtupfer ins würzig duftende Grasgrün. Dazu schauen die eisgrauen Dachsteingipfel aus einer ganz eigenwilligen Perspektive über den Krippenstein und das Speikbergmassiv herüber, und im Norden bildet das Tote Gebirge einen weißen Streifen am Horizont.

Der Wegverlauf

Über den Ausseer Zinken: Vom Bahnhof Bad Aussee (639 m) auf der Koppenstraße Richtung Obertraun über den Bahnübergang und einen Berg hinauf, bis links ein Forstweg mit der Markierung Nr. 695 in den Wald abzweigt. Dann auf einem steilen Steig in unzähligen Kehren neben dem tiefen Planergraben zu einem großen

Schlag. An seinem oberen Ende rechts in die nächste felsige Rinne (Quelle). Oberhalb davon auf breiten Bändern nach rechts durch den Felsabbruch zwischen dem Eisloch- und dem Feuerkogel in ein weites, almartiges Hochtal; kurz absteigen.

ABSTECHER: Vom tiefsten Punkt des Weges ist ein kurzer Besuch der Planeralm, 1663 m, lohnend.

Wieder sanft ansteigend wandert man im weiten Linksbogen durch die Latschenhänge bis zu einer Wegverzweigung unter dem Zinken. Dort links über den Rasenhang zum 8 m hohen Gipfelkreuz (1854 m) hinauf.

Im Abstieg gehen wir ab der Wegteilung den Steig Nr. 696 (Hahnlerweg), der nach Südosten, erst neben einem Felsabsturz und dann über gestuftes Alm- und Waldgelände, zur Hahnleralm (Handleralm, 1650 m) hinabführt. Links in einen grasigen Sattel (1680 m) hinauf, kurz nach rechts dem Hochflächenrand entlang und dann links in das weite und felsige Kar hinunter (Quelle). Wo sich die erlenbestandene Grube zum Graben verengt, links in die Felsen (1380 m) und über die »Hahnlerstiege« zu einem steilen und steinigen Waldrücken, auf dem man abwärts marschiert. Auf etwa 840 m Seehöhe scharf nach links in den Wintergraben, daneben in Serpentinen abwärts und nach links zu einer Forststraße, der man kurz folgt. Dann rechts ins Tal hinunter, ein Stück den Schienen entlang zur Bahnmeisterei und zum Bahnhof Bad Aussee.

Nützliche Informationen

Ausgangspunkt: Bad Aussee, Bahnhof.
Anfahrt: Mit der Salzkammergutbahn (Linie 17). Mit dem Auto auf der Koppenstraße vom Hallstätter See oder auf der B 145 aus Richtung Bad Ischl bzw. Bad Mitterndorf (bei der Abzweigung nach Bad Aussee nicht in den Ort, sondern südwärts über die Traun Richtung Obertraun).
Höhendifferenz: 1250 m.
Gehzeiten: Auf den Zinken 3½ Std., Abstieg 2¾ Std.
Einkehrmöglichkeit: Keine!
Karte: Freytag & Berndt WK 281.
Tip: Zu besichtigen in Bad Aussee: Kammerhofmuseum, Hugo-Cordignano-Museum, Lebzelterei; Baden im Vital-Bad.
Information: Tourismusbüro A-8992 Bad Aussee, Tel. 03622/52323.

43 Hoher Sarstein, 1975 m

Im Reich der Mitte

Tourencharakter: Anstrengende Tagestour auf einen der schönsten Aussichtsberge im Salzkammergut, auch auf zwei Tage aufteilbar.
Wegbeschaffenheit: Der Weg vom Pötschenpaß führt über eine kurze, jedoch nicht besonders schwierige Klettersteig-Passage, die Trittsicherheit und Schwindelfreiheit erfordert; die beiden anderen Steige sind zwar steil, aber problemlos. Bei Schlechtwetter ist von der Überschreitung abzuraten.
Beste Jahreszeit: Frühsommer bis Spätherbst.
Gehzeit: 6 – 7 Std.

Seit 1949 gilt das Ausseer Land als die geographische Mitte Österreichs. Seinen Mittelpunkt bildet natürlich Bad Aussee – im Kurpark steht der »Mittelpunktstein«. Der Sarstein schließlich, das behäbige Bergmassiv im Westen des Ortes, steht wie ein Monolith in der Mitte zwischen dem Inneren und dem Steirischen Salzkammergut. Soviel Mitte und trotzdem keine Spur von Mittelmäßigkeit: Die Überschreitung des Hohen Sarsteins darf getrost zu den Top ten der Salzkammergut-Touren gezählt werden.
Geologisch gesehen gehört der Sarstein zum Dachsteingebirge – den elegischen Fjord des Hallstätter Sees und die Schlucht der Koppentraun, die ihn davon trennen, haben erst die Eiszeitgletscher so tief ausgehobelt. Die erdgeschichtlich viel ältere Furche im Norden, die nicht einmal tausend Meter hohe Pötschen, bietet bis heute den bequemeren Übergang: Schon Römer reisten hier so geschäftig von hüben nach drüben, daß sie dabei etliche Münzen verloren.
Seinen Namen hat der Sarstein allerdings von späteren Bewohnern bekommen: Mit »schor« bezeichnete man im Mittelhochdeutschen einfach den schroffen Fels. Der überragt seine Umgebung tatsächlich um einiges – und er macht das Hinaufsteigen spannend: Da führt zunächst einmal ein anregender Mini-Klettersteig in einen schattigen Steilhang-Felszirkus, dann freut man sich im Rückblick über Altausseer-, Grundl- und Sommersbergsee, und schließlich wird man auf einer lauschigen Hochalm freundlich bewirtet. Dort genießt man schon einen erwartungssteigernden Ausschnitt jenes Prachtpanoramas, daß sich erst ganz oben auftut: Plötzlich rückt der

Dachstein mit seiner gletscherweißen Schlagobersseite ins Bild, und wenn man unterhalb des Gipfels ein Stück über die Wiese wandert, erblickt man auch sein dunkles Gegenstück, den Hallstätter See samt seinem vieltausendjährigen Bergwerksort. Aus dem jenseitigen Tal rauscht die Koppentraun bis zum Kreuz herauf, und eine Hundertschaft ferner Zacken vom Grimming bis zum Wiesbachhorn rundet das Schauvergnügen ab. Von soviel Schönheit können Sie gar nicht genug bekommen? Kein Problem: Der 2 km lange Südkamm verlängert das Vergnügen bis zur Obertrauner Sarsteinhütte und bis zum Grubberg hinüber.

Der Wegverlauf

(Tourenskizze S. 168)

Vom Pötschenpaß auf den Hohen Sarstein: Von der großen Schottergrube am Pötschenpaß (993 m) auf dem Weg Nr. 693 ein Stück oberhalb der Straße eben Richtung Bad Aussee. Bald wandert man auf einem Karrenweg durch die Waldhänge unter dem schluchtartigen Kar, das zwischen den felsigen Vorgipfeln des Hohen

Wo sich das Gatterl zum Hohen Sarstein öffnet, gibt es einen Rückblick zur Unteren Sarsteinalm, ins Goiserer Becken und zum Katergebirge.

Die Mitte Österreichs: Der Grundlsee, das Tote Gebirge und rechts unten Bad Aussee. Ein Ausschnitt aus der berühmten Rundsicht vom Hohen Sarstein.

Sarsteins klafft. Bald erreichen wir den Weg Nr. 691, der von Bad Aussee bzw. vom Sommersbergsee heraufzieht. Auf diesem nach rechts und durch den Wald auf ein bewachsenes Schuttfeld, auf dem man nach rechts zu einer Felsstufe quert. Auf ausgehauenen Stufen und mit Hilfe von Stahlseilen klettert man in das steile Kar, in dem sich der Steig geschickt zwischen Schutt und großen Steinblöcken aufwärts schlängelt. Schließlich erreicht man ein Hochtal, durch das man zu einem Wiesensattel und zur dahinter gelegenen Unteren Sarsteinalm (1695 m) kommt. Im Sattel zweigt der Steig Nr. 620 links ab. Er führt zuerst im Zickzack durch eine felsige Flanke zu einem kleinen Gatter und dann durch die Rasenhänge des Gipfelrückens zum Kreuz auf dem Hohen Sarstein (1975 m).

Absteig nach Obertraun: Vom Gipfel südwärts nach der Markierung 692 über den 2 km langen, stetig abfallenden und mit Latschen begrünten Rücken nach Süden. Im Bereich des Gröbkogels (1724 m) wandert man durch Almwiesen zur Sarsteinhütte (1620 m) hinab. Von dort folgt der Steig einem steilen Waldrücken (letzter Blick auf den Hallstätter See und den Dachstein), bis er sich nach links wendet und in vielen Kehren neben dem Brettsteingraben und durch den flacheren Sarsteinwald zum Friedhof, zur darunter gelegenen Kirche und zum Bahnhof in Obertraun (513 m) führt.

Variante: Man kann von der Unteren Sarsteinalm auch auf dem steilen Steig Nr. 690 im Wald neben dem wild eingerissenen Rotengraben hinunterwandern. Auf etwa 1000 m Seehöhe quert man langsam nach rechts zur Simony-Aussicht (Unterstandshütte mitten im dichten Wald) und gelangt auf einem Forstweg zur Pötschenstraße hinab. Entweder per Autostopp zum Ausgangspunkt zurück – oder man wandert auf der alten, geschotterten Pötschenstraße, die 1 km weiter oben abzweigt, neben der Hochspannungsleitung zur Paßhöhe hinauf.

Nützliche Informationen

Ausgangspunkt: Bad Aussee bzw. Pötschenpaß.
Anfahrt: Hat man die Überschreitung vom Pötschenpaß nach Obertraun vor, nimmt man am besten den Bus (Linie 6835, nur unter der Woche) oder ein Taxi; Rückkehr von Obertraun per Bahn (Linie 17). Mit dem Auto auf der B-145 bis zum großen Parkplatz auf der Paßhöhe.
Höhendifferenzen: Pötschenpaß – Hoher Sarstein 990 m, Abstieg nach Obertraun 1470 m (Abstieg Richtung Bad Goisern 1280 m).
Gehzeiten: Pötschenpaß – Untere Sarsteinalm 2½ Std., auf den Hohen Sarstein 50 Min., Übergang zur Sarsteinhütte 1¼ Std., Abstieg nach Obertraun 2¼ Std. (Abstieg von der Unteren Sarsteinalm Richtung Bad Goisern 2 Std., zu Fuß zum Pötschenpaß zurück 1 Std.
Einkehr- und Übernachtungsmöglichkeiten: Untere Sarsteinalm (16 Lager, bewirtschaftet von Ende Juni bis September); Sarsteinhütte (TVN, 4 Betten, 13 Lager, Selbstversorgerhütte, geöffnet von Mai bis Oktober, Tel. 06131/213).
Karte: Freytag & Berndt, WK 281
Tip: Blumenbestimmen im Ausseer Alpengarten an der Pötschenstraße; Baden im moorwarmen Sommersbergsee.
Information: Siehe Tour 42.

44 Sandling, 1717 m

Schätze im Salzberg

Tourencharakter: Tagestour in einer besonders romantischen, für geologisch Interessierte geradezu aufregenden Landschaft.
Wegbeschaffenheit: Rund um den Sandling wandert man auf unproblematischen Wegen und Steigen; der stellenweise recht luftige Sandling-Klettersteig (A/B) verlangt allerdings Trittsicherheit und Schwindelfreiheit (am besten mit Klettersteig-Set).
Beste Jahreszeit: Frühsommer bis Spätherbst.
Gehzeit: 5 – 6 Std.

Der Sandling ist ein richtiger »Stoasteirer«: Als eigensinniger Solist steht er im Südwesten vor dem Toten Gebirge, zu dem er eigentlich gehört, und selbst die Landesgrenze schlägt einen Bogen um ihn. Das hat seinen Grund: Ähnlich wie der Plassen bei Hallstatt hockt auch der Sandling auf einem kostbaren Schatz – dem Salz, das auch hier schon früh aus Solequellen, bis 1994 auch in Bergwerken gewonnen worden ist: Der Ahornbergstollen (oberhalb des heutigen Ausseer Schaubergwerks) wurde im Jahre 1147 angeschlagen.
Dem Berg bekam das gar nicht gut: Sein Kalkkopf liegt ja auf dem weichen und plastischen »Haselgebirge«, einer Mischung aus Salz, Ton und Gips, und vermutlich hat die zunehmende Aushöhlung dazu beigetragen, daß bereits im Jahre 1546 gewaltige Felsmassen aus der Westwand in die Tiefe brachen. 1765 spaltete sich dort ein 200 Meter hoher, freistehender Turm ab, der »Pulverhörndl« getauft und 1907 erstmals erklettert wurde. Mit diesem frommen Vergnügen war in der Nacht vom 12. auf den 13. September 1920 endgültig Schluß: Da brach das Pulverhörndl in sich zusammen, und in der Wand setzten sich zwischen sechs bis neun Millionen Kubikmeter Gestein in Bewegung. Das riesige Schuttfeld mit haushohen Felsklötzen mitten auf der Vorderen Sandlingalm, abgesackte Waldhänge und eine fast 5 km lange Erdmure, die das Tal des Michlhallbaches verlegte, geben noch heute ein anschauliches Bild dieses gewaltigen Naturereignisses. Und das Schönste daran: Nach dem Heraufwandern durch das viele Grün am Fuß des Sandlings empfängt Sie ein Klettersteig, der Sie die geologische »Sensation« aus der Vogelschau überblicken läßt.
Der Sandling hat auch schon mit Sensationen ganz anderer Art zu

tun gehabt: Ab 1943 lagerte das nationalsozialistische Regime unzählige Kunstschätze – viele stammten von enteigneten Juden – zum Schutz vor Bombenangriffen im Altausseer Salzbergwerk. Belegt sind u. a. 6577 Gemälde, 230 Zeichnungen und Aquarelle, 954 Graphiken, 137 Plastiken, 122 Tapisserien und weit über 1000 Bücherkisten. Als die Front im April 1945 bedrohlich nahegerückt war, beschloß Gauleiter Eigruber, nicht nur die Zugänge zum Bergwerk, sondern auch das unermeßlich wertvolle Kulturgut selbst zu vernichten. Eine merkwürdige Allianz zwischen der Bergwerksleitung, Knappen, Mitgliedern der Widerstandsbewegung und Dr. Ernst Kaltenbrunner, dem in Aussee weilenden und bereits auf sein Schicksal nach Kriegsende bedachten Chef des Reichssicherheitshauptamtes, führte nach dramatischem Hin und Her zum Abtransport der bereits vorbereiteten Fliegerbomben. Am 8. Mai war der Spuk zu Ende: Die eingetroffenen Amerikaner übernahmen die Kulturschätze in ihre Obhut.

Der Wegverlauf

Auf den Sandling: Vom Gasthaus Schneiderwirt in Altaussee (723 m) auf dem Jakob-Wassermann-Weg zur Schießstätte (hierher gelangt man auch vom Hotel Tyrol auf der Straße Richtung Lu-

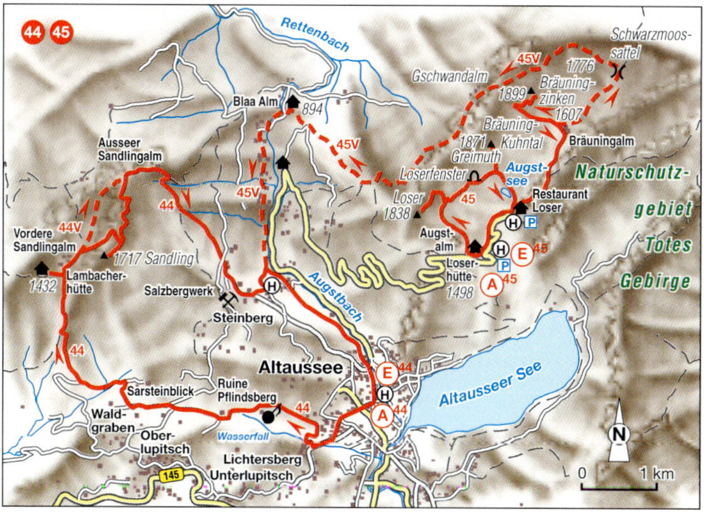

pitsch). Auf der Asphaltstraße in den Graben des Trattenbaches und links nach Lichtersberg hinauf. Kurz nach dem Waldrand rechts auf dem Weg Nr. 7 a – vorbei an einem hohen Wasserfall – zur Schloßwiese hinauf (kurzer Abstecher zur Ruine Pflindsberg). Nun links auf der Forststraße mit der Markierung 9 a ins Langmoos (Moor) und geradeaus zum ehemaligen Gasthaus Sarsteinblick. Durch die Siedlung Waldgraben bis zu einem modernen Holzhaus neben einem Bach. Hier rechts nach der Markierung Nr. 250 durch den Wald zu einer Forststraße hinauf, auf dieser nach links und schließlich wieder rechts auf einem Steig in den Michlhallgraben. Unter dem »Unsinnigen Kira« (70 m hoher, freistehender Felsturm)

Die unruhige Sandling-Westwand mit dem letzten Rest des »Pulverhörndls« (rechts) – darunter die große, 1920 entstandene Schutthalde auf der Vorderen Sandlingalm.

vorbei und durch das steile, schutt- und murenerfüllte Tal zur Vorderen Sandlingalm (1320 m) hinauf. Links geht es zur nahen Lambacher Hütte (1432 m); wir wandern jedoch die Wiese aufwärts.

ABKÜRZUNG: Wer den Gipfel ausläßt, wandert von der Vorderen direkt zur Ausseer Sandlingalm (Weg Nr. 201).

Richtung Gipfel zweigen wir bei der großen Schutthalde unter der Sandling-Westwand rechts auf den Steig Nr. 250 ab. Dieser führt durch ausgesetzte, mit Stahlseilen und Eisenklammern gesicherte Latschengassen auf das breite, mit Karrenplatten durchsetzte Gipfeldach, über das man nach rechts zum Kreuz auf dem Sandling (1717 m) ansteigt.
Abstieg: Wieder zurück, bei der Wegteilung unterhalb des Gipfels jedoch geradeaus nach der Markierung 251 weiter. Über zwei Felsstufen klettert man mit Stahlseilhilfe hinab, dann erreicht man über den schütter bewaldeten Nordrücken den Wanderweg Nr. 201, auf dem man rechts zur Ausseer Sandlingalm gelangt. Bei der Wegteilung am unteren Ende der Alm rechts auf den Steig Nr. 252 Richtung Altaussee, der sich bald wieder verzweigt: Links ab, unter dem Skilift durch und über eine Forststraße zu einem Stollen, dann links auf der steilen Asphaltstraße zum Ausseer Salzbergwerk (942 m) hinunter. Zuletzt auf der Straße (oder ab dem Steinberghaus auf der *Via Salis*) nach Altaussee zurück.

Nützliche Informationen

Ausgangspunkt: Altaussee.
Anfahrt: Mit der Salzkammergutbahn (Linie 17) nach Bad Aussee, weiter mit dem Bus (Linie 955). Mit dem Auto Zufahrtsmöglichkeit bis Waldgraben bzw. zum Salzbergwerk.
Höhendifferenz: 1000 m.
Gehzeiten: Altaussee – Sandling 3 – 3½ Std., Abstieg 2 Std.
Einkehr- und Übernachtungsmöglichkeiten: Büffet im Salzbergwerk; eventuell Lambacher Hütte (ÖAV, 58 Lager, Selbstversorgerhütte, von Pfingsten bis Ende Oktober Sa/So/Fe beaufsichtigt, Getränke erhältlich, Tel. 07245/32781).
Karte: Freytag & Berndt WK 281, AV-Karte Nr. 15/1.
Tip: Führung durch das Salzbergwerk (auch Theateraufführungen und Lesungen), Heimat- und Literaturmuseum im Kulturzentrum Steinberghaus; Baden im Altausseer See (beim Seeklausanger).
Information: Tourismusbüro A-8992 Altaussee, Tel. 03622/71643

45 Loser, 1838 m, und Bräuningzinken, 1899 m

Das Altausseer Bergwahrzeichen

Tourencharakter: Zwei Halbtagestouren von einem hochgelegenen Ausgangspunkt auf zwei felsige, aber unschwierig zu erreichende Aussichtsgipfel.
Wegbeschaffenheit: Der Loser-Weg über den Hochanger weist eine kurze gesicherte Passage auf; Trittsicherheit und Schwindelfreiheit braucht man aber schon beim Zustieg. Der Steig auf den Bräuningzinken ist (ebenso wie die unmarkierte Route rund um den Loser) teilweise recht steinig, aber bei trockenen Verhältnissen problemlos.
Beste Jahreszeit: Sommer bis Spätherbst.
Gehzeit: 3 bzw. 3½ Std.

Das waren noch Zeiten: »Sesselträger für etwaige Damenbegleitung (16 Gulden für 4 Mann, Trinkgeld pro Mann 40 Kreuzer) sind bei Herrn Alois Sendlhofer, Tragsesselinhaber und Fremdenführer in Aussee, zu erhalten«, heißt es im Jahrbuch des Steirischen Gebirgsvereines anno 1875 über den Loser. Obwohl selbst Erzherzog Johann oder die Kaiserin Elisabeth durchaus zu Fuß auf den berümtesten Aussichtsgipfel des Ausseer Landes gestiegen sind, muß das Geschäft des Tragsessel-Tycoons ganz gut gegangen sein. Der Alpenverein sah sich jedenfalls schon sieben Jahre später genötigt, ein Schutzhaus in den Gipfelabhang zu bauen. Die Loserhütte ist 1996 vollkommen neu gestaltet und mit viel heimeligem Holz ausgestattet worden. Der Tiefblick von der Terrasse zum tintenschwarzen Altausseer See und hinüber zum Dachstein oder zur prallen Trisselwand ist schön wie eh und je – nur die schwitzenden Sesselträger sind mittlerweile arbeitslos geworden: Heute führt eine asphaltierte Mautstraße bis knapp vors Ufer des Augstsees, und gleich neben der Hütte surrt der Sessellift vorbei – der Duft der Kasnocken, die der rührige Wirt manchmal genau darunter bruzzeln läßt, ist ein schönes Beispiel für den Begriff »Konsumzwang«. Der Strom dafür kommt übrigens nicht aus der Steckdose, sondern von der Sonne – erzeugt in den schwarzglänzenden Feldern des größten alpinen Kollektorenkraftwerks.
Es wird erzählt, der Loser heiße so, weil die Sennerinnen dort oben nach dem Vieh »gelost« (gehorcht) hätten. Manche führen den Namen aber auf eine slawische Wortwurzel zurück, und im Mittelhoch-

deutschen bedeutete »los« soviel wie »frei«. Und frei ist die Aussicht von dem abstehenden Berg-Ohrwaschel wirklich – nach (fast) allen Seiten. Selbst der Geologe Dr. Georg Geyer (1857 – 1936), der wissenschaftliche Erschließer der ganzen Gebirgsgruppe, bekannte: »Als ich meine Touren im Todten Gebirge begann, galt mein erstes Sehnen der Loserspitze.« Noch hübscher ist es jedoch, auf der drüberen Seite des benachbarten Hochangers durch das »Loserfenster« zu blicken: Es rahmt den fernen Schönberg nebst der tief unten liegenden Gschwandtalm recht würdig ein. Zum Schluß freuen sich die warmgelaufenen Füße bestimmt über eine Abkühlung im Augstsee: Das acht Meter tiefe Wasserauge ist das höchstgelegene im Toten Gebirge, und der eigenartige Kegel des Atterkogels spiegelt sich im (meist sehr) kühlen Naß, bevor es in den Tiefen des Karsts versickert.

Wollen Sie auch die restliche Hälfte des Panoramas genießen, dann steigen Sie einfach auf den Bräuningzinken, die nördlichste und höchste Erhebung im Loserstock. Der schmale und latschengesäumte Gipfelweg hört erst auf, wenn Ihnen die östlichen Teile des Toten Gebirges zu Füßen liegen.

Die bezaubernde Bergwelt hinter dem Loser:
Im Bild der Atterkogel und der Greimuth.

Der Wegverlauf

(Tourenskizze S. 175)

Auf den Loser: Von der Loserhütte (1498 m) wenige Meter auf dem Hüttenweg Nr. 201 Richtung Augstalm, dann rechts auf dem Steig Nr. 255 durch die glatte und felsgebänderte Südflanke des Hochangers auf den Loserboden. Durch dieses dolinenreiche Hochtal in den Gschwandtsattel und links über das Grasdach des Losers zum metallenen Gipfelkreuz (1838 m).
Abstieg: Wieder in den Sattel, dann aber links auf dem Steig Nr. 256 durch den jenseitigen Latschen- und Felshang auf den Hochanger (1837 m, Sender). Auf der anderen Seite über Karrenfelder zum »Loserfenster«, über stahlseilgesicherte Felsstufen Richtung Sessellift-Bergstation abwärts.

ABSTECHER GREIMUTH: Knapp unterhalb der gesicherten Passage zweigen links unmarkierte und teilweise kaum sichtbare Steigspuren ab, die ziemlich eben über ein Karren- und Dolinenfeld, dann aber durch steile Latschengassen neben dem Grat auf den Greimuth (1871 m) führen. Am gleichen Weg zurück.

Abschließend im weiten Bogen durch das Kar zum Augstsee (1643 m). Kurz zum obersten Parkplatz der Loserstraße (1600 m, Restaurant) und rechts, oberhalb der Straße, zur Loserhütte hinab.

Auf den Bräuningzinken: Von der Loserhütte zum obersten Parkplatz der Loserstraße; weiter auf dem Steig Nr. 201 zunächst der Wegweisung zum Appelhaus folgend zu den Skiliften. Dort zweigt links der Weg Nr. 257 ab, der zur Bräuningalm (1607 m) und im Linksbo-

Der ferne Schönberg und die nahe Gschwandalm – beide durchs Loserfenster fotografiert.

gen oberhalb des Bräuning-Kuhntals in den Gschwandtsattel hinaufführt. Scharf nach rechts und unterhalb der latschenbewachsenen Grathöhe, zuletzt auf dem Kamm (und ebenfalls an einem Felsloch vorbei) auf den Bräuningzinken (1899 m). Der Abstieg erfolgt auf der gleichen Route.

Variante rund um den Loserstock: Nur mit Steinmandln markiert, aber landschaftlich sehr lohnend ist dieser Steig: Hat man den »Einstieg« hinter der Bräuningalm einmal gefunden, geht es in der Nähe der Skirouten-Markierungsstangen in den Schwarzmoossattel (1684 m) hinauf. Dort nach links und über die latschenbewachsenen Karrenfelder um die abschußrampenartigen Vorlagerungen und den Nordabsturz des Bräuningzinkens herum zur Gschwandalm (1492 m). Zuletzt durchquert man den Waldboden zwischen der Loser-Nordwand und der Stöcklwand (Bildstock) und eine Schutthalde. So gelangt man über den Waldrücken des Brombeerkogels zum Weg Nr. 201, auf dem man rechts zur Blaa-Alm (894 m) absteigt. Auf dem Wiesenweg durch das Tal des Augstbaches – neben der Straße und vorbei an der Losermaut – nach Altaussee hinunter.

Nützliche Informationen

Ausgangspunkt: Loserhütte oder Parkplatz am Ende der Loserstraße.
Anfahrt: Wie bei Tour 44 nach Altaussee. Mautstraße und Busverbindung auf den Loser (Linie 955).
Höhendifferenzen: Jeweils 400 m.
Gehzeiten: Loserhütte – Loser 1½ Std., Abstieg 1¼ Std.; Loserhütte – Bräuningzinken 2 Std.; Abstieg 1½ Std. (Abstecher auf den Greimuth ½ Std. vom Loser-Weg; Loser-Umrundung 4 – 5 Std.).
Einkehr- und Übernachtungsmöglichkeiten: Loserhütte (ÖAV, 25 Betten, 75 Lager, ganzjährig außer vom 5. 11. bis 15. 12. bewirtschaftet, Tel. 03622/71202); Bergrestaurant am Ende der Loserstraße.
Karte: Freytag & Berndt, WK 281; AV-Karte Nr. 15/1.
Tip: Der Loser ist ein Zentrum der Drachenflieger und Paragleiter (Information unten); Touren mit Höhlenführer in der Schwarzmooskogel-Eishöhle (2 Std. von der Loserhütte), Tel. 06131/362.
Information: siehe Tour 44.

46 Redender Stein, 1900 m, und Großer Woising, 2064 m

Das grüne Herz des Toten Gebirges

Tourencharakter: Zwei bis drei Tage im mittleren, stark gegliederten und z.T. bewaldeten Bereich der Hochfläche des Toten Gebirges.
Wegbeschaffenheit: Die Steige durch den Henarwald und auf die beiden Aussichtsgipfel sind lang und steinig, aber problemlos – der Übergang von der Loserhütte erfordert Trittsicherheit und Schwindelfreiheit. Bei Nebel kann die Orientierung schwierig werden.
Beste Jahreszeit: Frühsommer bis Spätherbst.
Gehzeit: Je nach Routenwahl zwischen 7 und 15 Std.

Die alten Griechen waren überzeugt, nach ihrem Tod über den Fluß Styx ins Reich der Toten zu kommen. Ein vergleichbares Gefühl schleicht sich ein, wenn man vom Touristenzentrum am Loser in die grüngraue Unendlichkeit des Toten Gebirges hineinwandert: Auf einmal ist es still, und statt breiter Promenadenwege hat man ruppige Karrenfelsen unter den Sohlen. »Jeder Gedanke an die große Welt, jeder Kummer schwindet hier. Seinem Schöpfer näher erfüllt uns die Anschauung der Natur im Grossen mit himmlischer Empfindung…« Diese metaphorischen Worte stammen aus den Tagebüchern des heute noch verehrten Erzherzogs Johann (1782–1859), der das Tote Gebirge mehrmals überschritten und dabei natürlich auch irdischen Freuden nicht abhold war: »Überall auf den Alpen fahren Mädchen auf. In der Gegend von Aussee fand ich, daß sie am besten singen, drei bis vier Stimmen zusammen; es ist sehr angenehm zu hören.«
Das bunte Almleben ist auch hier schon längst Geschichte; nur noch Jungvieh bimmelt vor dem Hütterdorf über den Augstwiesen, auf der Wildensee- und der Henaralm den Sommer ein. Geblieben ist jedoch der Henarwald dazwischen – ein duftiger Hain, der den rissigen Fels der Hochfläche zwischen ehrwürdig verwitterten Lärchen und Zirben mit Heidelbeergestrüpp, Almrauschfeldern und frühsommerlichen Blumengärten kaschiert. Den schönsten Blick über die grüne Oase genießen Sie unter dem großen Gipfelkreuz auf dem »Redenden Stein«, der allerdings nur dann antwortet, wenn Sie ihm an der richtigen Stelle etwas zurufen (der Erzherzog bezeichnete ihn

anno 1810 noch als »Rötenen Stein«). Zu seinen Füßen nickt das Wollgras im Katzenmoos beifällig im Wind, der auch die dunklen Oberflächen des Wildensees, des kleinen Henarsees und des winzigen Augstwiesensees kräuselt. Wer mehr Wasser sehen möchte, muß schon auf den mächtigen Woising steigen und zum Almsee hinunterschauen – oder den Altausseer See zum abschließenden Plantschen ansteuern. Aber wer will schon weg aus dieser zauberhaften Gegend, noch dazu, wo der Österreichische Touristenverein 1927 das gastliche Appelhaus in seine Mitte gestellt hat?

Der Wegverlauf

(Tourenskizze S. 184)

Loserstraße – Wildenseealm – Appelhaus: Vom obersten Parkplatz der Loserstraße (1600 m, Restaurant) nach der Markierung Nr. 201 gegen den Augstsee hinauf (kurzer Abstecher), rechts ins Skiliftgebiet und bei der folgenden Wegteilung wieder rechts Richtung Wildenseehütte/Appelhaus abbiegen. Auf dem Karl-Stöger-Steig durch die begrünte Felsflanke des Vorderen Schwarzmooskogels zum Hochklapfsattel (1498 m, Quelle) hinab. Auf dem Steig Nr. 212 nach links und oberhalb des winzigen Augstwiesensees in die Mulde der Augstwiesen (Quelle). Bei der dortigen Gabelung links auf dem Steig Nr. 212 am Rand der Alm zu einem Latschenhang, über dem man das Jagdhaus »Füchsleins Not«, die Abzweigung zu einer Quelle und die nahe Wildenseealm (1525 m) erreicht.

ABSTECHER: über einen Waldrücken und die Hufnagelwiese zum Wildensee, 1535 m (lohnend, siehe auch Tour 18).

Zuletzt wandert man auf dem Steig Nr. 235 durch den sanft ansteigenden Henarwald zum Appelhaus hinüber.

Henarsee und Redender Stein: Auf dem Weg Nr. 201 ins Hütten- und ins Katzenmoos. Bald danach zweigt links der markierte Obere Seeweg zum Henarsee (1691 m) ab. Links über einen Rücken zum Steig 232 (Unteren Seeweg) und auf diesem links zur Hütte zurück. Folgt man von der Abzweigung des Oberen Seeweges dem Weg Nr. 201 noch ein Stück Richtung Pühringerhütte, erreicht man eine weitere Abzweigung. Hier nach rechts in einen Sattel und über den Latschenrücken auf den Redenden Stein (1900 m).

Großer Woising: Vom Appelhaus ganz kurz auf dem Steig Nr. 201 Richtung Pühringerhütte. Dann links nach der Markierung Nr. 232 abzweigen, auf dem Unteren Seeweg ins felsige Latschengelände um

das Gellerwiesl. Rechts des Südwestrückens mühsam zur steilen Woisingleiten, über die man auf den Gipfel (2064 m) steigt. Der Abstieg erfolgt auf der gleichen Route.

Abstieg nach Altaussee: Vom Appelhaus auf dem Steig Nr. 201 durch gestuftes Waldgelände zur Augstwiesenalm (1415 m) und zum Hochklapfsattel zurück. Hier links abzweigen: Der Steig Nr. 212 windet sich in Kehren durch den Wald zur einstigen Oberwasseralm (1182 m) und zur Stummernalm (811 m) hinab. Auf der Forststraße durch das Bergsturzgelände des Steinfeldes, dann rechts auf einem Steig zur Seewiese und auf dem Kerryweg neben dem Altausseer See nach Altaussee (Fischerndorf, 719 m).

Das Leben war hart, das Sterben zäh: Auf dem Karstplateau des Toten Gebirges halten sich Zirben bis auf 2000 Meter Seehöhe.

Nützliche Informationen

Ausgangspunkt: Bergrestaurant Loser.
Anfahrt: Siehe Tour 45.
Höhendifferenzen: Loserhütte – Wildenseealm – Appelhaus 420 m Anstieg und 280 m Abstieg; Redender Stein 270 m; Woising 450 m; Abstieg nach Altaussee 1100 m (plus 170 m Gegenanstieg).
Gehzeiten: Parkplatz – Wildenseealm – Appelhaus 4 Std. (Abstecher zum Wildensee 1½ Std. hin und retour); Rundwanderung Henarsee 1 Std.; Redender Stein 1 Std. (Rückweg 45 Min.); Woising 2 Std. (Rückweg 1½ Std.); Abstieg nach Altaussee 3½ Std.
Einkehr- und Übernachtungsmöglichkeiten: Wildenseehütte (ÖAV, 20 Lager, Selbstversorgerhütte, teilweise beaufsichtigt, Tel. 03622/54815); Albert-Appel-Haus (ÖTV, 34 Betten, 85 Lager, von Mitte Juni bis Ende September durchgehend, im Mai und Oktober auf Anfrage bewirtschaftet, Tel. 0663/10202); Henaralmhütte (TVN, Selbstversorgerhütte mit 20 Lagern, Tel. 03622/54908).
Karte: Freytag & Berndt WK 281; AV-Karte Nr. 15/1.
Tip: Schöne Badeplätze finden sich am Nordufer des Altausseer Sees und bei der Jausenstation Kalßneck.
Information: Siehe Tour 44.

47 Trisselberg (Trisselwand, 1755 m)

Aussicht auf Raten

Tourencharakter: Südseitige Tagestour auf einen markanten Felsgipfel mit imposantem Tiefblick; läßt sich zu einer Wochenend-Unternehmung ausbauen.
Wegbeschaffenheit: gute Steige ohne besondere Schwierigkeiten; Trittsicherheit und Schwindelfreiheit sind aber notwendig. Die Hochflächen-Überschreitung niemals bei Nebel oder Schneelage beginnen!
Beste Jahreszeit: Frühsommer bis Spätherbst.
Gehzeit: 5 – 6 Std.

Oben ist es nur eine von vielen Ecken des latschenüberwucherten und almwiesengefleckten Südwestplateaus, mit dem sich das Tote Gebirge wie mit einem Keil bis ins Ausseer Becken hineinschiebt. Vom Grundlsee aus gesehen ist es eine felsgesprenkelte Leiten mit einem löchrigen Waldpelz. Aber vom Altausseer See aus! Da schweift der Blick, um mit dem Chronisten Ferdinand Krauss in der Diktion des 19. Jahrhunderts zu sprechen, »zu den Ufern des herrlichen Seespiegels aus, über dessen mächtige, grünklare Flut hinwegblickend unser Auge den hellgrauen Felskoloss der Trisselwand erschaut, die wie ein gigantischer Felsblock 1000 m über dem leuchtenden Wasserspiegel gegen NO. aufragt.«
Die wortgewaltige Ergriffenheit ist verständlich: Mit dem aufkeimenden Tourismus avancierte die Trisselwand, hinter der vielleicht das mittelhochdeutsche Wort »trisel« (Schatz oder Schatzkammer) steckt, zum Altausseer Postkartenmotiv Nummer eins. Sie wurde aber auch zu einem der beliebtesten Kletterziele im Salzkammergut, in der sich die rauhen Mannen der Gilde »Grober Kletterschuh« ebenso tummelten wie der Lokalmatador mit Stehkragen und Seidenkrawatte, Dr. Paul Preuß: Er, der konsequente Freikletterer, hat ausgerechnet in der Trisselwand die beiden einzigen Mauerhaken seines Lebens geschlagen.
Und die Wanderer? Für die gibt es einen prachtvollen Steig auf die Trisselwand, bequem ausgetreten und höchst abwechslungsreich von unten bis oben – sei's auf den ehrwürdigen Felsstufen durch die Steigwand, in der Wildschützkulisse der Loitzlkluft oder hinter dem massiven Geländer am »Kleinen Ribeisen«. Dieser Quergang wurde

allerdings weniger zum Plaisir der Sommergäste aus dem Fels gehauen als vielmehr für das berggängige Hornvieh, das noch jedes Jahr auf die Schoberwiesalm aufgetrieben wird. Dem wird wiederum das feine Kräuter-Allerlei zwischen den Steinen und Latschen weit mehr imponieren als die Tatsache, daß man hier heroben abwechselnd den Altausseer und den Grundlsee sieht. Den absoluten Hammer gibt's aber erst ganz zum Schluß: Wer sich ganz an die Kante beim Gipfelkreuz heranwagt und der großen Leere vor der bleichen Westwand standhält, sieht den Altausseer See – alles in allem – einen guten Kilometer unter den Schuhspitzen leuchten.

Der Wegverlauf

(Tourenskizze S. 184)

Altaussee – Tressensattel: Von der Kirche in Altaussee (Fischerndorf, 719 m) oder von der Bushaltestelle (Parkplatz) zum Altausseer See und zum Hotel Seevilla. Über den See-Abfluß und links auf der Uferpromenade 200 m weiter. Dann rechts abzweigen und auf dem »Sattelsteig« (Nr. 233) durch den Wald aufwärts, über die Pfrilwiese zum Bartlhof und dahinter durch die Steigwand (Felsstiege) bis auf die Höhe des Tressensattels (970 m).

Drunter und drüber: Der Altausseer See mit der Trisselwand …

... und das gleiche, nur von oben und in umgekehrter Blickrichtung. Hinter dem Gipfelkreuz ist der Sandlingstock zu sehen, oberhalb von Altaussee und der Pötschenpaßhöhe die Kalmberg-Gamsfeld-Gruppe.

Auf die Trisselwand: Weiter durch den hochstämmigen Wald auf einen felsigen Rücken. Hier mündet ein unmarkierter Steig, der neben dem Gasthaus im Tressensattel beginnt, über die Wiese zum steilen Waldhang und dann zwischen zerklüfteten Felsen («Loitzkluft«)

heraufzieht. In der Folge schlängelt sich der Steig durch den Wald, dann zwischen Latschen zum »Ribelsen« hinauf. Das folgende Stück des Steiges durch diesen Felsaufschwung ist mit Geländern abgesichert. Über einen Latschenrücken gegen den Ahornkogel (1687 m, kurzer Abstecher), nach einem Sattel links durch den latschenbewachsenen Felsabhang und auf die Hochfläche. Bei der folgenden Wegteilung links zwischen Latschenhügeln zum weithin sichtbaren Gipfelkreuz auf der Trisselwand (1755 m).

Der Abstieg erfolgt auf der gleichen Route.

Übergang zum Appelhaus: Im Abstieg bei der Wegteilung unterhalb des Trisselwand-Gipfels links abzweigen und auf den mit Nr. 234 markierten Steigspuren im stetigen Auf und Ab durch das Großkar zur Schoberwiesalm (1704 m). Weiter im Randbereich der welligen Hochfläche durch die Nirneckgrube und die Sonnkare bis zur Materialseilbahn für das Albert-Appel-Haus. Hier mündet der schmale Steig in den Almbergweg (Nr. 235), auf den wir links einbiegen. Beim Schnittlauch- und Gsollmoos beginnt schütterer Baumbestand. Wir durchqueren die Senke der Brunnwiesenalm (1581 m) und gelangen unterhalb der Hohen Eisensetz zur Henaralm (1596 m) bzw. zum nahen Appelhaus (1638 m, Rückweg und weitere Möglichkeiten siehe auch Tour 46).

Kurztour Tressenstein: Sehr lohnend ist es, vom Tressensattel aus den Tressenstein (1201 m) zu ersteigen – herrliche Aussicht von der Felskanzel unterhalb des Senders!

Nützliche Informationen

Ausgangspunkt: Altaussee.

Anfahrt: Siehe Tour 44. Mit dem Auto ab Grundlsee Zufahrtsmöglichkeit bis zum Gasthaus beim Tressensattel (3 km).

Höhendifferenzen: 1100 m (ab Tressensattel 800 m).

Gehzeiten: Altaussee – Tressensattel 1 Std., weiter auf die Trisselwand 2 – 2½ Std., Abstieg 2 bzw. 2½ Std. (Übergang zum Appelhaus 3 – 4 Std.; Tressensattel-Tressenstein 45 Min., Abstieg 30 Min.)

Einkehr- und Übernachtungsmöglichkeit: Gasthaus am Tressensattel.

Karte: Freytag & Berndt WK 281; AV-Karte 15/1.

Tip: Kleiner Badeplatz (Seeklausanger) neben dem Abfluß des Altausseer Sees.

Information: Siehe Tour 44.

48 Backenstein, 1772 m

Eine Seilbahn als Wegweiser

Tourencharakter: Südseitige Tagestour auf einen formschönen Felsgipfel mit herrlicher Aussicht zum Grundlsee; auch auf zwei oder mehr Tage zu verlängern.
Wegbeschaffenheit: Der breite Almbergweg ist nicht schwierig; auf dem schmäleren und steinigen Steig über das Hochplateau ist jedoch bei Nebel oder Schneelage Vorsicht geboten.
Beste Jahreszeit: Frühsommer bis Spätherbst.
Gehzeit: 5 oder 7 Std.

Auf der Wanderkarte wirkt das Braun oder Grau der Felswände gar nicht so eindrucksvoll – in der Natur schon: Der Backenstein reißt seine 300 Meter hohe Felsstirn herrisch über den Grundlsee, um sich dann doch nur ein neckisch grünes Rundhäubchen aufzusetzen. Aber so sind sie halt, die Randgipfel, die das Südwestplateau des Toten Gebirges abstützen – vorne ein Adrenalinschub für Vertikal-Akrobaten und hinten ein Grund zum Fluchen für die Wanderer, die in den Latschen steckenbleiben. Auch die Nachbarn des Backensteins, die urgewaltige 400-Meter-Wandflucht des Reichensteins und der rundköpfige Siniweler, machen da keine Ausnahme. Hat man den Backenstein schließlich »von hinten« überlistet, muß man zu allem Überdruß feststellen, daß der Gipfel gar kein richtiger Gipfel ist: Die großartige Aussicht über 100 Prozent Grundlsee gibt's nämlich erst, wenn man vorne wieder über den zerschründeten Latschenhang hinuntersteigt, auf den steinigen Rücken, auf dem auch das Gipfelkreuz steht.
Für derlei Spitzfindigkeiten hatten die ersten Besucher des Backensteins ohnehin keinen Sinn: Sie wollten keine schöne Aussicht, sondern schöne Weideplätze. Hinter dem Almberg, auf der Brunn- und der Breitwiese, fanden sie das Gesuchte, doch der Weg dorthin war mühsam – und er ist es heute, wo die Grundlseer Bauern nur mehr Jungvieh auftreiben und dann abwechselnd nachschauen müssen, immer noch.
Mühsam war auch die Bewirtschaftung des gemütlichen Albert-Appel-Hauses, das fast 5 km hinter dem Backenstein steht (und insgesamt 7 km vom Grundlsee entfernt ist). Wenn sich die langjährige Hüttenwirtin Martina Grill nach einem langen Arbeitstag noch ein

Der massige Backenstein (rechts im Bild) bewacht den noch verschneiten Almberg, über den der Weg und die Materialseilbahn vom Grundlsee zum Appelhaus führen.

wenig zu ihren Gästen setzt, dann kann sie was erzählen: Zum Beispiel, daß die Hüttenversorgung früher auf dem Rücken von Haflingerpferden bewerkstelligt werden mußte. Da hieß es alle zwei Tage: Runter nach Grundlsee, Leergut abladen, Lebensmittel aufpacken und wieder hinauf – und zwar unabhängig davon, ob die Sonne herunterbrannte oder ob der Schneesturm waagrecht daherkam. Die lange Materialseilbahn übers Plateau, deren elf Holzstützen zusätzliche Orientierungspunkte am Almbergweg geworden sind, entstand erst 1977. Man erfährt aber auch, daß man hier nicht nur von Bergen abstürzen kann, sondern – wie es Franz Grill im Sommer 1997 mit verhältnismäßig glimpflichem Ausgang passiert ist – auch bei einer Reparatur vom Seilbahnmasten.

Der Wegverlauf

(Tourenskizze S. 184)

Auf den Backenstein: Neben dem Gasthof Schraml in Grundlsee (732 m) zur oberen Straße durch den Ort und auf dieser nach rechts. Vor den letzten Häusern links nach der Markierung Nr. 235 abzweigen und auf dem Almbergweg durch den Waldhang zum Kesselbrunn (971 m). Nun auf einem Fahrweg zur Weißen Wand hinauf (Marterl). Im Anschluß führt der breit angelegte Saumweg zu den hohen Wandabstürzen des Gaiswinkelkars, dann in vielen Kehren durch die Busch- und Schutthänge des Almbergkars (Quelle, Unterstandshöhle), unter der Appelhaus-Materialseilbahn durch und in den engen, felsbegrenzten Lärchengraben hinauf. Beim Backensteinsattel (1610 m) zweigt der Gipfelweg rechts ab: Er führt in Kehren auf die latschenbewachsene Kuppe des Backensteins (1772 m); das Gipfelkreuz steht ein Stück weiter unten auf dem nach Süden verlaufenden Kamm (1680 m).
Der Abstieg erfolgt auf der gleichen Route.
Übergang zum Appelhaus: Vom Backensteinsattel zieht der Steig Nr. 235 weiter nach Norden über das Hochplateau – immer im Nahbereich der Materialseilbahn, vorbei an der Einmündung der Route Nr. 234 (siehe Tour 47) und über die Brunnwiesenalm – zur Henaralmhütte bzw. zum Appelhaus (1638 m; Rückweg und weitere Möglichkeiten siehe auch Tour 46).

Nützliche Informationen

Ausgangspunkt: Grundlsee.
Anfahrt: Mit der Salzkammergutbahn (Linie 17) bis zum Bahnhof Bad Aussee, weiter per Bus (Linie 956).
Höhendifferenzen: 1050 m (bis zum Appelhaus zusätzlich 150 m).
Gehzeiten: Grundlsee – Backensteinsattel 2½ Std., zum Gipfelkreuz auf dem Backenstein 35 Min., Abstieg nach Grundlsee 2 Std. (Backensteinsattel – Appelhaus 1½ Std.; Appelhaus – Grundlsee 3 Std.).
Einkehr- und Übernachtungsmöglichkeit: Appelhaus siehe Tour 46.
Karte: Freytag & Berndt WK 281; AV-Karte Nr. 15/1.
Tip: Kaiserlicher Stall (Museum) in Grundlsee; Baden im Grundlsee beim Seeklausanger oder an der Promenade im Ort.
Information: Tourismusbüro A-8993 Grundlsee, Tel. 03622/86660.

49 Elm, 2128 m

Hoch über Kalk und Karst

Tourencharakter: Anstrengende Tages- oder gemütlichere Zwei-Tage-Tour auf einen einsamen Aussichtsgipfel im Herzen des Toten Gebirges; läßt sich gut mit Tour 58 verbinden.
Wegbeschaffenheit: Die Steige sind problemlos; der felsige Anstieg auf den Elm erfordert allerdings Trittsicherheit und ist absolut nichts für Schlechtwettertage!
Beste Jahreszeit: Frühsommer bis Spätherbst.
Gehzeit: 8 – 9 Std.

Die Pühringerhütte, 1637 Meter hoch am Übergang vom Waldesgrün zum Karstgrau gelegen, ist das zentralste Schutzhaus im Toten Gebirge. Die AV-Sektion Wels hat sie zwischen 1924 und 1927 erbaut und damit das Andenken an den edlen Spender der Baukosten, den kinderlos verstorbenen Apotheker Franz Pühringer, in Ehren gehalten. Von Süden her erreicht man das trauliche Refugium auf dem Ausseer Weg, einem Reitsteig aus dem 19. Jahrhundert. Aufgeschichtet wurde die bequeme Trasse, die selbst droben auf dem nackten Hochplateau alle gröberen Unebenheiten ausgleicht oder elegant umschlängelt, nicht zuletzt aufgrund der Jagdlust des allerhöchsten Herrschers, und auch die kleinen Hütten in der Elmgrube dienten als Stützpunkt für die kaiserliche Pirsch.
Wie schön, daß man den langen Weg teilen kann, indem man im Schatten der Graswand des Salzofens und der gebankten Mauer des Neusteins die Füße in den Vorderen Lahngangsee stecken kann. Der Hintere Lahngangsee träumt abseits der Markierung im Wald dahin, und noch weiter oben glitzert eine dritte Lacke aus dem Gebüsch, die überhaupt kaum jemand zu Gesicht bekommt. Gleich neben dem Pfad gähnt dagegen das »Kleine Windloch«, aus dem eine kräftige »Bewetterung« – der durch unterirdische Temperaturunterschiede entfachte Höhlenwind – bläst: Ein hineingeworfenes Blatt (pflanzlich, nicht Papier, bitte!) visualisiert das Prinzip und kommt postwendend wieder heraufgeflogen. Die Hütte selbst liegt am vierten und vielleicht schönsten Wasserauge, am Elmsee, in dem sich alle Elemente dieser wunderbaren Gebirgslandschaft spiegeln: die samtigen Matten an seinem Südufer, der Latschenpelz auf den Karrenstufen der anderen Seite, der dunkel bewaldete, da und dort Karstwas-

ser ausspuckende Steinwulst des Rauhen Elms und schließlich das Rotgschirr, der 2270 Meter hohe Tafelberg im Nordosten – alles beherrschend, grau gerippt und schartig wie eine alte Schwertschneide. Noch instruktiver als der Blick in den See ist jedoch der Blick vom Elm, dem »Hausberg« der Pühringer Hütte: Nach dem Hinaufkraxeln im Felskamin, dem Herumbalancieren auf messerscharf verwitterten Karren und der (meist erfolgreichen) Fahndung nach versteinerten Korallen hat man sich die 360-Grad-Rundumsicht voller Berge ja redlich verdient: Hohe Tauern, Watzmann, Böhmerwald, Salzofen, Rotgschirr, Schermberg, Großer Priel, Spitzmauer, Grimming, Dachstein; auf der einen Seite ein Stück vom Lahngangsee und auf der anderen das unermeßliche Zentralplateau im Osten des Toten Gebirges. Über dieses Panorama hat sich schon Erzherzog Johann gefreut; der (unmarkierte und nicht leicht zu findende) »Prinzensteig«, der vom Toplitzsee über die Vordernbachalm heraufführt, erinnert noch an die Tour des »Steirischen Prinzen«.

Der Wegverlauf

(Tourenskizze S. 199)

Zur Pühringerhütte: Vom Kreisverkehr in Gößl (720 m, gegenüber der Schiffs-Anlegestelle) zur Kirche hinauf und kurz weiter Richtung Gasthof Veit. Vor dem Brunnen links abzweigen und nach der Markierung Nr. 214 neben dem Bach zu den obersten Häusern. Auf einem schmalen und steilen Steig durch den Wald neben der Gößler Wand zu einer Forststraße. Auf dieser ganz kurz nach links; vor der Straßenteilung rechts aufwärts und zum Weg Nr. 213, der von Schachen heraufführt. Auf diesem nach rechts. Bei der Wegteilung unterhalb der Gössler Schwaiber (Almwiese) wieder rechts, nach der Markierung 214 Richtung Pühringerhütte, abzweigen. Zwei weitere Forststraßen werden überschritten, dann geht es durch das Kanzlermoos und an einer Quelle vorbei ins Draußengatterl (1380 m) hinauf. Unter einer überhängenden Wand zum Lahngang (Schutthalde) hinab und in einer schrägen Querung zum Schafbichl empor, dann über Karrenfelsen bzw. durch eine Mulde zum Vorderen Lahngangsee (1494 m). An seinem linken Ufer kommt man zur Lahngangalm, dann steigt man oberhalb des Hinteren Lahngangsees zu den Hütten in der Elmgrube (1622 m) an. Hier rechts auf den bequem aufgemauerten Steig Nr. 201 abzweigen und durch das schütter bewaldete Hochtal unter dem Rauhen Elm – vorbei am Kleinen Windloch – zum Elmsee und zur Pühringerhütte (1637 m).

Wer da oben wohl einheizt? Der Salzofen über der Elmgrube.

Auf den Elm: Von der Hütte nach der Markierung halblinks zu den Felsen des Rauhen Elms und über einen gestuften Durchstieg auf den darüberliegenden, schütter bewaldeten und latschenbewachsenen Rücken. Hier scharf nach rechts und über zerrissene Karrenfelder zum Elmanger (Wiese). Im schrägen Anstieg über den steilen Gipfelaufbau und zuletzt über den harmlosen Grat zum Gipfelkreuz (2128 m) hinauf.

Der Abstieg erfolgt auf der gleichen Route.

Übergang Pühringerhütte – Appelhaus: Von der Elmgrube auf dem Steig Nr. 201 nordwärts durch das schutterfüllte Kar zwischen dem Salzofen und dem Hochkogel auf den Abblasbühel (»Am Abblaser«, kleine Lacke, 1840 m). Hier nach links in die Mulde »In der Wiesen«. Bei der dortigen Wegteilung geradeaus weiter und am Fuß des Wildgößls (2062 m) zur Wiesenlacke. In westlicher Richtung über das kuppige Karrengelände am Fuß des Hinteren Bruderkogels

Eine gemütliche Herberge am Elmsee: Die Pühringerhütte vor der Kulisse des Rotgschirrs (vgl. auch Tour 58).

zum latschenbewachsenen Eingang ins Widderkar (Achtung, tiefer Dolinenschacht!) und unterhalb des Widderkarkogels (1950 m) weiter zum Jägerbründl. Durch das hügelige Almgelände unter den Nordabstürzen des Redenden Steins wandern wir schließlich in den Henarwald hinab und erreichen so das Appelhaus (1638 m).

Nützliche Informationen

Ausgangspunkt: Gößl am Grundlsee.
Anfahrt: Wie bei Tour 48.
Höhendifferenz: 1500 m.
Gehzeiten: Gößl – Pühringerhütte 3½ Std., auf den Elm 1½ Std., Abstieg 3½ Std. (Pühringerhütte – Appelhaus 4 Std.).
Einkehr- und Übernachtungsmöglichkeit: Pühringerhütte (ÖAV, 26 Betten, 50 Lager, von 1. 6. bis 30. 9. bewirtschaftet, Tel. 0663/833241).
Karte: Freytag & Berndt WK 082; AV-Karte Nr. 15/1 und 15/2.
Tip: Lohnende Abstecher von Gößl zum Toplitzsee und zur Ranftlmühle; Freibadeplatz am Grundlsee bei Gößl.
Information: Siehe Tour 48.

50 Salzofen, 2070 m, und Wildgößl, 2062 m

Drei Berge, drei Seen, drei Brüder

Tourencharakter: Anstrengende Tagestour auf wenig besuchte und aussichtsreiche Plateauberge im Toten Gebirge; mit einer Nächtigung in der Pühringerhütte auch auf zwei Tage aufzuteilen.
Wegbeschaffenheit: Die Steige sind bei trockenen Verhältnissen problemlos, erfordern aber stellenweise Trittsicherheit. Nicht bei Nebel oder Schneelage gehen!
Beste Jahreszeit: Sommer bis Spätherbst.
Gehzeit: 8 Std.

Steine gibt es ja wirklich genug im Toten Gebirge. Da wären die Steinhäufchen, die man in den Nischen der Salzofenhöhle ausgegraben hat, beinahe nicht aufgefallen. Allerdings fand man daneben Schädel von Höhlenbären – Gebeine, die dort mehr als 30 000 Jahre unter der Erde lagen und somit aus einer relativ warmen Phase der letzten Eiszeit stammen. 1924 hatten sich zwei Jäger bei einem Gewitter in der Höhle untergestellt und dabei jene Knochen entdeckt, die der Ausseer Schuldirektor Otto Körber dann barg, um ganze Skelette zu rekonstruieren. Ab 1950 förderte die Österreichische Akademie der Wissenschaften u.a. auch eine Herdstelle, durchlöcherte Wirbel, Steinwerkzeug und bearbeitete Knochen zutage. Das Kammerhofmuseum von Bad Aussee zeigt einiges davon, aber auch die Schädel und die geheimnisvollen Steine, die rundherum gelegt worden waren. Was immer sie bedeuten mögen: Steinsetzungen – »die älteste und ursprünglichste Form aller Monumente« (Richard Andree) – gab es zu allen Zeiten und bei allen Völkern. Steinhaufen findet man auf jüdischen Gräbern und bei christlichen Wallfahrtsstätten, aber auch in den Alpen: Almleute, Jäger und Bergsteiger pflegen den uralten Brauch bis heute, und so tragen auch viele Erhebungen im Toten Gebirge ein »Stoamandl« als Gipfelzeichen.
Auch auf dieser Tour begegnen wir solchen Gebilden immer wieder – auf dem behäbigen Rücken des Salzofens und auch auf dem Wildgößl. Obwohl wir schon weit in die Karstöde vorgedrungen sind, fliegt der Blick immer wieder übers Wasser: Auf dem Weg zum Salzofen über die beiden Lahngangseen, die sich tief unter die glatte Graswand ducken, und vom Wildgößl immerhin noch über die feinen Silberfäden auf dem uralten Erdbodenrest »In den Wiesen«, die

nach kurzem Lauf in die Unendlichkeit des Karstuntergrundes kippen. Den exklusivsten »Wasserblick« gibt's allerdings auf dem kaum besuchten Vorgipfel der »Drei Brüder«, die der Sage nach strafweise zu bizarren Spitzen versteinert sind: Auf der steilen Rampe über dem idyllischen Wiesenfleck am Aibl sind ein paar Latschenflecken und Felsstufen zu überlisten. Dann aber liegt der schon weit entfernte Grundlsee unter Ihnen und auf der anderen Seite der viel nähere, aber weltentlegene Dreibrüdersee.

Der Wegverlauf

Salzofen – Wildgößl: Von Gößl (720 m) wie bei Tour 49 Richtung Pühringerhütte aufwärts. Bei der Wegteilung unterhalb der Gößler Schwaiber jedoch auf dem Steig Nr. 213 nach links, in geringer Entfernung am Jagdhaus vorbei und nach der Überquerung einer Forststraße über einen Schlag zur felsigen Steilstufe neben der »Walzen« (schöner Blick zur Riesenwand des Reichensteins und zum Siniweler. Am oberen Rand der Abstürze führt der teilweise aufgemauerte Steig zur Gößler Alm (1580 m).

Gleich ist's geschafft: Die letzten Meter auf den südlichsten der Drei Brüder. Dahinter: Türkenkogel, Kammspitze und die Schladminger Tauern.

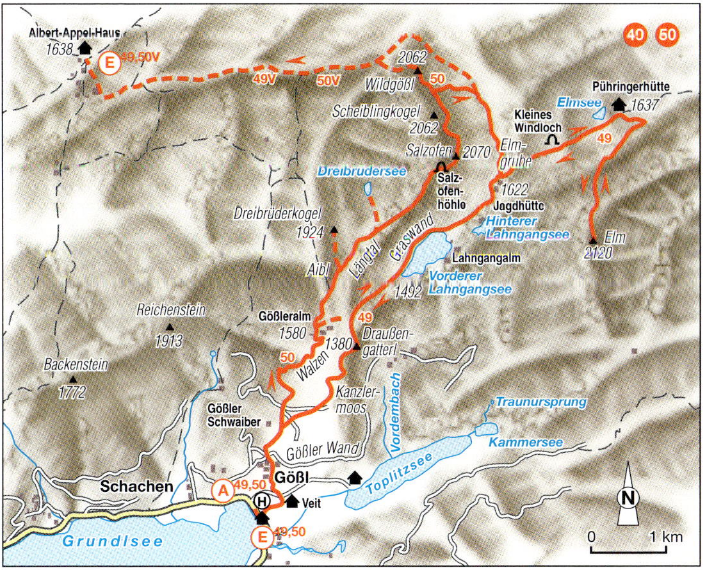

ABSTECHER: Von der höchstgelegenen Hütte der Gößler Alm weglos nach rechts über die Almwiese bis zum Abbruch der Graswand hinüberqueren – toller Blick über den Vorderen Lahngangsee bis zum Rotgschirr!

Weiter nach links in ein Schuttkar und rechts neben einer glatten Wand zum Aibl (1746 m, kleine Hütte) hinauf. Rechts über den Boden auf den Aiblsattel (1785 m) zwischen Dreibrüderkogel und Graswand.

ABSTECHER: Vom Aiblsattel kann man weglos nach links auf den schroffen und latschenbewachsenen Südgipfel der »Drei Brüder« (Dreibrüderkogel, 1897 m) hinaufsteigen.

Nach dem Aiblsattel ins dolinenreiche Längtal hinab.

ABSTECHER: Den Dreibrüdersee (1643 m) erreicht man aus dem Längtal auf Steigspuren, die nur mit Steinmandln markiert sind.

Über Gletscherschliffe und Karrengelände an einer Jagdhütte vorbei, auf den Rücken der Graswand (Tiefblick zum Vorderen Lahngangsee!) und durch die linken Abhänge des Salzofens empor. Nun ohne Markierung rechts durch den steilen Schutt- und Grashang zum Portal der Salzofenhöhle. Rechts davon über den sanfter geneigten Rücken auf den Gipfel (2070 m). Neben den Wandabstürzen nach Norden in eine flache Senke, in der man den markierten Pfad wie-

Über dem Grundlsee bildet das Dachsteingebirge eine grandiose Skyline. Aufnahmestandort: Der Weg zum »Aibl« oberhalb der Gößler Alm.

der erreicht. Auf diesem wandern wir – rechts am Scheiblingkogel (2062 m) vorbei – über eine kuppige Hochfläche auf den Wildgößl (2062 m). Wieder zurück, an der tiefsten Stelle des kleinen Plateaus jedoch nach links und über den steilen Schutthang zum Abblasbühel (1840 m) hinunter. Rechts auf dem Steig Nr. 201 durch das Schuttkar zu den Hütten in der Elmgrube (1622 m). Weiter wie bei Tour 49 – entweder links zur nahen Pühringerhütte (1637 m) oder rechts zu den Lahngangseen und nach Gößl zurück.

Übergang zum Appelhaus: Wer zum Appelhaus (siehe Tour 49) wandern möchte, kann vom Wildgößl auch auf dem Steig Nr. 239 nach Westen zur Wiesenlacke absteigen.

Nützliche Informationen

Ausgangspunkt: Gößl am Grundlsee.
Anfahrt: Wie bei Tour 48.
Höhendifferenz: Mit allen Gegensteigungen 1500 m.
Gehzeiten: Gößl – Aiblsattel 3 Std., auf den Wildgößl 1½ – 2 Std., Abstieg 3 Std.
Einkehr- und Übernachtungsmöglichkeit: Eventuell Pühringerhütte (siehe Tour 49).
Karte: Freytag & Berndt WK 082, AV-Karte Nr. 15/1.
Information: Siehe Tour 48.

51 Türkenkogel, 1756 m

Der Toplitzsee von oben

Tourencharakter: Tagestour auf einen felsigen und isolierten Aussichtsgipfel im Süden des Toten Gebirges.
Wegbeschaffenheit: Man wandert im unteren Bereich auf einer Forststraße und oben auf einem schmalen und teilweise steinigen, bei trockenen Verhältnissen aber problemlosen Steig.
Beste Jahreszeit: Frühsommer bis Spätherbst.
Gehzeit: 7 Std.

Türkenkogel – bitte wo? Dieser Berg im Süden des Grundlsees wird vielleicht nicht allen Bergfans geläufig sein – dabei ist sein langgezogener Kamm durchaus felsig und sogar um zwei Meter höher als die Trisselwand. »Steilflankiger, schmaler Bergkamm mit schönem Blick gegen die Tauplitzalm und ins Öderntal«, kann man im alten AV-Führer darüber lesen. Was nicht drin steht: Der Türkenkogel ist einer der raren Plätze, die einen Tiefblick auf den Toplitzsee gewähren – zumindest auf sein nordwestliches Ufer.

Zwischen Kampl und Türkenkogel liegt die einsame Weißenbachalm. Weit draußen ragt der Ausseer Zinken in den Sommerhimmel.

Wirtschaftlich gesehen, liegt der größte Wert des Berges ganz unten, in seinem Sockel: Nahe der Ortschaft Wienern am Grundlsee gewinnt man im Tagebau Gips, der dann in den Gondeln einer 8 km langen Materialseilbahn über die Auermahd und hoch über der alten Salzstraße bei St. Leonhard bis Bad Aussee transportiert wird. Einen zweiten Seilstrang spannte man gleich direkt über den Höhenzug: Die Stromleitung, die aus der Mitterndorfer Gegend ins Ausseerische hinüberzieht.

Ansonsten zeigt sich die Landschaft rund um den Türkenkogel noch recht unberührt: Es gibt bloß einen einzigen markierten Gipfelweg, der über die Weißenbachalm verläuft (richtig, unter dem kleinen Almdorf plätschert schon wieder ein Weißenbach). Die Almen am Fuß der respektablen Nordabstürze werden zwar noch immer von den Hufen der Kühe, aber kaum jemals von den Wanderschuhen eines Touristen betreten, und den einsamen Sattel der Zleimalm bedecken die drei ausgedehnten, mit ihren dichten Latschenbeständen fast urweltlich anmutenden Zleimmöser, die Hangquellen mit dem notwendigen Wasser nähren.

Der Wegverlauf

(Tourenskizze S. 207)

Auf den Türkenkogel: Von der Bushaltestelle Weißenbachbrücke in der Ortschaft Au bei Grundlsee (700 m; Zugang auch von der Seeklause beim Abfluß der Grundlseer Traun auf dem Franz-Hofbauer-Weg parallel zur Straße) auf der Asphaltstraße Richtung Kainisch – beim Sägewerk nach rechts in den Wald, bei der folgenden Kreuzung nach links. Nach ca. 1 km zweigt links eine Forststraße ab (Markierung Nr. 6). Sie führt unter der Materialseilbahn zum Gipsbergwerk durch und dann in weiten Kehren über dem Weißenbach aufwärts (der alte Almweg ist im oberen Teil zerstört). Zwischen dem Hasenkogel und dem Weißenbachkogel erreicht man die Weißenbachalm (1326 m), die etwas oberhalb des Tals liegt. Bei der obersten Hütte beginnt der Waldsteig Nr. 259. Er führt durch den steilen und teilweise felsigen Hang – unter der Stromleitung durch – auf den bewaldeten Kamm, der sich bald darauf zu einer kleinen, bewaldeten Almhochfläche (Grasbergalm) verbreitert. An ihrem östlichen Ende auf den gestuften, latschenbewachsenen Gipfelkamm, der über einen Vorgipfel zum hölzernen Gipfelkreuz auf dem Türkenkogel (1756 m) hinaufleitet.

Der Abstieg erfolgt auf der gleichen Route.

Abstiegsvariante Südhang: Vom Gipfel führen rot markierte, aber stellenweise nur schwer zu findende Steigspuren durch den steilen Südhang des östlichen Kammes hinab. Bei der Zleimalm (1350 m) nach rechts, dem großen, von einem Zaun geteilten Latschenhochmoor entlang und auf der Forststraße – neben der Stromleitung – zur Weißenbachalm zurück.
Abstiegsvariante nach Bad Mitterndorf: Von der Zleimalm kann man auch auf dem Almweg bzw. einer Forststraße durch den Zleimgraben zum Kochalmbauern (902 m) absteigen und auf der 5 km langen Schotterstraße durch das Salzatal nach Bad Mitterndorf (809 m) hinauswandern.

Nützliche Informationen

Ausgangspunkt: Weißenbachbrücke bei Grundlsee.
Anfahrt: Wie bei Tour 48.
Höhendifferenz: 1050 m.
Gehzeiten: Zur Weißenbachalm 2 Std., auf den Türkenkogel 1½ – 2 Std., Abstieg 3 Std.
Einkehrmöglichkeit: Keine!
Karte: Freytag & Berndt WK 281.
Information: Siehe Tour 48.

Das Gipfelkreuz auf dem Türkenkogel. Im Hintergrund die Riesenwand des Reichensteins auf der anderen Seite des Grundlsees.

52 Rötelstein, 1614 m, und Kampl, 1685 m

Almfrieden auf dem Erzberg

Tourencharakter: Ausgefüllte Tagestour auf ein verwinkeltes Wald- und Alm-Massiv mit zwei überraschend schönen Aussichtspunkten.
Wegbeschaffenheit: Die Steige sind – abgesehen von einer kurzen, felsigen Passage am Rötelstein – einfach, aber stellenweise steil und nicht überall markiert. Bei Nebel kann die Orientierung im Gipfelbereich schwierig werden.
Beste Jahreszeit: Frühsommer bis Spätherbst.
Gehzeit: 6 – 7 Std.

Kampl, der, 1. (Haar-, Woll-, Weber-)Kamm. 2. Kamm des Hahnes. So steht's im Mundart-Wörterbuch, aber man kann das Wort auch im übertragenen Sinn gebrauchen: Als »Mordskampl« gilt im Salzkammergut ein ganzer Kerl, und sogar Berge können hier »Kampl« heißen. Dies deutet dann immer auf eine felsige, gratartig gezackte Gipfelsilhouette hin. Der Kampl zwischen dem Radlingpaß bei Kainisch und dem Salzatal bei Bad Mitterndorf ist ja nun wirklich kein »Mordsberg«, aber sein sanft gewelltes Almdach wird tatsächlich von felsigen Außenmauern begrenzt. Mehr und auffallend rotes Gestein zeigt die westliche Hälfte dieses kleinen Massivs, die – nomen est omen – im Rötelstein gipfelt. Die Geologen nennen das farbenprächtige Material »Hallstätter Kalk« und schätzen es

Hier ist gut rasten: Die Langmoosalm am Rötelstein.

wegen seines Reichtums an Versteinerungen: Der Feuerkogel, die unbedeutende Waldkuppe in der Mitte zwischen den beiden kreuzgeschmückten Randerhebungen, gilt als eine der reichsten Ammonitenfundstätten der Nördlichen Kalkalpen. Weiter unten läßt uns der Flurname »Eisengraben« nicht im unklaren darüber, was einmal aus diesem Massiv geholt worden ist: Ein Stollen und verfallene Fundamente oberhalb der Ausseer Teltschenalm erinnern noch an den Bergbau, der hier bis zum Jahre 1906 in Betrieb war, und auf der Ostseite des Massivs versuchte man noch in den 1930er Jahren, nach edlem Metall zu schurfen.

Der Wegverlauf

(Tourenskizze S. 207)

Auf den Rötelstein: Vom Bahnhof Kainisch (770 m) unter der Umfahrungsstraße durch zur alten Ortsstraße und auf dieser links (Richtung Bad Aussee) zum Kainischwirt. Auf dem asphaltierten Güterweg, der davor nach rechts abzweigt, zwischen verstreuten Häusern (Kranaweter) aufwärts und rechts auf einer Forststraße in den Wald. Bald biegen wir links auf einen markierten Ziehweg ab, der zu einer Forststraße und zur Einmündung des Steiges Nr. 253 hinaufleitet. Gleich darauf scharf nach rechts und zu einer Wegteilung (Bank), wo wir links Richtung Rötelstein abzweigen. Auf einem schmalen Steig zum Kalten Bründl (Quelle) und zur Langmoosalm (1520 m) hinauf. Am Waldrand vor der Alm zweigt links der Steig zum Rötelstein ab: Er führt über eine felsige Steilstufe und ein schütter bewaldetes Plateau, unter dem höchsten Punkt (1614 m, Steinmandl) vorbei und im Linksbogen zum Gipfelkreuz, das ein paar Meter weiter unten auf einer vorgeschobenen Felskanzel steht.
Auf den Kampl: Zurück zur Langmoosalm und dort links über die Wiese auf einen Sattel mit einigen Moorlacken. Ab hier geht es ohne Markierung (Steigspuren) rechts um den bewaldeten Feuerkogel herum zu einem weiteren Sattel (Marterl »Zum Heiligen Nam«, Almbuch). Nun wieder auf einem markierten Steig über eine kleine, teilweise bewaldete Almhochfläche zum Gipfelkreuz auf dem Kampl (1685 m).
Abstieg: Wieder zurück zum Marterl im Sattel. Dort jedoch nach links, durch den schütter bewaldeten Wiesenhang zu einer Quelle und über einen Waldrücken zur Seidenhofalm (1550 m) hinunter. Will man zum Ausgangspunkt zurück, folgt man der Forststraße, die bei der oberen Hütte beginnt, durch einen Waldgraben zur Talalm

(1459 m) und noch über eine Kehre weiter hinab. Bei der folgenden Linkskehre (ca. 1360 m) zweigt rechts ein Karrenweg ab, der zur Abzweigung Richtung Langmoosalm hinüberführt (es gibt auch einen unmarkierten und sehr versteckten Abkürzungssteig vom unteren Rand der Talalm zum genannten Karrenweg). Ab hier auf dem Anstiegsweg nach Kainisch hinunter.

Abstiegsvariante nach Obersdorf: Ab hier führt der markierte Steig durch den Obernbergwald und über eine kurze Schrofenpassage nach Obersdorf bei Bad Mitterndorf.
Abstiegsvariante nach Bad Mitterndorf: Man kann vom Kampl auch mitten durch das kuppige Plateau und rechts am Feuerkogel vorbei in einen Waldgraben hinunterwandern. Bei der Wegteilung unter dem Hasenkogel nach rechts, vorbei an einem Erzstollen, und oberhalb der Ausseer Teltschenalm wieder nach rechts. Nach der Markierung Nr. 270 sanft absteigend zur Hinterberger Teltschenalm und auf der Forststraße so weit hinunterwandern, bis der Steig Nr. 270 links abzweigt. Über die Lichtung beim Jagdhaus Mühlstein und durch den Wald gelangt man zur Wiese am Rödschitzbach. Auf der Forststraße nach rechts durch das Tal hinaus, zuletzt links auf einem nochmals etwas ansteigenden Wiesen- bzw. Karrenweg in die Ortschaft Reith und nach Bad Mitterndorf (809 m).

Nützliche Informationen

Ausgangspunkt: Kainisch.
Anfahrt: Mit der Salzkammergutbahn (Linie 17), mit der man auch von Bad Mitterndorf zurückkehrt. Mit dem Auto Zufahrtsmöglichkeit bis zu den letzten Häusern oberhalb von Kainisch (880 m).
Höhendifferenz: 950 m.
Gehzeiten: Kainisch – Rötelstein 2½ Std., Übergang zum Kampl 1½ Std., Abstieg je nach Routenwahl 2 – 3 Std.
Einkehr- und Übernachtungsmöglichkeiten: keine! In Kainisch eventuell die Kainischhütte (TVN, 8 Betten, Selbstversorgerhütte, Tel. 0222/5800-35039).
Karte: Freytag & Berndt WK 281 oder 082.
Tip: Abstecher von Kainisch zum Ödensee (2 Std. hin und zurück) oder von Obersdorf zur Wallfahrtskirche auf dem Kumitzberg.
Information: Gemeindeamt A-8984 Pichl-Kainisch, Tel. 03624/201.

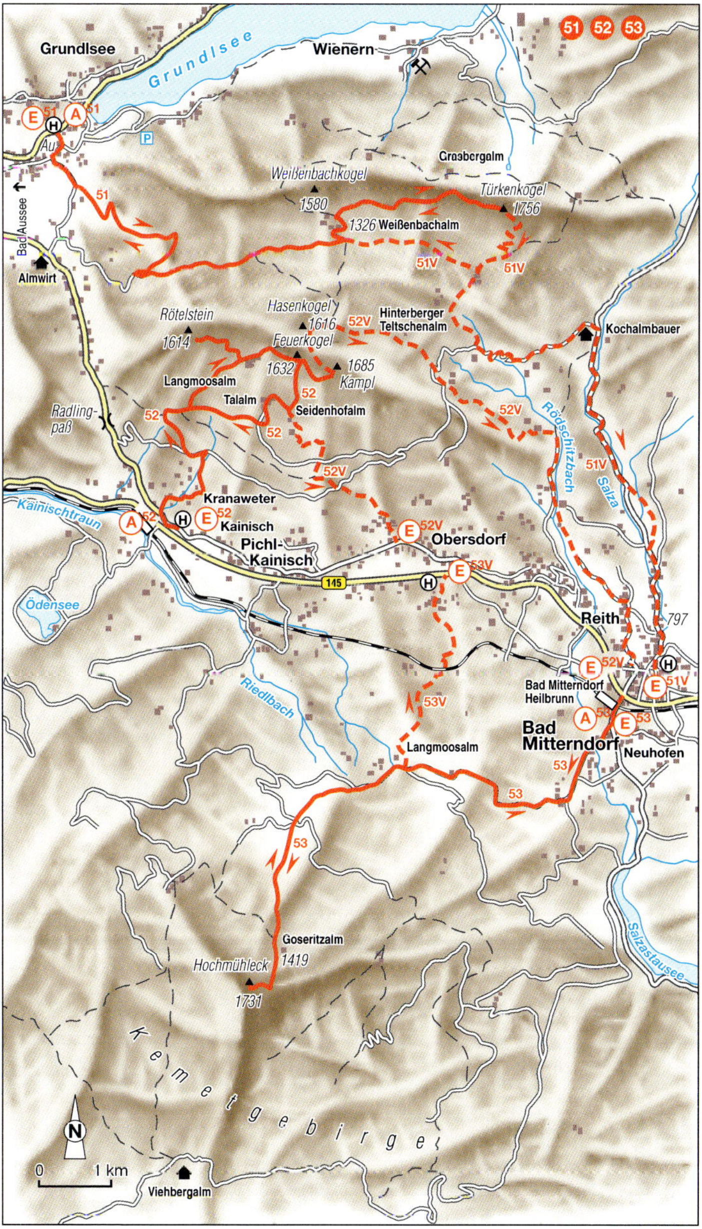
51 52 53
Grundlsee
Grundlsee
Wienern
Au
Grasbergalm
Weißenbachkogel
1580
Türkenkogel
1756
1326 Weißenbachalm
51V
51V
Bad Aussee
Almwirt
51
Rötelstein
1614
Hasenkogel
1616
52V
Hinterberger Teltschenalm
Kochalmbauer
Feuerkogel
1632
1685
Kampl
Langmoosalm
Talalm
Seidenhofalm
52
Radling-paß
52V
Rödschitzbach
51V
Salza
Kranaweter
Kainischtraun
Kainisch
Pichl-Kainisch
Obersdorf
52V
53V
145
Ödensee
Reith
797
Riedlbach
Bad Mitterndorf Heilbrunn
53V
Bad Mitterndorf
Neuhofen
Langmoosalm
53
Goseritzalm
1419
Hochmühleck
1731
Salzastausee
Kemetgebirge
N
0 1 km
Viehbergalm

53 Hochmühleck, 1731 m

Und ewig rauschen die Wälder

Tourencharakter: Ausgefüllte Tagestour auf einen einsamen Waldgipfel im Kemetgebirge, dem Ostabfall des Dachsteingebirges.
Wegbeschaffenheit: Der Steig ist stellenweise steil und steinig, aber bei trockenen Verhältnissen problemlos.
Beste Jahreszeit: Frühsommer bis Spätherbst.
Gehzeit: 5½ – 6 Std.

Der Rand des östlichen Dachsteingebirges liegt unter einem dichten Waldmantel. Kemetgebirge oder Kammergebirge heißt diese seltsame Berglandschaft, die sich hufeisenartig um den kahlen Hirzberg ausbreitet und vergleichsweise sanft gegen das Hinterberger Tal absinkt. Außer an seinem Südrand, am Stoderzinken (2048 m), gibt es hier keine Schutzhütten und – von einer Ausnahme abgesehen – auch keine markierten Routen: Nur Steinmandln begleiten die uralten Pfade zwischen den einsamen Almen und den längst vergessenen Lichtungen, auf denen einst die Holzkohlenmeiler schwelten. Auch die winzigen Seen, die sich in seinen nördlichen Waldhängen verbergen, lassen sich nur mit pfadfinderischem Geschick aufspüren. Und noch schwerer sind jene Plätze zu finden, die dem Waldgebirge einen Hauch des Geheimnisvollen geben: Hoch über dem Obertrauner Koppenwinkel findet sich z. B. der »Raststein«, einer der wenigen Schalensteine im Bereich der Kalkalpen, und auch der sagenhafte »Altarstein« bei der Lahnfriedalm ist nicht weit davon entfernt. Zu den bekannteren Stellen, an denen die Altvorderen seltsame Felsritzbilder hinterlassen haben, gehört die schmale Notgasse zwischen dem Stoderzinken und dem Hirzberg; der Verein ANISA hat aber noch unzählige weitere Felsbildstationen dokumentiert und arbeitet mit wissenschaftlicher Genauigkeit an ihrer Datierung und Entschlüsselung. Das von Günter Cerwinka und Franz Mandl herausgegebene Buch »Dachstein – Vier Jahrtausende Almen im Hochgebirge« ist auch diesbezüglich eine spannende Lektüre.
Es gibt nur zwei vergleichsweise einfache Möglichkeiten, das Kemetgebirge zu erkunden: Entweder Sie schwingen sich aufs Mountainbike und kurbeln vom Salzastausee durch den Klausgraben und den Felscanyon der »Öfen« nach Gröbming hinüber; am moorigen Mies-

bodensee unter der vielgezackten Kammspitze (2139 m) oder auf der Viehbergalm läßt sich gut Rast machen. Oder sie wandern per pedes über die Goseritzalm auf das Hochmühleck und blicken zwischen seinen »Gipfelbäumen« über dieses seltsame Stück Dachsteinlandschaft.

Der Wegverlauf

(Tourenskizze S. 207)

Auf das Hochmühleck: Von der Bahnstation Bad Mitterndorf-Heilbrunn (809 m) rechts über die Schienen und auf der Straße 300 m nach Süden, Richtung Thermalbad. Im Ortsteil Neuhofen rechts auf die Seitenstraße Richtung Kraglhütte abzweigen. Beim Forsthaus (Parkplatz) rechts auf der Forststraße (Markierung Nr. 20) durch den Almgraben zur Langmoosalm (980 m) hinauf. Auf der folgenden Wiese zweigt links der markierte Karrenweg ab, der über einem Felsabbruch zu einer Straßenquerung hinaufzieht (Marterl) und dann – die Kehren der nahen Forststraße noch zweimal berührend gerade durch den erst flach, später stärker ansteigenden Waldhang und einen Schlag zur Goseritzalm (1419 m) hinaufzieht. Nun auf einem Steig, der bald noch steiler wird, ins bewaldete Kar und in Serpentinen über Karrenstufen zu einen felsigen Einschnitt. Dahinter gelangt man auf die Anhöhe vor dem Hochmühleck und auf den Gipfelaufbau mit dem Kreuz (1731 m).

Nützliche Informationen

Ausgangspunkt: Bad Mitterndorf.
Anfahrt: Mit der Salzkammergutbahn (Linie 17) bis zur Station Bad Mitterndorf-Heilbrunn. Mit dem Auto Zufahrtsmöglichkeit bis zum Parkplatz am Ausgang des Almgrabens.
Höhendifferenz: 950 m.
Gehzeiten: Bad Mitterndorf – Hochmühleck 3 – 3½ Std., Abstieg 2½ Std.
Einkehrmöglichkeit: keine!
Karte: Freytag & Berndt WK 281.
Tip: Die interessante heimatkundliche Sammlung der Familie Strick in Bad Mitterndorf; Baden im Thermalbad Heilbrunn.
Information: Kurverwaltung A-8993 Bad Mitterndorf, Tel. 03623/2444.

Der Abstieg erfolgt auf der gleichen Route.
Abstiegsvariante: Von der Langmoosalm kann man auch auf dem Weg Nr. 20 am Sender vorbei und durch den Eckwald nach Obersdorf wandern (zurück per Bus).

Wald-Wanderung: Uralte Saum- und Almwege durchziehen das Kemetgebirge rund um das Hochmühleck.

54 Roßkogel, 1890 m, und Almkogel, 2116 m

Auf den Spuren der »lutherischen Salzpascher«

Tourencharakter: Tagestour im alpinen »Hinterland« der Tauplitzalm.
Wegbeschaffenheit: Die Steige sind gut angelegt und bei trockenen Verhältnissen problemlos. Bei Nebel kann die Orientierung im Bereich des Almkogels schwierig werden.
Beste Jahreszeit: Frühsommer bis Spätherbst.
Gehzeit: 5 – 6 Std.

Das riesige Zentralplateau des Toten Gebirges, das sich über eine Fläche von 80 Quadratkilometern zwischen dem Großen Priel und der Tauplitzalm erstreckt, bildet nicht nur eine geographische, sondern auch eine deutliche kulturelle Barriere. Dies äußert sich z. B. in den unterschiedlichen Namen, mit denen die Steirer und die Oberösterreicher oft ein und denselben Gipfel benannten: Was z. B. über dem Stodertal als Brandleck aufsteilt, dacht auf der Grundlseer Seite als Weißengrieß ab; an der Landesgrenze wird der Hochkasten zum Hebenkas und der felsige Eisenberg zum grasigen Almkogel. Andererseits gab es doch gewisse Verbindungen zwischen hüben und drüben – etwa die jährliche Wallfahrt der Stodertaler Bauern nach Maria Kumitz bei Bad Mitterndorf und natürlich die Umtriebe der Wildschützen, die ihrem rußgeschwärzten Handwerk mit Vorliebe »exterritorial«, also jeweils im anderen Bundesland, nachgingen.
Nicht wissenschaftlich belegt, aber weitum bekannt ist auch die Geschichte von den »lutherischen Salzpaschern«, die in finsterer Nacht Säcke voll Deputatsalz von Aussee nach Hinterstoder geschmuggelt haben sollen. Während der Gegenreformation hatte die Obrigkeit den evangelischen Stoderern kurzerhand die Einfuhr des lebenswichtigen Würzmittels gesperrt, um sie wieder zum katholischen Glauben zu bekehren – doch die findigen Oberösterreicher wußten sich zu helfen und holten es sich eben illegal über den »Salzsteig« herüber. Diese lange und stellenweise gefahrvolle Route zog am Grundlsee vorbei und über die Schneckenalm ins Öderntal, erreichte über die damals noch recht einsame Tauplitzalm das 1733 Meter hohe Salzsteigjoch und schließlich, nach einer ausgesetzten Felsflanke (die heute mit Stahlseilen gesichert ist), den Ursprung des Steyrflusses. Besonders zu empfehlen ist ihr schönstes Teilstück, das am Fuß des

Blickfang im Osten der Tauplitzalm: Die Morgensonne verzaubert den Sturzhahn zum Fabelwesen.

jäh auffahrenden Sturzhahns zum tief eingesenkten Steirersee mit seinen zwei »Südsee-Inseln« und vorbei am benachbarten Schwarzensee in die duftigen Zirbenwälder unterm Almkogel führt. Dieser empfiehlt sich übrigens als großartiger Aussichtspunkt, und wem es dorthin zu weit ist, der wandere einfach schon vorher auf den fast ebenso aussichtsreichen Roßkogel.

Der Wegverlauf

(Tourenskizze S. 217)

Tauplitzalm – Leistalm: Vom Hollhaus (1621 m) beim obersten Parkplatz der Tauplitzalm-Mautstraße nicht auf dem breiten Weg zu den Hotels, sondern rechts zu den nahen Roßhütten (Schermerhütte) und auf dem markierten Lärchenweg zu den Wiesen der Tauplitzalm, unter dem Sessellift durch und zum Fahrweg oberhalb des Quendlingsees (hierher gelangt man auch von der Bergstation des Tauplitzalm-Sessellifts). Nach rechts auf der Almstraße (Markierung

Nr. 218) über das östliche Almplateau, vorbei am (rechts abseits stehenden) Linzer Tauplitzhaus und an der Marburger Hütte (links am Fuß der Traweng-Wände). Durch ein kleines Hochtal geht es abwärts zur Steirerseealm, die hoch über dem gleichnamigen Gewässer liegt. Nun folgt man der Forststraße nach links bis zu ihrem Ende bei der Jagdhütte am Fuß des Sturzhahns und wandert dann auf dem Steig Nr. 218/209 A durch die bewaldete Steirerseeleiten in einen Sattel (1575 m) – man kann aber auch auf einem unmarkierten Steig zum Steirersee (1445 m) absteigen, dem Südufer entlanggehen und zum Sattel hinaufmarschieren. Dahinter geht es kurz zum Schwarzsee (1549 m) hinab, danach steigt die Route zur Leistalmhütte (1647 m) an.
Roßkogel: Bei der Leistalmhütte rechts nach der Markierung Nr. 218/209 A abbiegen. Nach kurzem Anstieg zweigt rechts ein markierter Steig ab, der über den schütter bewaldeten Gras- und Latschenhang zum Gipfel des Roßkogels (1890 m) hinaufzieht.
Almkogel: Von der Abzweigung Richtung Roßkogel führt der Steig Nr. 218/209 A über eine schütter bewaldete Anhöhe zu den Almweiden um die Kamphütten. Bald kommt man zu einem kleinen Bach (1649 m). Gleich nach dem Steg links auf den Steig Nr. 277 abzweigen und durch den schütteren Wald auf den freien Hang unter dem Weitenfeld hinauf. Durch einen Graben zum Kamm und rechts über Schrofen zu den großen Felsblöcken auf den Almkogel (2116 m, Kreuz).
Der Abstieg erfolgt auf der gleichen Route.

Abstiegsvarianten nach Tauplitz: Wer zu Fuß zur Talstation in Tauplitz hinunterwandern möchte, zweigt östlich des Schwarzsees links

Weder Karibik noch Südsee, sondern nur der 112 000 Quadratmeter große Steirersee mit seinen beiden Inseln.

Nützliche Informationen

Ausgangspunkt: Tauplitz bzw. Tauplitzalm.
Anfahrt: Mit der Salzkammergutbahn (Linie 17) bis zum Bahnhof Tauplitz. Zu Fuß oder per Bus in den nahen Ort und mit dem Sessellift auf die Tauplitzalm. Oder von Bad Mitterndorf per Bus bzw. mit dem Auto auf der 11 km langen Mautstraße zum Hollhaus auf der Tauplitzalm.
Busbetrieb von 10. 6. bis 30. 9. viermal täglich (im Juni und September außer So.), Tel. 03623/2264; Sessellift-Betriebszeit: Von Anfang Juli bis Ende September täglich von 8.00 bis 16.00 Uhr, Tel. 03688/2252-0.
Höhendifferenzen: 550 m (beim Abstieg nach Tauplitz zusätzlich 700 m).
Gehzeiten: Tauplitzalm – Leistalmhütte 1½ – 2 Std., auf den Almkogel 1½ Std., Abstieg zur Leistalmhütte 1 Std., Rückweg zur Tauplitzalm 1½ Std. (Abstieg nach Tauplitz 1½ Std.)
Einkehr- und Übernachtungsmöglichkeiten: Berghotel, Gasthaus und mehrere Schutzhütten auf der Tauplitzalm; Theodor-Karl-Holl-Haus (ÖAV, 64 Betten, 8 Lager, ganzjährig außer Mai und Oktober bewirtschaftet, Tel. 03688/2302); Linzer Tauplitzhaus (ÖAV, 60 Betten, 25 Lager, bewirtschaftet vom 10. 6. bis 15. 10., Tel. 03688/2315); Tauplitzhaus (TVN, 59 Betten, ganzjährig außer Mai und November bewirtschaftet, Tel. 03688/2722).
Karte: Freytag & Berndt WK 082; AV-Karte Nr. 15/2.
Information: Tourismusverband A-8982 Tauplitz, Tel. 03688/24460.

auf den Steig Nr. 216 ab, überquert die Rieshöhe (1604 m) und steigt in vielen Kehren durch die »Ries'n« zum Tauplitzboden ab. Auf der Forststraße am (überbauten) Sagtümpel vorbei (kurz danach lohnt sich der Abstecher zum Mühlbach-Wasserfall) und nach der Markierung Nr. 17 über die Wiesen »Im Hallamt« zur Talstation des Sessellifts (918 m) in Tauplitz.
Eine zweite Abstiegsmöglichkeit bietet der Steig Nr. 275, der bei der Steirerseealm nach Süden abzweigt und durch die Lahnergrube Richtung Tauplitz führt.
Abstiegsvariante nach Hinterstoder: Von der Leistalm kann man auch nach Norden durch ein idyllisches Hochtal zum nahen Salzsteigjoch (1733 m) wandern; der weitere Abstieg nach Hinterstoder (591 m) ist stellenweise ausgesetzt und gesichert.

55 Traweng, 1981 m, und Großes Tragl, 2179 m

Löcher in der Mondlandschaft

Tourencharakter: Eine Halbtagestour und eine Tagestour auf zwei eindrucksvolle und aussichtsreiche Felsgipfel.
Wegbeschaffenheit: Der steile und felsige Steig auf die Traweng birgt bei trockenen Verhältnissen keine Gefahr, erfordert aber Trittsicherheit. Auch der Steig aufs Tragl ist an sich nicht schwierig, führt jedoch an zahlreichen Dolinenschächten vorbei und zuletzt in den Randbereich einer riesigen und einförmigen Karstwüste; bei Nebel und vor allem bei Schneelage wird diese Tour sehr gefährlich!
Beste Jahreszeit: Sommer und Herbst.
Gehzeit: 2 bzw. 5 Std.

Wer an den Seeufern oder in den Almrosenfeldern der Tauplitzalm herumflaniert, kann sich kaum vorstellen, daß nur ein paar hundert Meter weiter oben die Wüste regiert. Dort beginnt das Zentralplateau des Toten Gebirges, eine 1800 bis 2300 Meter hoch gelegene und fast 1000 Quadratkilometer große Karsthochfläche, die sich bis zum fernen Priel hinzieht. Lang, lang ist's her mit dem Kapitel »Karst« im Geographieunterricht – doch ein »Schulausflug« aufs Große Tragl, den südlichen Eckpunkt dieser trockenen Einöde, bringt die visualisierte Auffrischung des Stoffes.
Zur Einstimmung empfiehlt sich jedoch erst einmal der Abstecher auf die Traweng, einst auch »der Trawenger« genannt. »Wang« deutet auf eine Wiese – der Berg zeigt allerdings so rauhe Felsflanken, daß man sich die Pflanzen- und Blütenpracht auf dem eingedellten Gipfeldach kaum vorstellen kann. Es sind dann meist auch gar nicht die Blumen, die oben alle Aufmerksamkeit auf sich ziehen, sondern die Tief- und Fernblicke unterm Gipfelkreuz: Wie bleiche Urwelttiere bauen sich die einsamsten Gipfel des Toten Gebirges im Norden, jenseits des tief eingeschnittenen Öderntales, auf: Scheiblingtragl, Weiße Wand, Hochweiß, Planka Mira (der geheimnisvolle Name erinnert an eine Pferdeweide der Plankerbauern). Rechts daneben stellt sich der schroffe Sturzhahn auf, während im Süden die Grimming-Tauern-Dachstein-Parade ihren Anfang nimmt.
Eine ähnlich umfassende Aussicht beschert auch das Große Tragl an klaren Tagen, doch hier kommt das fast bedrückende Ambiente der

Das verkarstete Zentralplateau des Toten Gebirges; dahinter das Dachsteingebirge mit dem Schladminger Gletscher links und dem Hallstätter Gletscher rechts.

trostlosen Öde dazu. Schon beim Anstieg hoch über dem Steirersee ändert sich das Landschaftsbild fast von einem Moment auf den anderen: Kitzelten gerade noch Lärchenvorhänge das Gesicht, so tritt der Schuh plötzlich hart auf Platten voll versteinerter »Kuhtrittmuscheln«, und über weite Strecken zerpflügen Hunderte von abenteuerlichen Mini-Schluchten die Oberfläche. »Im Himmelreich« heißt die Gegend unterhalb der streng waagrecht geschichteten Wände des Tragl-Massivs – und wer nicht aufpaßt, kommt tatsächlich schnell dorthin: In der sanft geneigten und stufig ansteigenden Steinoberfläche klaffen Dutzende Löcher. Da und dort plätschert Wasser über den rauhen Rand in trostlose Tiefen; wirft man ein Steinchen hinunter, so hört man ein langsam verebbendes »Klack, klack, klack«, aber keinen endgültigen Aufprall: Manche dieser Schächte sind Hunderte Meter tief. Das Jungbauer-Kreuz im Zentrum des Dolinenlabyrinths erinnert an den tragischen Unfall eines Linzer Skitouristen, der am 13. März 1948 vor den Augen seiner Begleiter in einer dieser Spalten verschwand. Die zwölf Bergrettungsmänner, die sich am nächsten Tag unter lebensgefährlichen Umständen an die 100 Meter in die gewundene und sich verzweigende Unterwelt abseilten, fanden zwar Blutspuren und Trümmer der Ski, nicht aber den Toten selbst. Wenn die Löcher im Sommer und Herbst offen sind, bilden sie keine Gefahr; heimtückisch werden sie erst, wenn sie vom Schnee zugeweht werden. Bei solchen Verhältnissen habe ich hier auch schon bange

Minuten erlebt: Zu zweit hatten wir das Plateau per Langlaufski überquert, und nun wanderten wir zur Tauplitzalm hinunter. Die Löcher unterhalb der Traglwände waren genauso vom wäßrigen Juni-Neuschnee überdeckt wie die Markierungsstreifen auf dem Boden. Unter welchen Mulden lag nun der sichere Fels und unter welchen der Abgrund? Die Skistöcke stocherten durch die weiße

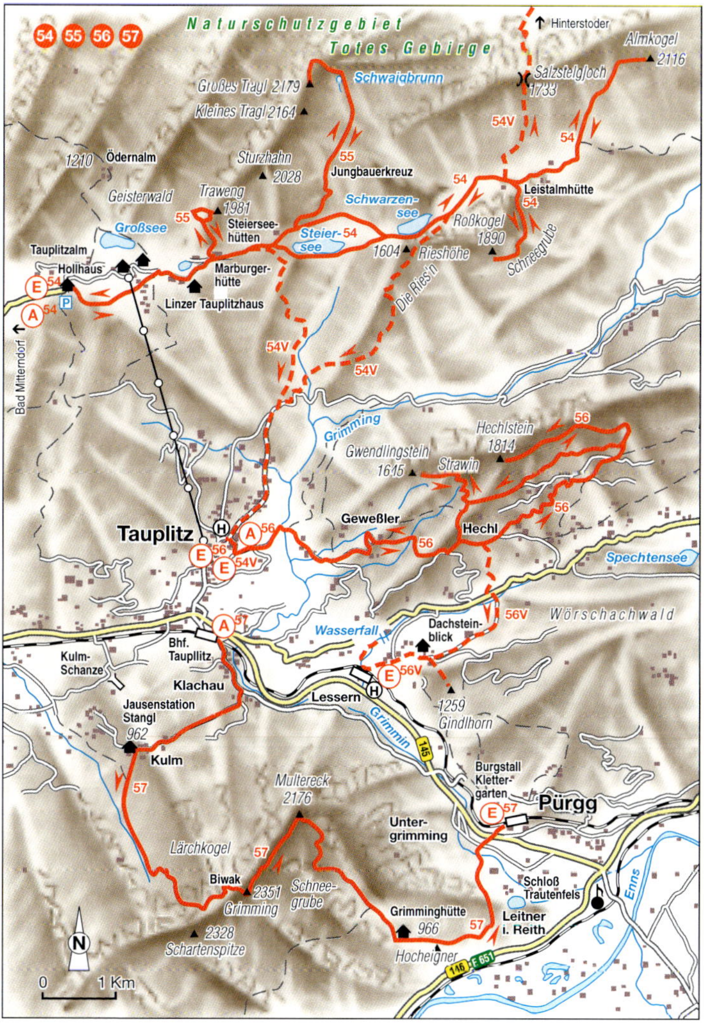

Schicht ins Leere und einige tastende Tritte blieben ohne Widerstand, bis wir nach dem »Russischen Karst-Roulette« endlich wieder festen Boden unter den Füßen wähnten…

Der Wegverlauf

(Tourenskizze S. 217)

Traweng: Wie bei Tour 54 zur Marburger Hütte. Auf dem markierten Steig zum Fuß der teilweise überhängenden Wand und durch eine Schuttrinne bzw. über Felsstufen nach links aufwärts. Danach am rechten Rand des Geröllfeldes zu einer Schulter und weiter über den felsigen Hang zu einem großen Schacht am unteren Ende der Gipfelmulde. Rechts zwischen Steinblöcken und auf dem Kamm über der Mulde zum Gipfelkreuz (1981 m) hinauf.
Beim Abstieg läßt sich auch der Westgipfel des Berges über den Rand der Gipfelmulde überschreiten; ab der Wegteilung an ihrem unteren Ende folgen wir der Anstiegsroute.
Tragl: Wie bei Tour 54 von der Tauplitzalm zur Steirerseealm und zur Jagdhütte am Ende der Forststraße. Hier links auf den Steig Nr. 276 abzweigen, durch den steilen Wald-, Latschen- und Felshang zu einem Karrenfeld hinauf und über gestuftes Steingelände zum Dolinenfeld (Jungbauerkreuz) hinauf. Im Nahbereich der Stangenmarkierung über eine Geländestufte und durch das oberste Kar zum Schwaigbrunn (Quelle). Hier führt die Skimarkierung nach Norden ins Plateau hinein; eine Tafel warnt vor dem Weitergehen in diese Richtung! Wir wandern hier links zum Traglhals (2020 m) hinauf und dort wieder nach links, über den Schutt der Nordflanke, auf das Große Tragl (2179 m, Kreuz).
Der Abstieg erfolgt auf der gleichen Route.

Nützliche Informationen

Ausgangspunkt: Tauplitzalm.
Anfahrt, Bus- und Sessellift-Betriebszeit: siehe Tour 54.
Höhendifferenzen: Traweng 350 m. Tragl 550 m.
Gehzeiten: Tauplitzalm – Traweng 1 Std., Abstieg 45 Min. Auf das Große Tragl 3 Std., Abstieg 2 Std.
Einkehr- und Übernachtungsmöglichkeiten: Siehe Tour 54.
Karte: Freytag & Berndt WK 082; AV-Karte Nr. 15/2.
Information: Siehe Tour 54.

56 Hechlstein, 1814 m

Wandern über dem Wörschachwald

Tourencharakter: Tagestour auf einen schroffen Aussichtsgipfel im südlichen Vorland des Toten Gebirges.
Wegbeschaffenheit: Im unteren Bereich sind die Wege und Steige breit und problemlos, im oberen Teil stellenweise schmal und steinig – besonders im Gipfelbereich ist Trittsicherheit notwendig. Nicht bei Nässe gehen!
Beste Jahreszeit: Frühsommer bis Spätherbst.
Gehzeit: 6 Std.

So wie der Almkogel gehört auch der Felskamm des Hechelsteins bereits zur Hochmölbing- und Warscheneckgruppe, dem östlichen Teil des Toten Gebirges. Unübersehbar baut er sich zwischen den Südabhängen der Tauplitzalm und dem allgewaltigen Grimming auf – ein spitzes und felsgespicktes Detail im langen Riffkalk-Kamm, der im Norden des Ennstals bis zum Hochtausing hinüber-

Auch ganz im Südwesten des Salzkammerguts, über dem verwunschenen Wörschachwald, erwarten Sie zauberhafte Wanderziele. Gibt's zuwenig Schnee zum Skifahren, dann läßt sich die Südseite des Hechelsteins manchmal sogar im Winter erwandern.

zieht. Sein Name läßt sich leicht erklären: Er ist vom Bergbauernhof Hechl, der auf seinem sonnigen Südhang liegt, »aufgewandert«. Aber Gwendling oder Quendling? Stimmt es, daß die Wanderkarten seinen westlichen (und etwas niedrigeren) Nachbarn geheimnisvoll »G'wöhnlistein« nennen oder kommt der Name vom Quendel (Feldthymian), der auf den Schuttblöcken gedeiht? Oder bezieht sich das Wort auf die tatsächlich vorhandenen Wandabstürze, die man im Mittelalter als »gewende« bezeichnet hat?
Auf jeden Fall ist die Aussicht vom leicht erreichbaren Gwendlingstein sehr aufschlußreich. Übertroffen wird sie nur noch vom Gipfelpanorama des Hechelsteins selbst: Von dort sieht man sogar ein Stück des Spechtensees, der sich tief unten im Wörschachwald versteckt: Das fischreiche Moorwasser gilt als der östlichste aller Salzkammergutseen, und an seinem Nordufer steht eine Alpenvereinshütte mit vielversprechender Speisekarte. A propos Ausblick und Speisekarte: Wer zu bodenständigen Köstlichkeiten auch noch einen ganz exquisiten Blick zum Dachstein und zum Grimming genießen möchte, verlängere die Hechelstein-Tour über den Gasthof Dachsteinblick und lasse sich dort – womöglich in lauer Sommerluft zum Sonnenuntergang – auf der Terrasse bewirten. So genußvoll klingt selten eine Bergwanderung aus, und die angefutterten Kalorien lassen sich am nächsten Morgen, beim Anmarsch zur Sonnenaufgangs-Meditation auf dem Gindlhorn, wieder abarbeiten!

Der Wegverlauf

(Tourenskizze S. 217)

Auf den Hechelstein: Von der Pfarrkirche in Tauplitz (896 m) nach der Markierung Nr. 6 am Friedhof vorbei, über die ringförmige Umfahrungsstraße und auf der abzweigenden Nebenstraße zu einer eingezäunten Kapelle. Weiter bis knapp vor die Schottergrube, hier rechts auf einem Steig durch den Wald zum Grimmingbach hinunter und über den Leinsteg. Gleich danach rechts abbiegen und in Kehren zum Gehöft Gasteiger hinauf. Auf Güterwegen weiter aufwärts zu den Bauernhöfen Lurger und Geweßler, dann auf dem bezeichneten Karrenweg durch einen Waldgraben und über die »Sonnseite« zum Gehöft Hechl (1161 m). Gleich dahinter auf der linken (oberen) Forststraße mit der Markierung Nr. 278 zum Treunlehen und in den Wald hinauf. Bald zweigt links ein gut angelegter Steig ab, der die Straßenkehre abkürzt und durch einen abschüssigen Waldhang zu einer weiteren Forststraße hinaufquert. Bei der dortigen Wegteilung nach links und durch eine Mulde – die Straße noch zweimal querend – ins Schneckental. Nun auf einem schmalen Steig links durch einen steilen Gras- und Schrofenhang auf den kuppigen, schütter bewaldeten Rücken, der nach Westen zum felsigen Gipfelaufbau hinüberzieht. Nach einem kurzen Abstieg links über latschenbewachsene Felsstufen unterhalb der Gratschneide zum Gipfelkreuz (1814 m) hinauf.

Der Abstieg erfolgt auf der gleichen Route.

Gwendlingstein: Wenn man unterhalb des Schneckentals auf der oberen Forststraße nach Westen, durch den Wald am Fuß der Hechelstein-Wände, abwärts- und wieder aufwärtswandert, erreicht man einen markierten Steig, der rechts durch steiles Waldgelände in die »Strawin«, den Sattel zwischen Hechelstein und Gwendling, führt. Von dort links auf dem bewaldeten Grat zum Gipfelkreuz (1645 m). Man kann aber auch vom Geweßlerhof zum Gwendlingstein hinaufwandern.

Variante für den Abstieg: Vom Hechl kann man auch auf dem Weg Nr. 278 am Tiefenbacher vorbei ins Mühlbachtal (1017 m) absteigen und jenseits auf der Zufahrtsstraße über das Wiesenplateau beim Rohrmooserhof zum Gasthof Dachsteinblick wandern (1049 m, Prachtblick zum Dachstein und zum Grimming). Sehr lohnend ist die kurze Ersteigung des schroff abbrechenden Gindlhorns (1259 m). Vom Dachsteinblick auf dem breiten Weg nach Lessern (Bahnstation) hinunter (Abstecher in die Klamm und zum Wasserfall des Mühlbaches).

Nützliche Informationen

Ausgangspunkt: Tauplitz.
Anfahrt: Mit der Salzkammergutbahn (Linie 17) bis zum Bahnhof Tauplitz, von dort zu Fuß oder per Bus in den Ort. Mit dem Auto Zufahrtsmöglichkeit über Wörschachwald bis zum Gehöft Hechl.
Höhendifferenzen: 950 m (Quendling 800 m).
Gehzeiten: Tauplitz – Hechl 1½ Std., auf den Hechlstein 2 Std., Abstieg 2½ Std. (Quendling 2 Std. zusätzlich).
Einkehr- und Übernachtungsmöglichkeit: Eventuell Gasthof Dachsteinblick.
Karte: Freytag & Berndt WK 082; AV-Karte Nr. 15/2.
Tip: Baden im nahen Spechtensee.
Information: Siehe Tour 54.

57 Grimming, 2351 m

»Mons altissimus Styriae«

Tourencharakter: Hochalpine und sehr anstrengende Tagestour auf einen beeindruckenden Felsberg, die man mit einer Nächtigung auf dem Gipfel (Biwakschachtel) auch auf zwei Tage aufteilen kann.
Wegbeschaffenheit: Der nordseitige Anstieg und der etwas leichtere Südabstieg sind steil und streckenweise ausgesetzt. Sie weisen mehrere gesicherte Passagen (A/B) und ungesicherte Kletterstellen im Schwierigkeitsgrad I auf, die Trittsicherheit, Schwindelfreiheit und schon etwas Kletterfertigkeit erfordern. Achtung auf Steinschlag, Vorsicht bei harten Altschneefeldern! Niemals bei Schlechtwetter oder Schneelage losmarschieren – es passieren immer wieder schwere Unfälle. Für eine Nächtigung am Gipfel braucht man nicht nur die entsprechende Kleidung, genug Proviant und Getränkevorrat, sondern auch Schlafsack und Unterlagsmatte – manchmal findet man die Biwakschachtel schon besetzt vor!
Beste Jahreszeit: Sommer und Herbst.
Gehzeit: 8 – 9 Std.

Der Grimming – das ist kein einzelner Gipfel, sondern ein 9 km langer, felsgepanzerter Höhenzug mit mehreren eigenständigen Erhebungen. In geologischer Hinsicht gehört er zum Dachsteingebirge, von dem ihn jedoch das tief eingeschnittene Salzatal mit dem Paß Stein trennt. Fährt man durch das obere Ennstal nach Stainach, dann scheinen sich seine Felsfluchten zusammenzuschieben, und zum Schluß steht er als urgewaltiger Steinmonolith da: Mehr als 1700 Höhenmeter liegen zwischen den grünen Wiesen und dem Gipfelkreuz, das hoch über dem dichten Waldmantel und den Pfeilern aus schäg geschichteten Kalkbänken thront. Wucht und Gefahr signalisiert das östlich anschließende Multereck mit seinen gewaltigen Schutt- und Lawinenrinnen, während die elegant, ja fast verspielt zugespitzte Schartenspitze die westliche Horizontlinie bildet: »Man muß bis in die Dolomiten hinuntergehen, um am Langkofel oder am Monte Pelmo etwas Ähnliches zu sehen«, ließ Dr. Fritz Benesch im Alpenvereinsjahrbuch von 1918 keinen Zweifel an der Besonderheit dieses Bildes, das unsere Vorfahren allerdings nur als »grimmelich«, also als schrecklich und wild empfanden. Georg Matthäus Vischer, ein Geograph des 17. Jahrhunderts, zeichnete den

Grimming überhaupt gleich als »mons altissimus Styriae«, als den Höchsten im Land.
Doch auch die Nordseite, die bis zu 1500 Meter aus der Tauplitzer Gegend aufragt, gibt sich eindrucksvoll: Da streichen die Felsbänder des Multerecks im steilen Bogen bis zur Talsohle hinab, und die »Kalte Rinne« unter dem kleinen Gipfelplateau zeigt recht unverhohlen, daß die Menschen hier nur schlecht hinauf-, die Lawinen dagegen nur zu leicht herunterkommen. Den einfachsten Zustieg gewährt das markante Kar unter jener Einsenkung, die den Hauptgipfel von der Schartenspitze und dem nach Westen hin absinkenden Kamm trennt. Die Hinterberger Bauern sollen einmal einen Riesenstier besessen haben, der über den Grimming »hinübergraste« – es scheint ihm drüben geschmeckt zu haben, denn er fräste die Scharte mit seinem Hals ziemlich tief aus. Solche langen Haxen würde man sich auch wünschen, wenn man durch die tief eingeschnittenen Kare und über die steilen Felsflanken auf den Gipfel klettert!

»Mons altissimus« – der Grimming über dem weiten Talboden des Ennstals. Links hinten ist die Gröbminger Kammspitze zu erkennen.

Vom Gasthaus Dachsteinblick (sh. Tour 56) erscheint der Grimming als elegante Pyramide.

Der Wegverlauf

(Tourenskizze S. 217)

Aufstieg von Norden: Vom Bahnhof Tauplitz (833 m) auf der alten Klachauer Straße nach rechts, unter der Bahn durch nach Klachau und danach rechts ins Tal des Kulmbachls. Auf der Straße (Markierung Nr. 11) zur Jausenstation Stangl in Kulm (962 m). Hier nach links und auf einem Karrenweg (Markierung 683) – an einem Marterl vorbei – in den bewaldeten Stribinggraben. Nach der Querung einer Forststraße steigen wir auf einem steilen Steig durch Laubwald ins latschenbewachsene und schutterfüllte Kar unter dem Lärchkogel an. Die unterste, 60 m hohe Wandzone wird mit Hilfe von Eisenstiften und Stahlseilen überwunden, dann gelangt man über eine nicht ganz so steile, gebankte Felsstufe ins große Schuttkar am Fuß der Schartenspitze (kurzer Abstecher zu einer Quelle). Am oberen Rand des Kares nach links zur Mündung einer Schlucht. Über grasige Felsstufen, steiles Schrofengelände und teilweise mit Geröll erfüllte Rinnen durch die 400 m hohe Westflanke auf das kleine Gipfelplateau hinauf. Zuletzt zur Biwakschachtel und zum Gipfelkreuz auf dem Grimming (2351 m).
Abstieg nach Süden: Auf dem Steig Nr. 681 über den langen, sich verschmälernden Nordostrücken zum Multereck (2176 m) hinüber (prachtvoller Tiefblick auf Pürgg). Dann im Zickzack durch die »Steinige Grasleiten« zu einem Sattel und rechts unterhalb der Grat-

kante über eine rasendurchsetzte Felsrampe ins steile Obere Kastenkar hinab. Wo der Schuttkessel mit einer Wand abbricht, wendet man sich nach links und klettert mit Hilfe einiger Sicherungen zum darunterliegenden Schuttfeld ab. Über steile, mit Latschen bewachsene Karrenplatten zum Auslauf der Schneegrube und zur Abzweigung Richtung Südostgrat. Links zwischen den Latschen hinunter, auf einer felsige Rampe und einer kurzen Leiter über den untersten Wandgürtel und durch den Wald zur Grimminghütte (966 m). Auf dem Karrenweg über die Hochaigneralm und zuletzt auf der Forststraße zu den Wiesen beim Bauernhof Leitner in Reit, unter der Hochspannungsleitung durch und links auf dem Weg Nr. 21 nach Untergrimming (Bushaltestelle). Wer zum Zug will: Auf der Straße rechts zum südlichen Ortsende, davor links abzweigen, unter der Umfahrungsstraße zum Klettergarten Burgstall und rechts zur Bahnstation Pürgg hinauf.
Burgstall-Klettersteig: Beim Klettergarten Burgstall gibt es einen ca. 200 m langen Klettersteig (A/B), der nach der ungesicherten Einstiegsverschneidung (I) kurze Leitern, eine lange, gesicherte Querung und eine ungesicherte Ausstiegsstufe (I) zum Burgstall-Gipfel (885 m) bietet. Rückweg über Pürgg (790 m).

Nützliche Informationen

Ausgangspunkt: Bahnhof Tauplitz bzw. Kulm.
Anfahrt: Wie bei Tour 56. Mit dem Auto Zufahrtsmöglichkeit bis zur Jausenstation in Kulm. Rückfahrt von Untergrimming per Bus (Linie 950) bzw. von Pürgg per Bahn (Linie 17).
Höhendifferenzen: 1520 m Aufstieg und 1720 m Abstieg.
Gehzeiten: Bahnhof Tauplitz – Kulm 45 Min., auf den Grimming 4 Std., Abstieg nach Kulm 2½ – 3 Std., nach Untergrimming 4 Std. (Klettersteig Burgstall 1 Std., Abstieg 30 Min.).
Einkehr- und Übernachtungsmöglichkeiten: Jausenstation Stangl (von Mitte Mai bis Ende Oktober geöffnet); Grimminghütte (TVN, 25 Lager, vom 1. 6. bis 30. 9. durchgehend, im Mai und Oktober bei Schönwetter an Wochenenden bewirtschaftet, Tel. 0663/838430).
Karte: Freytag & Berndt WK 082.
Tip: Pürgg, das »Steirische Kripperl«, ist sehr sehenswert (romanisch-gotische Pfarrkirche, berühmte Fresken in der Johanniskapelle).
Information: Siehe Tour 54.

58 Rotgschirr, 2261 m

Verbotene Wege zur »Almtaler Sonnenuhr«

Tourencharakter: Zwei Tage oder mehr durch die Karstwildnis im zentralen Teil des Toten Gebirges.
Wegbeschaffenheit: Die langen und anspruchsvollen Steige durch die Nordabstürze des Toten Gebirges und auf das Rotgschirr sind stellenweise ausgesetzt und gesichert (A/B) – Schwindelfreiheit und Trittsicherheit sind also notwendig. Auf der Hochfläche kann die Orientierung bei Nebel oder Schneelage schwierig werden.
Beste Jahreszeit: Sommer und Herbst.
Gehzeit: 11 – 12 Std.

Die Geschichte der alpinen Erschließung verzeichnet jene hochwohlgeborenen Herrschaften, die die ersten Bergexpeditionen organisiert und finanziert haben, die Erstbegeher der Gipfel und die Kletterer, die neue Routen im Fels eröffnen. Im Toten Gebirge kommt noch einer dazu: Der Welser Finanzbeamte Sepp Huber stritt den Bergsteigern die Zustiegswege von Norden frei. Noch zu Beginn des 20. Jahrhunderts war das Gebirge über dem Offensee, dem Almsee und dem Stodertal als »heiliges« Jagdgebiet weltlicher und geistlicher Herren für normalsterbliche Touristen gesperrt – wer auf das Hochplateau wollte, mußte am Grundlsee losmarschieren. Im Jahre 1908 hatte sich Sepp Huber immerhin die Erlaubnis erbettelt, zumindest in Begleitung eines gestrengen Jagdaufsichtsorgans durch die Hetzau auf den Priel steigen zu dürfen. Fünf Jahre dauerte die weitere Überzeugungsarbeit, dann erhielt er endlich die Genehmigung zum Bau eines Steiges auf den Gipfel, der »auf dem stiftlichen produktiven Gebiete die Breite von einem Meter nicht überschreiten darf«. Sepp Huber schrieb den ersten Führer über das Tote Gebirge; gemeinsam mit seinen Kameraden vom Welser Alpenverein baute er die Welser Hütte und sicherte die beiden Steige, die vom Almsee durch den wilden Felskessel der »Röll« (wo bei Unwettern das Geröll rumort) zur Pühringerhütte hinaufführen, mit Stahlseilen und Leitern. Einer davon trägt heute noch den Namen des schmächtigen und bescheidenen Bergpioniers.

Als höchster und attraktivster Gipfel erhebt sich das Rotgschirr, auch Röllberg genannt, über diesem Bereich des Toten Gebirges: Der langgezogene und schartige Felskamm ist ebenfalls auf einem gesicherten Steig erreichbar. Etwas niedriger, aber noch entlegener sind die kahlen Kuppen vom Neuner- bis zum Einserkogel. Diese »Almtaler Sonnenuhr« diente den Bauern früher als natürlicher Chronometer. Die urweltlich anmutenden Riesenplatten, mit denen diese Gipfel nach Norden hin abbrechen, aber auch die schroffen Wände des Rotgschirrs und der wild gezackte Hetzaukamm bilden eine unvergeßliche Kulisse für diese lange Tour mit ihren kleinen, aber feinen Klettersteig Schmankerln.

Der Wegverlauf

(Tourenskizze S. 232)

Sepp-Huber-Steig zur Pühringerhütte: Vom Parkplatz beim Seehaus am Almsee (589 m) auf der zunächst nur flach ansteigenden Forststraße mit der Markierung Nr. 213/214 durch den Wald nach Süden – das meist trockene Bachbett mehrmals querend – in den tief eingeschnittenen Felskessel der »Röll«. Im Talgrund führt ein Steig neben dem Bachbett zur Wegteilung. Wir wandern auf dem links

Niemandsland zur Freude von Gemsen und Jägern: Die Hetzaukögel über der Röll.

Die »Almtaler Sonnenuhr« hat keine Zeiger, aber dafür urgewaltige Kalkplatten. Winzig wie Insekten erscheinen die Menschen in der Grießkarscharte. Links geht es auf den Rabenstein und zum »Zwölfer« hinauf, rechts zum Almsee hinunter.

abzweigenden Sepp-Huber-Steig (Nr. 214) in Kehren über den Schutt zum Fuß der Grundmauern des Ahornkars, die mit Hilfe von Stahlseilen überwunden werden. Weiter zur zweiten Steilstufe (zwei Leitern, Stahlseile, Quelle), danach in vielen Kehren durch den Mischwald des Kares zum nächsten Wandgürtel hinauf. Eine felsige Schlucht wird mit einer Leiter und Stahlseilen überlistet, dann geht es in Serpentinen durch einen Schutthang zur letzten Felsstufe empor. Mit Hilfe von Leitern und Stahlseilen ins oberste Ahornkar und rechts durch Schutt in den Röllsattel (1755 m). Nun durch die Mulden des verkarsteten Plateaus am Fuß des Rotgschirrs zum Ausseer Weg (Nr. 201) und auf diesem nach rechts – vorbei an der Geiernestquelle – zur Pühringerhütte (1637 m).
Rotgschirr: Von der Einmündung des Sepp-Huber-Steiges auf dem Ausseer Weg (Nr. 201) nach Osten bis zu den Elmzageln. Dort links nach der Markierung Nr. 266 abzweigen, zwischen Latschen und über zwei Felsrippen in das Kar am Fuß des Rotgschirrs (das man weglos auch direkt vom Röllsattel ansteuern kann). Nun über einen Schutthang zur gestuften Felsflanke, die man mit Hilfe von Stahlseilen bis zu einer kleinen Scharte durchsteigt. Links auf dem unschwierigen Hang zum Gipfelkreuz (2261 m).
Der Abstieg erfolgt auf der gleichen Route.

Hüttenabstieg auf dem Grießkarsteig: Von der Pühringer Hütte wie bei Tour 49 auf dem Ausseer Weg (Nr. 214/201) am Elmsee vorbei in die Elmgrube und dort rechts auf dem Steig Nr. 201 auf den Abblasbühel (1840 m) hinauf. Kurz dahinter, auf der »Wiesen«, rechts abzweigen und auf dem Steig Nr. 213 durch eine Mulde und ein verkarstetes Hochtal in die Grießkarscharte (1927 m).

ABSTECHER ZWÖLFERKOGEL: Von der Grießkarscharte kann man weglos über die gestufte Felsflanke, auf steilen, karrenzerfressenen Platten (I) und am Schlund der »Raucherten Lucken« vorbei auf den Großen Rabenstein (2068 m) klettern und zum Zwölferkogel (2099 m) hinüberwandern. Das Gipfelkreuz steht noch ein Stück weiter im Norden und um 40 Meter tiefer über dem Wandabbruch.

Jenseits der Grießkarscharte zwischen gewaltigen Platten durch ein steiles, bis lang in den Sommer hinein schneebedecktes Schuttkar abwärts. Es folgt eine sehr ausgesetzte, mit Stahlseilen gesicherte Querung zum »Ernst-Urban-Band«, von dem man auf einer Leiter absteigt. Weiter über z.T. seilgesicherte Felsstufen, auf Platten und durch das Schuttkar abwärts. Auf etwa 1100 m Seehöhe nach links, über einen Bach und durch einen steilen, schütter bewaldeten Latschenhang in die »Röll« hinunter. Bei der Abzweigung des Sepp-Huber-Steiges nach links und – bald auf der Forststraße – zum Almsee hinaus.

Nützliche Informationen

Ausgangspunkt: Seehaus am Südufer des Almsees.
Anfahrt: Per Bus (Linie 2554) ab Gmunden über Grünau (dorthin von Wels auch mit der Almtalbahn, Linie 15 b) bis zum Almsee. Mit dem Auto Zufahrtsmöglichkeit bis zum Seehaus.
Höhendifferenzen: 1500 m, Rotgschirr zusätzlich 570 m. (Zwölferkogel zusätzlich 200 m.)
Gehzeiten: Almsee – Pühringerhütte 3½ – 4 Std., auf das Rotgschirr 2½ Std., Abstieg 1½ Std., Pühringerhütte – Grießkarscharte – Almsee 4 Std. (Grießkarscharte – Zwölferkogel 1 Std., Abstieg 40 Min.).
Einkehr- und Übernachtungsmöglichkeit: Pühringerhütte siehe Tour 49.
Karte: Freytag & Berndt WK 082; AV-Karte Nr. 15/2.
Information: Tourismusbüro A 4645 Grünau im Almtal, Tel. 07616/8268.

59 Schermberg, 2396 m, und Temlberg, 2331 m

Die »Wand der Wände« im Toten Gebirge

Tourencharakter: Stramme Tagestour oder gemütliche Zwei-Tage-Tour auf den dritthöchsten Gipfel des Toten Gebirges, der mit einer gewaltigen Nordwand abbricht.
Wegbeschaffenheit: Die landschaftlich eindrucksvollen Steige sind stellenweise sehr steil und an zwei kurzen Stellen gesichert (A). Auf dem Plateau wird die Orientierung bei Nebel oder Schneelage sehr schwierig.
Beste Jahreszeit: Sommer und Frühherbst.
Gehzeit: 8 – 9 Std.

Irgendwie klingt »Schermberg« ein wenig profan, aber es ist ja ganz anders gemeint: Der gewaltige Gipfel – der dritthöchste im Toten Gebirge – wurde als Schutz und Schirm über dem Tal gesehen. »Ich bin kein Phantast, seufze nicht vor jedem Wasserfall und komme nicht vor jeder Felswand und jedem Schneefeld in Aufregung«, schrieb Sepp Huber einmal über den Schermberg, »aber hier wirkt die Natur übergewaltig.« Das ist nicht übertrieben: 1400 Meter ist seine Nordwand hoch und 2000 Meter breit – damit steht sie in einer Reihe mit der Triglav-Nordwand oder der Watzmann-Ostwand. Erst im Jahre 1919 wurde sie zum ersten Mal durchstiegen, aber dann zog sie die Kletterer so in ihren Bann, daß sich sogar eine sportliche Hochgebirgsgilde nach ihr »D' Schermbergler« nannte. Auch der alte Brauch »wilder« Skirennen wird hier noch hochgehalten: Seit 1934 hasten zahlreiche Alpinisten jedes Frühjahr durch das Kar zwischen Almtaler Köpfl und Sauzahn zum Start für den »Schermberglauf« hinauf.
Wie kein anderer Gipfel repräsentiert der Schermberg die »zwei Gesichter« des Toten Gebirges: Gleich hinter der Nordwand und den steilen Karen, durch die der markierte Steig heraufführt, beginnt die Hochfläche. Steigt man über die Kante der »Fleischbänke« (über die man früher das Wild in den Tod hetzte), dann steht man plötzlich vor einer unwirklichen, kahlen und nur mit ein paar Schneeflecken gesprenkelten Landschaft, die auch auf einem anderen Planeten liegen könnte: Auf gut 2000 Meter Seehöhe findet man kaum noch Vegetation im Schutt des »Scherbenkarsts« – ein Vorgeschmack auf das viel größere, aber kaum zugängliche Zentralplateau, das sich im

Süden des behäbigen Feuertal- und des elegant aufgeschwungenen Temlberges ausbreitet. Wehe, wenn hier im »Freigebirg« der Nebel einbricht oder Neuschnee die Markierungsfarben am Boden zudeckt: Selbst der Vorsitzende einer der größten deutschen AV-Sektionen hat sich hier tagelang verirrt, bis ihn zwei zufällig vorbeikommende Langläufer gefunden haben.

Der Wegverlauf

(Tourenskizze S. 232)

Zur Welser Hütte: Vom Almtaler Haus (714 m) auf der Forststraße mit der Markierung Nr. 215 nach Süden in die Hintere Hetzau, wo die Talstation der Materialseilbahn zur Welser Hütte steht. Nun auf einem Steig über ein Bachbett und schräg zur Felsstufe der Grundmauern, die in Kehren (Stahlseile) überwunden wird. Durch den Waldhang, später durch Schutt, zu einer weiteren Wand, die man auf einer Leiter ersteigt. Danach auf einem Felsband nach links und über einen steilen Hang – unter der Materialseilbahn durch – zur Welser Hütte (1726 m) hinauf.

Die wüstenhafte Schermberg-Südseite als Kulisse für den Stodertaler Klettersteig, der eine Ersteigung der benachbarten Spitzmauer mit 50 Seilankern, 90 Trittstiften und 250 m Stahlseil erleichtert (siehe Tour 60).

Schermberg: Weiter auf dem Steig Nr. 215, der bald über eine Treppe zu den Teicheln (Quelle) führt. Vorbei an großen Steinblöcken in den Grund des Kares (Platten, oft Schneefeld) und links auf dem seilgesicherten Hansbauernband über eine Felsstufe. Nun durch das schutterfüllte Fleischbankkar zum Fleischbanksattel (2122 m) am Rand des Hochplateaus, wo der Steig Nr. 262 einmündet.

ABSTECHER GROSSER PRIEL: Von dort gelangt man auf dem Steig Nr. 262 über den breiten Schutthang und zuletzt auf dem luftigen Gipfelgrat zum mächtigen Kreuz auf dem Großen Priel (2515 m, siehe Tour 60).

Vom Fleischbanksattel weiter nach rechts und – sanft absteigend – über Felsplatten und Schutt am Fuß des Sauzahns (2260 m) zur Kreuzung der Steige Nr. 215 und Nr. 263 am Fuß des Schermberges (Unterstandshöhle). Rechts nach der Markierung Nr. 263 abzweigen, durch den gestuften Felshang auf die Pfaffenschneid und auf dieser rechts zum Gipfelkreuz (2396 m) hinauf.
Im Abstieg gehen wir ein kurzes Stück auf dem Grat zurück, biegen

dann jedoch der Markierung Nr. 263 folgend nach links ab und gelangen über einen Fels- und Schutthang ins Kar zwischen dem Almtaler Köpfl und dem Sauzahn. Unten erreicht man wieder den Anstiegssteig, auf dem man links zur Welser Hütte und zum Almtaler Haus zurückkehrt.

Temlberg: Von der Kreuzung der Steige Nr. 215 und Nr. 263 auf letzterem nach links (Süden) und über einen kahlen Rücken auf den Temlberg zu. Im Temlbergsattel erreicht man den querenden Weitwanderweg Nr. 201 (Prielschutzhaus – Pühringerhütte). Wir halten uns jedoch weiterhin geradeaus und steigen auf dem Steig Nr. 261 in vielen Kehren durch die gestufte Westflanke des Temlberges bis zu seinem Gipfel (2331 m) hinauf.

Der Abstieg erfolgt auf der gleichen Route.

Übergang zur Pühringerhütte: Auf dem gut angelegten Ausseer Weg bzw. auf dem Steig Nr. 201, der sich bei den Hohen Kögeln mit ihm vereinigt, kann man nach Westen – unter dem Rotgschirr vorbei – zur Pühringerhütte wandern (vgl. Tour 49).

Übergang zum Prielschutzhaus: Nach Osten führt der Steig Nr. 201 durch zwei tiefe Mulden in die Klinserschlucht (1807 m) und weiter zum Prielschutzhaus.

Nützliche Informationen

Ausgangspunkt: Almtaler Haus im Tal der Hetzau, das beim Gasthof Jagersimmerl ins Almtal mündet.

Anfahrt: Durch das Almtal; mit dem Auto vom 1. 5. – 15. 9. Zufahrtsmöglichkeit bis zum Almtaler Haus. Außerhalb dieser Zeit muß man vom Jagersimmerl auf der 6 km langen Asphaltstraße zum Almtaler Haus wandern.

Höhendifferenz: 1700 m.

Gehzeiten: Almtaler Haus – Welser Hütte 3 Std., weiter auf den Schermberg 2 Std., Abstieg ins Tal 3 Std., Welser Hütte – Temlberg 3 Std., zurück 2 Std. (Fleischbanksattel – Pühringerhütte 2½ – 3 Std.; Fleischbanksattel – Großer Priel 1 Std.).

Einkehr- und Übernachtungsmöglichkeiten: Almtaler Haus (ÖAV, 26 Betten, 50 Lager, von Anfang Mai bis Mitte September bewirtschaftet, Tel. 0663/079071); Welser Hütte (ÖAV, 28 Betten, 80 Lager, bewirtschaftet von Anfang Juni bis Mitte September, Tel. 07616/8088).

Karte: Freytag & Berndt WK 082; AV-Karte Nr. 15/2.

Information: Siehe Tour 58.

60 Großer Priel, 2515 m, und Spitzmauer, 2446 m

Kaffee und Klettersteige

Tourencharakter: Je nach Routenwahl zwei bis drei Tage. Zwei hochalpine und landschaftlich großartige Touren auf die beiden höchsten Gipfel des Toten Gebirges.

Wegbeschaffenheit: Die Normalwege auf die beiden Gipfel sind lange, streckenweise steile und felsige Steige; am Großen Priel erwartet Sie eine gesicherte Passage, an der Spitzmauer eine kurze Kletterstelle im I. Schwierigkeitsgrad. Trittsicherheit und Schwindelfreiheit sind notwendig. Besondere Vorsicht bei hartem Altschnee – im Kühkar passieren immer wieder Unfälle durch Ausgleiten. Bei Nebel kann die Orientierung oberhalb des Prielschutzhauses schwierig werden.
Der Stodertaler Klettersteig auf die Spitzmauer ist mäßig schwierig (B), der Rinesch-Klettersteig auf den Großen Priel dagegen sehr schwierig und kraftraubend (C/D) – er sollte nur von sehr geübten Bergsteigern mit bester Kondition begangen werden. Notwendig für die Eisenwege ist ein komplettes Klettersteigset, für den Rinesch-Steig eventuell zusätzlich ein Sicherungsseil.

Beste Jahreszeit: Sommer und Herbst.

Gehzeit: Inklusive beider Gipfel etwa 16 Std.

Der »Hochpriel« war für die Einheimischen früher ganz einfach der »Größtenberg«: Tatsächlich ragt er als einziger Gipfel zwischen Wildenkogel und Warscheneck über die 2500-Meter-Marke hinaus. Und seine faltige Nachbarin, die nicht von ungefähr Spitzmauer heißt, gilt als die schönste Erhebung des Toten Gebirges: Das Bild der beiden markanten Berge über dem Schiederweiher bei Hinterstoder – dazwischen liegen stolze 1900 Höhenmeter! – finden Sie in vielen Bergbüchern und Landschaftskalendern.

»Von dem Schneetal über kahle Felsen kann man ohne Gefahr auf den Gipfel des Hochpriel im Lande ob der Enns in zwei Stunden gelangen«, notierte Erzherzog Johann 1810 in seinem Tagebuch, »Wildschützen bestiegen ihn schon.« Wilderern soll übrigens auch der Brotfall, der Felskamm zwischen Priel und Spitzmauer, seinen Namen verdanken: Als sich die rußgeschwärzten Gesellen dort oben vor den anrückenden Jägern verbargen, verriet sie der ungeschickterweise hinuntergefallene Proviant. Ärger mit der Gipfeljause hatte auch Erzherzog Ludwig, der den Priel im August 1819 erstieg: Der Schulmeister von Hinterstoder war mitsamt dem Kaffeegeschirr im

Eis ausgerutscht – die Tassen blieben zwar im Gegensatz zu seinem Hintern heil, doch dafür hatte der Haushofmeister den Kaffee zu Hause vergessen…
Das Größte ist dieses Berggebiet mittlerweile auch für die Klettersteigfans: Der landschaftlich überaus lohnende »Stodertaler Klettersteig«, den Karl Antensteiner, der frühere Hüttenwirt des Prielschutzhauses, 1988 mit seinen Bergführerkollegen so mustergültig angelegt hat, kürzt den weitgeschwungenen Normalweg auf die Spitzmauer ab. Sechs Jahre später baute sein Nachfolger Engelbert Eder mit seinen Freunden den – im wahrsten Sinn des Wortes – atemberaubenden Bert-Rinesch-Klettersteig, der durch die teilweise überhängende Felsflanke hinter dem Südgrat auf den Großen Priel hinaufzieht. Ein bißchen Eisen erleichtert auch den alten Steig, der über die Brotfallscharte zum acht Meter hohen und 2240 Kilogramm schweren Prielkreuz führt.

Der Wegverlauf

Zum Prielschutzhaus: Vom Parkplatz beim Johannishof (605 m) über die Steyr und auf der Forststraße nach der Markierung Nr. 201 zum malerisch gelegenen Schiederweiher. Weiter auf einem Abkürzungssteig, wieder auf der Straße in die Polsterluck'n und zur Talstation der Materialseilbahn zum Prielschutzhaus (Gepäcktransport möglich, Hüttenwirt per Kurbeltelefon verständigen). Knapp davor rechts über den Bach und auf einem serpentinenreichen Steig durch den Laubwald zum Klinserwasserfall hinauf. Vorbei am Großen und am Kleinen Ofen (Höhlen) zum »Gottseidank-Bankerl« und durch

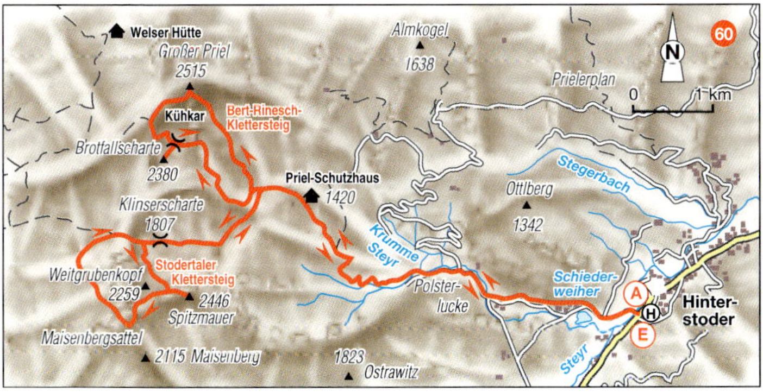

Der Große Priel, von der Spitzmauer aus gesehen. Links der Schuttrücken vom Fleischbanksattel herauf, in Bildmitte der Brotfall. Rechts vom Kühkar der Südgrat, hinter dem der Bert-Rinesch-Klettersteig verläuft.

einen großen Schlag zur »Märchenwiese«. Zuletzt, immer im Nahbereich der Seilbahn ansteigend, durch Mischwald zum Prielschutzhaus (1420 m).

Spitzmauer, Stodertaler Klettersteig: Weiter auf dem Steig 201 – vorbei am Wasserreservoir und zwischen Latschen – zu einer Wegteilung: Wir bleiben am linken, unteren Steig Nr. 201, der quer durch das latschenbewachsene Kar zum Einschnitt zwischen Spitzmauer und Brotfall-Südgrat ansteigt. Rechts in die felsige Klinserschlucht und dann durch eine Mulde zur Klinserscharte (1807 m). Gleich danach links abzweigen und in Serpentinen zu einem Felssporn am Wandfuß hinauf. Hier beginnt der 250 m lange Stodertaler Klettersteig, der nach links über die Bänder und Plattenstufen der Wandstufe zwischen Spitzmauer und Weitgrubenkopf emporführt. Der ziemlich steinschlagsicher angelegte Klettersteig ist fast durchgehend mit Stahlseilen gesichert, die Einstiegswand und die fünf folgenden Wandstufen wurden zusätzlich mit Trittklammern versehen. Oben erreicht man den alten Gipfelsteig wieder – auf diesem nach links und in Kehren bzw. über Felsstufen (I) zum Edelweiß-Gipfelzeichen auf der Spitzmauer (2446 m).

Abstieg: Wer nicht auf der gleichen Route abklettern will, geht vom Ausstieg des Klettersteigs geradeaus auf dem alten, markierten Gipfelsteig zur Scharte zwischen Weitgrubenkopf und Meisenberg hin-

unter, steigt über Felsstufen (I) ins Kar ab und wandert im weiten Bogen in die Klinserschlucht zurück. Ab dort auf dem Steig Nr. 201 über die Klinserscharte zum Prielschutzhaus zurück.
Großer Priel: Bei der Wegteilung oberhalb des Prielschutzhauses nach rechts und auf dem Steig Nr. 260 über einen felsigen Rücken ins Kühkar hinauf. In vielen Kehren zur oberen Karschwelle (»Jausenstein«) und am linken Rand des Kars über Schutt und ein steiles Schneefeld zur Felsflanke unterhalb der Brotfallscharte. Die folgenden Felsstufen und Bänder sind mit Stahlseilen gesichert – wenn der oberste Bereich unter hartem Altschnee liegt, kann man die Passage links und über ein höhergelegenes Band umgehen; kurz unterhalb der Brotfallscharte befindet sich eine Unterstandshöhle.

ABSTECHER: Hat man den Gratrücken erreicht, so lohnt sich der kurze, unmarkierte Abstecher nach links auf den Brotfall (2380 m).

Wieder zurück und der Markierung Nr. 260 folgend auf dem breiten Schuttrücken bzw. über kleine Felsstufen Richtung Priel hinauf. Am Rücken trifft man auf den Steig Nr. 262, der von der Welser Hütte heraufzieht und dem wir nun nach rechts folgen. Zuletzt geht es flach, dann etwas ab- und wieder aufsteigend über den teilweise schmalen Grat zum Gipfelkreuz auf dem Großen Priel (2515 m) hinüber.
Der Abstieg erfolgt auf der gleichen Route.

Bert-Rinesch-Klettersteig: Vom Prielschutzhaus auf dem Steig Nr. 201 zur Wegteilung, dort nach rechts und zunächst ca. 100 m auf dem Steig Nr. 260 Richtung Priel aufwärts. Hier wieder rechts abzweigen und auf einem markierten Steig zwischen Latschen und durch Schutt in den Karwinkel zwischen dem Priel-Südgrat und dem Südsporn aufwärts. Hier, bei einem großen roten Punkt, beginnt der 1300 m lange Bert-Rinesch-Klettersteig mit einer sehr steilen Einstiegswand. Weiter durch einen Schrofenhang unterhalb eines Felsfensters (Achtung auf Steinschlag!) zu einer Scharte unter der »Lokomotive« im Südsporn empor. Ab hier besteht eine durchgehende Stahlseil-Sicherung bis zum Gipfel. Jenseits der Scharte auf einer leicht überhängenden Leiter abwärts, dann folgt eine lange Plattenquerung zum ersten, sehr ausgesetzten und pfeilerartigen Steilaufschwung, der mit Hilfe von Trittbügeln und Leitern überwunden wird. Nach einer weiteren, sehr ausgesetzten Querung mit einer Felsstufe dazwischen beginnt die zweite Steilstufe, die senkrechte und leicht überhängende Leitern aufweist. Bei einem

Nur für Ferrata-Cracks: Der Bert-Rinesch-Klettersteig am Großen Priel.

Felsspalt im oberen Bereich des Aufschwungs befindet sich das Wandbuch. Nun geht es über nicht mehr ganz so steile, aber immer noch recht kraftraubende Pfeiler und Rinnen, zuletzt über eine überhängende Wandstelle (Trittklammern) und eine weitere Rinne, auf den Südgrat. Die letzten 150 m, die man auf dieser Schneide bis zum Gipfel des Großen Priels ansteigt, sind nicht mehr besonders schwierig, aber dafür landschaftlich besonders eindrucksvoll.

Nützliche Informationen

Ausgangspunkt: Hinterstoder bzw. Parkplatz beim Johannishof, ca. 1,5 km vom Ortszentrum taleinwärts.
Anfahrt: Mit der Pyhrnbahn (Linie 14) ab Linz bis zum Bahnhof Hinterstoder, weiter per Bus (Linie 2455, derzeit nur unter der Woche) bis zur Haltestelle Koglhof.
Höhendifferenzen: Spitzmauer 1850 m, Großer Priel 1910 m.
Gehzeiten: Johannishof – Prielschutzhaus 2½ Std., auf die Spitzmauer (Klettersteig) 3 – 3½ Std., Abstieg (Normalweg) zum Prielschutzhaus 3 Std.; auf den Großen Priel 3 Std., Abstieg zum Prielschutzhaus 2 Std.; Abstieg nach Hinterstoder 2 Std. (Bert-Rinesch-Klettersteig auf den Großen Priel 2 – 4 Std.)
Einkehr- und Übernachtungsmöglichkeit: Prielschutzhaus (ÖAV, 56 Betten, 125 Lager, bewirtschaftet von Anfang April bis Ende Oktober, Tel. 07564/5347).
Karte: Freytag & Berndt WK 082; AV-Karte Nr. 15/2.
Information: Tourismusbüro A-4573 Hinterstoder, Tel. 07564/5263.

Buchempfehlungen

Für Salzkammergutfans und solche, die es noch werden wollen:
BERGE Nr. 21 (Berge und Täler rund um den Dachstein) und Nr. 37 (Salzkammergut – Totes Gebirge – Höllengebirge), Olympia Verlag, Nürnberg 1986 und 1989.
Gertrude Reinisch/Alois und Erwin Pürcher: Erlebnis Salzkammergut, Styria Verlag, Graz 1992.
Für Eltern, Kinder und Jugendgruppen:
Wolfgang Heitzmann: Bergwandern mit Kindern im Salzkammergut, Bruckmann Verlag, München 1990.
Für Wasserratten und Seen-Süchtige:
Egmont Strigl: Baden im Salzkammergut, Trescher Verlag, Berlin 1997.
Hannes Loderbauer/Monika Luckeneder: Die 76 Seen im Salzkammergut, Landesverlag, Linz 1995.
Für botanisch interessierte Wanderer:
Hilde und Willi Senft: Wandern im Salzkammergut, Blumenwege und Felsenpfade rund ums Ausseer Land, Verlag Leopold Stocker, Graz 1998.
Für Kletterer:
Kurt Schall/Thomas Jekel: Dachsteingebirge & Gosaukamm, Verlag Kurt Schall, Wien 1996.
Für entspannten Lesegenuß mit Tiefgang:
Alfred Komarek: Ausseerland – Die Bühne hinter den Kulissen sowie Salzkammergut – Reise durch ein unbekanntes Land sowie Verlag Kremayr & Scheriau, Wien 1992 bzw. 1994.
Für Feinspitze:
Eva Bakos/Erich R. Buchhammer: Salzkammergut (= Landschaft für Genießer, Band 2), Edition Austria im Verlag Pichler, Wien 1997.
Für Spurensucher:
René Freund: Aus der Mitte. Skizzen aus dem Salzkammergut, Picus Verlag, Wien 1998.
Dietmar Grieser: Nachsommertraum im Salzkammergut, Insel Verlag, Frankfurt am Main 1996.
Lutz Maurer: Aussee bleibt mir das Schönste, Fleischmann Verlag, Starnberg 1996.
Für zeitgeschichtlich Interessierte:
Christian Topf: Auf den Spuren der Partisanen, Edition Geschichte der Heimat, Grünbach 1996.
Für historisch interessierte Dachsteinfans:
Günter Cerwinka/Franz Mandl (Hrsg.): Dachstein – Vier Jahrtausende Almen im Hochgebirge (2 Bände), Eigenverlag des Vereins ANISA, Gröbming 1996/97
Für literarisch Interessierte:
Barbara Frischmuth: Die Mystifikationen der Sophie Silber, Residenz Verlag, Salzburg 1976, oder Heyne Verlag, München 1995.
Bodo Hell: 666 [Wegmarkierung über den »Stein«, Tour 40], Verlag Droschl, Graz 1987.
Adalbert Stifter: Bergkristall sowie Der Nachsommer (verschiedene Ausgaben, auch in Taschenbuchform).
Franz Kain: Der Föhn bricht ein, Weitra 1995, sowie Der Weg zum Ödensee, Bibliothek der Provinz, Weitra 1996.
Für Freunde des Toten Gebirges:
Gerhart Prell: Totes Gebirge, Verlag Wilhelm Ennstahler, Steyr 1989.

Register